COORDENADORES

Adalberto **PASQUALOTTO**

Plínio **MELGARÉ**

20 Anos do Código Civil Brasileiro

ANA CLÁUDIA **REDECKER**

BRUNO **MIRAGEM**

DESDÊMONA T.B. **TOLEDO ARRUDA**

EUGÊNIO **FACCHINI NETO**

FABIANO **MENKE**

FÁBIO SIEBENEICHLER **DE ANDRADE**

FLAVIANA RAMPAZZO **SOARES**

GUILHERME **SCHOENINGER VIEIRA**

GUSTAVO **TEPEDINO**

JENIFFER GOMES **DA SILVA**

JOSÉ LUIZ DE MOURA **FALEIROS JÚNIOR**

JOVAIR **LOCATELLI**

LIANE **TABARELLI**

LUCIANA **BRASILEIRO**

LUIZ EDSON **FACHIN**

NANCY **ANDRIGHI**

PLÍNIO SARAIVA **MELGARÉ**

RAFAEL DE FREITAS **VALLE DRESCH**

EDITORA FOCO

2023

CB037381

Dados Internacionais de Catalogação na Publicação (CIP) de acordo com ISBD

V789

    20 anos do código civil brasileiro / Ana Cláudia Redecker...[et al.] ; coordenado por Adalberto Pasqualotto, Plínio Melgaré. - Indaiatuba, SP : Editora Foco, 2023.

    232 p. ; 16cm x 23cm.

    Inclui bibliografia e índice.
    ISBN: 978-65-5515-683-6

    1. Direito. 2. Direito civil. 3. Código de Processo Civil. I. Redecker, Ana Cláudia. II. Miragem, Bruno. III. Arruda, Desdêmona T.B. Toledo. IV. Facchini Neto, Eugênio. V. Menke, Fabiano. VI. Andrade, Fábio Siebeneichler de. VII. Soares, Flaviana Rampazzo. VIII. Vieira, Guilherme Schoeninger. IX. Tepedino, Gustavo. X. Silva, Jeniffer Gomes da. XI. Faleiros Júnior, José Luiz de Moura. XII. Locatelli, Jovair. XIII. Tabarelli, Liane. XIV. Brasileiro, Luciana. XV. Fachin, Luiz Edson. XVI. Andrighi, Nancy. XVII. Melgaré, Plínio Saraiva. XVIII. Dresch, Rafael de Freitas Valle. XIX. Pasqualotto, Adalberto. XX. Título.

2022-3697   CDD 347   CDU 347

Elaborado por Vagner Rodolfo da Silva - CRB-8/9410
Índices para Catálogo Sistemático:

    1. Direito civil 347
    2. Direito civil 347

COORDENADORES
Adalberto **PASQUALOTTO**
Plínio **MELGARÉ**

20 Anos do Código Civil Brasileiro

ANA CLÁUDIA **REDECKER**
BRUNO **MIRAGEM**
DESDÊMONA T.B. **TOLEDO ARRUDA**
EUGÊNIO **FACCHINI NETO**
FABIANO **MENKE**
FÁBIO SIEBENEICHLER **DE ANDRADE**
FLAVIANA RAMPAZZO **SOARES**
GUILHERME **SCHOENINGER VIEIRA**
GUSTAVO **TEPEDINO**
JENIFFER GOMES **DA SILVA**
JOSÉ LUIZ DE MOURA **FALEIROS JÚNIOR**
JOVAIR **LOCATELLI**
LIANE **TABARELLI**
LUCIANA **BRASILEIRO**
LUIZ EDSON **FACHIN**
NANCY **ANDRIGHI**
PLÍNIO SARAIVA **MELGARÉ**
RAFAEL DE FREITAS **VALLE DRESCH**

2023 © Editora Foco

Coordenadores: Adalberto Pasqualotto e Plínio Melgaré
Autores: Ana Cláudia Redecker, Bruno Miragem, Desdêmona T.B. Toledo Arruda, Eugênio Facchini Neto, Fabiano Menke, Fábio Siebeneichler de Andrade, Flaviana Rampazzo Soares, Guilherme Schoeninger Vieira, Gustavo Tepedino, Jeniffer Gomes da Silva, José Luiz de Moura Faleiros Júnior, Jovair Locatelli, Liane Tabarelli, Luciana Brasileiro, Luiz Edson Fachin, Nancy Andrighi, Plínio Saraiva Melgaré e Rafael de Freitas Valle Dresch
Diretor Acadêmico: Leonardo Pereira
Editor: Roberta Densa
Assistente Editorial: Paula Morishita
Revisora Sênior: Georgia Renata Dias
Revisora: Simone Dias
Capa Criação: Leonardo Hermano
Diagramação: Ladislau Lima e Aparecida Lima
Impressão miolo e capa: FORMA CERTA

DIREITOS AUTORAIS: É proibida a reprodução parcial ou total desta publicação, por qualquer forma ou meio, sem a prévia autorização da Editora FOCO, com exceção do teor das questões de concursos públicos que, por serem atos oficiais, não são protegidas como Direitos Autorais, na forma do Artigo 8º, IV, da Lei 9.610/1998. Referida vedação se estende às características gráficas da obra e sua editoração. A punição para a violação dos Direitos Autorais é crime previsto no Artigo 184 do Código Penal e as sanções civis às violações dos Direitos Autorais estão previstas nos Artigos 101 a 110 da Lei 9.610/1998. Os comentários das questões são de responsabilidade dos autores.

NOTAS DA EDITORA:

Atualizações e erratas: A presente obra é vendida como está, atualizada até a data do seu fechamento, informação que consta na página II do livro. Havendo a publicação de legislação de suma relevância, a editora, de forma discricionária, se empenhará em disponibilizar atualização futura.

Erratas: A Editora se compromete a disponibilizar no site www.editorafoco.com.br, na seção Atualizações, eventuais erratas por razões de erros técnicos ou de conteúdo. Solicitamos, outrossim, que o leitor faça a gentileza de colaborar com a perfeição da obra, comunicando eventual erro encontrado por meio de mensagem para contato@editorafoco.com.br. O acesso será disponibilizado durante a vigência da edição da obra.

Impresso no Brasil (12.2022) – Data de Fechamento (12.2022)

2023
Todos os direitos reservados à
Editora Foco Jurídico Ltda.
Avenida Itororó, 348 – Sala 05 – Cidade Nova
CEP 13334-050 – Indaiatuba – SP

E-mail: contato@editorafoco.com.br
www.editorafoco.com.br

APRESENTAÇÃO

A dogmática civil brasileira experimentou sensíveis alterações com a elaboração do Código Civil brasileiro de 2002, cuja vigência se deu um ano após. Nada obstante o seu prolongado processo de elaboração, que remonta ao período do último e trise regime militar, sua promulgação no ambiente democrático, inaugurado com a Constituição Federal de 1988, ofertou uma densidade axiológica distinta para as relações jurídico-privadas, que, então, afastam-se de compreensões individualistas e patrimonialistas. A flexibilidade exigida pelas circunstâncias e mutabilidades da vida humana exigem um direito civil que ultrapasse os restritos limites do formalismo jurídico. E, nessa direção, a sociedade brasileira encontrou-se com o seu Código.

A realidade jurídica integra uma dimensão normativa, para além da factual e da axiológica. O direito civil culturalmente se afivela a um propósito de realizar aqueles valores relevantes para a constituição de sua ordem, que, sabe-se, não é neutra. E se é fato que o direito segue sendo *ars boni et aequi*, o direito civil e seu Código oferecem, para além da especificidade de suas regras, um conjunto principiológico que incide sobre a realidade social que quer ordenar, a partir de preceitos éticos.

O direito civil não é uma categoria abstrata, apriorística. É produto de larga construção histórica, que parte do Direito Romano, atravessa Revoluções e aporta no século 21, impactado por uma realidade tecnológica disruptiva. Nessa trajetória, afirma-se um direito civil, forjado no calor da história, como um sistema institucional vinculado às relações de liberdade e responsabilidade da pessoa humana, que, com sua dignidade intrínseca, compõe o núcleo e o vértice desse sistema.

Pois é nessa dinâmica histórica, articulado com a necessária estabilidade e permanência de um direito civil também codificado, que se pensou este livro. E sob o olhar reflexivo de importantes civilistas, os 20 anos do Código Civil brasileiro servem de ponto de partida para uma alentada análise de diversos temas constitutivos de sua matéria.

Nessa toada, o Ministro do Supremo Tribunal Federal Luiz Edson Fachin e Desdêmona T.B. Toledo Arruda, delineiam, com a profundidade que lhes é própria, reflexões sobre o desenvolvimento dos dois Códigos Civis brasileiros. Nessa travessia entre os dois Códigos, decisões do Supremo Tribunal Federal impactaram a compreensão do direito civil. E ilustram o incontornável diálogo entre a axiologia constitucional e a constituenda normatividade jurídica de um direito civil comprometido com exigências materiais de justiça.

As professoras da Escola de Direito da Pontifícia Universidade Católica do Rio Grande do Sul Ana Cláudia Redecker e Liane Tabarelli escrevem sobre a responsabilidade dos administradores por ato que alcance interesse de terceiros. Considerações sobre a responsabilidade civil são apresentadas, bem como a problemática adoção do instituto da desconsideração da personalidade jurídica, prevista no artigo 50 do Código Civil. Do estudo, sobressai a proteção da confiança nas relações negociais, que determinam a observância de condutas diligentes e probas por parte dos administradores das sociedades empresariais limitadas, como destacam as autoras. O tema da responsabilidade civil está no centro das reflexões apresentadas por Eugênio Facchini Neto e Fábio Siebeneichler de Andrade. E em suas judiciosas observações, a compreensão da matéria da responsabilidade civil que se vê com novo design a partir da definição normativa da figura do abuso de direito e a objetivação da responsabilidade civil, abraçada pelo Código de 2002. Nesse diapasão, analisam a relevância das cláusulas gerais e sua aptidão para conferir a dinâmica necessária para o instituto da responsabilidade civil. Ainda no campo da responsabilidade civil, a destacada advogada e professora Flaviana Rampazzo Soares, após uma abordagem sobre o nexo causal como requisito da responsabilidade civil, interroga, afastando-se de qualquer reducionismo, se o Código Civil estabeleceu um tratamento adequado ao tema. Com referências jurisprudenciais e doutrinárias sólidas, permite ao leitor, com sua autonomia própria, acompanhar o preciso raciocínio jurídico desenvolvido em seu texto, que não se furta a oferecer sugestões para o desenvolvimento da matéria.

Os temas atinentes à responsabilidade civil seguem com o artigo do renomado civilista Gustavo Tepedino e da advogada e pesquisadora Jennifer Gomes da Silva. A partir estudos jus-comparatísticos, analisam, na ordem jurídica pátria, a pertinência e a adequação do instituto da *compensatio lucri cum damno*, vez que não expressamente previsto na codificação de 2002. Mas sob a lente de um direito civil-constitucional e em face da exigência normativa de proteção endereçada à vítima do dano injusto, o estudo cumpre seu escopo ao demonstrar, com a clareza peculiar dos grandes autores, os requisitos constitutivos da *compensatio lucri cum damno* e as consequentes hipóteses de sua incidência.

O professor da Faculdade de Direito da Universidade Federal do Rio Grande do Sul, Fabiano Mencke, de modo didático, endereça suas reflexões para uma visão sistemática e conceitual acerca do direito privado e do próprio direito civil. No horizonte delineado, fiel à sua Escola, ressalta a importância do diálogo das fontes para a construção de um sistema de direito privado, bem como, embora voltado para a regulação de relações jurídicas de coordenação, as necessárias proteções estabelecidas pelo direito civil, como, por exemplo, o que ocorre com regime da capacidade civil. Em suas considerações, o texto de Fabiano Mencke, com fluidez e ritmo que conferem leveza a um tema denso, não desconhece as atualizações legislativas que afetaram o Código em seus 20 anos de existência. A denominada Lei da Liberdade Econômica, acentuando aspectos de um liberalismo econômico, dialoga com a diretriz da socialidade, um dos pilares da codificação de 2002, ao lado da eticidade e da operabilidade que se vê funcionalizada pela adoção das cláusulas gerais.

A pandemia da COVID-19 não passou alheia a esta coletânea. E coube a Nancy Andrighi, ilustríssima Ministra do Superior Tribunal de Justiça, enfrentar o tema do equilíbrio das relações obrigacionais. O ponto de partida é a percepção da relação obrigacional como um processo e, a partir desse marco, descortina-se, permeado pela necessária contextualização histórica, a possibilidade de revisão contratual presente no direito brasileiro. Nessa linha, impõe-se o cotejar entre a força obrigatória dos pactos e as exigências do equilíbrio contratual. Fórmulas negociadas e a instrumentalização do direito positivo são apresentadas como soluções, tendo por base teorias consolidadas, como a teoria da base do negócio. Ao cabo, ilustra-se o texto com decisões paradigmáticas do Superior Tribunal de Justiça sobre o sempre relevante tema da revisão contratual.

Um Código também é, parafraseando Ortega y Gasset, ele e suas circunstâncias. Portanto, a tecnologia, que tão profundamente conforma a coexistência humana, desafiando o direito e sua normatividade, está presente nesta coletânea. Plínio Melgaré e Guilherme Schoeninger Vieira enfrentam a temática da proteção dos direitos da personalidade em uma era marcada pela dataficação. O advogado e professor José Luiz de Moura Faleiros Júnior, em artigo instigante, analisa os meios eletrônicos como veículo da manifestação da vontade, a liberdade de testar e a (des)necessária alteração legislativa, tendo por base a exigência de segurança jurídica e estabilidade das relações. O advogado e professor da Faculdade de Direito da Universidade Federal do Rio Grande do Sul Rafael de Freitas Valle Dresch e o pesquisador Jovair Locatelli estudam o contrato de trespasse e a cláusula de *non compete*, diante da dinâmica que alcança o direito das empresas a partir dos estabelecimentos virtuais. E investigam se o instituto do trespasse é adequado ao desenvolvimento de um novo modelo de estabelecimento comercial, que não mais físico, e seus efeitos concorrenciais.

No âmbito do direito de família, a advogada e professora Luciana Brasileiro expõe, com os olhos voltados para a realidade desigual que atinge as mulheres e, em especial a mulheres negras, contextualiza o tema referente ao concubinato. Em uma perspectiva analítica, discute decisões do Supremo Tribunal Federal acerca do tema das famílias simultâneas, apontando os vícios de um conservadorismo que a autora enxerga com precisão. Enfim, uma escrita sensível sobre um tema igualmente sensível que está presente no cotidiano do Brasil.

Mas o que se pode dizer e pensar sobre o direito civil do futuro? Pois Bruno Miragem, festejado doutrinador, advogado e professor da Faculdade de Direito da Universidade Federal do Rio Grande do Sul, com sua peculiar lucidez, enfrenta esse questionamento. Com o pensamento assentado em base doutrinária sólida, destaca a relevância axiológico-normativa do Código de 2002, que estrema a autonomia privada entre os interesses do sujeito e os da coletividade. No texto de Bruno Miragem, sobressai a tensão entre mudanças socioculturais e as possíveis respostas jurídico-civis adequadas, ofertadas por um Código formado pelos pilares da eticidade, socialidade e concretude. O autor destaca que o Código promove a funcionalização dos institutos jurídicos, o que delimita o exercício abusivo de direitos, com o escopo de compatibilizar aspectos de ordem individual e social. Enfim, diante deste direito civil do futuro, presente em uma realidade social marcada pelo avanço tecnológico, a codificação de 2002 oferecerá instrumentos responsivos pertinentes? No artigo de Bruno Miragem tem-se a resposta.

Os organizadores do livro são, acima de tudo, professores universitários. E esperam, pois, cumprir com o ofício de contribuir com o desenvolver da literatura jurídica nacional. Em razão da qualidade dos estudos aqui apresentados, têm a legítima expectativa de que este livro se consubstancie em uma rica fonte de estudos sobre o Código Civil e o próprio direito civil. E que os leitores desfrutem da riqueza e diversidade de seu conteúdo!

Porto Alegre, novembro de 2022.

Plínio Melgaré

SUMÁRIO

APRESENTAÇÃO
Plínio Melgaré V

RESPONSABILIDADE CIVIL EXTERNA *CORPORIS* DE ADMINISTRADOR DE SOCIEDADE LIMITADA
Ana Cláudia Redecker e Liane Tabarelli 1

CÓDIGO CIVIL DE 2002 E O DIREITO CIVIL DO FUTURO
Bruno Miragem 19

REFLEXÕES SOBRE AS CLÁUSULAS GERAIS DA RESPONSABILIDADE OBJETIVA NOS 20 ANOS DO CÓDIGO CIVIL BRASILEIRO
Eugênio Facchini Neto e Fábio Siebeneichler de Andrade 43

DELINEAMENTOS SOBRE O DIREITO PRIVADO E O CÓDIGO CIVIL DE 2002
Fabiano Menke 59

O TRATAMENTO DO NEXO CAUSAL NO CÓDIGO CIVIL: UMA OPORTUNIDADE PERDIDA?
Flaviana Rampazzo Soares 69

POTENCIALIDADES DA *COMPENSATIO LUCRI CUM DAMNO* NO CÓDIGO CIVIL BRASILEIRO
Gustavo Tepedino e Jeniffer Gomes da Silva 89

LIBERDADE TESTAMENTÁRIA E MANIFESTAÇÃO DE VONTADE EM MEIO ELETRÔNICO: NOVOS CONTORNOS 20 ANOS DEPOIS DA PROMULGAÇÃO DO CÓDIGO CIVIL DE 2002
José Luiz de Moura Faleiros Júnior 109

20 ANOS DO CÓDIGO CIVIL BRASILEIRO: O CONCUBINATO E SUA ATUAL INTERPRETAÇÃO JURÍDICA
Luciana Brasileiro 127

CÓDIGO CIVIL BRASILEIRO EM SUAS DUAS DÉCADAS
Luiz Edson Fachin e Desdêmona T.B. Toledo Arruda 139

O CÓDIGO CIVIL DE 2002 E O IMPACTO DA PANDEMIA NO EQUILÍBRIO DAS RELAÇÕES OBRIGACIONAIS
Nancy Andrighi 149

O CÓDIGO CIVIL, OS DIREITOS DA PERSONALIDADE E A ERA DA DATAFICAÇÃO
Plínio Saraiva Melgaré e Guilherme Schoeninger Vieira 177

TRESPASSE: UMA ANÁLISE DA CLÁUSULA DE *NON COMPETE* NA ALIENAÇÃO DO ESTABELECIMENTO EMPRESARIAL VIRTUAL
Rafael de Freitas Valle Dresch e Jovair Locatelli 199

RESPONSABILIDADE CIVIL EXTERNA *CORPORIS* DE ADMINISTRADOR DE SOCIEDADE LIMITADA

Ana Cláudia Redecker

Especialista em Ciências Políticas, Mestre em Direito pela PUCRS e Doutoranda em Ciências Jurídico-Económicas pela Faculdade de Direito da Universidade de Lisboa. Professora adjunta da Escola de Direito da Pontifícia Universidade Católica do Rio Grande do Sul (PUCRS). Docente de cursos de pós-graduação e preparatórios para concursos públicos. Autora do livro Franquia Empresarial, capítulos de livros e artigos jurídicos. Advogada.

Endereço eletrônico: aredecker@pucrs.br.

Liane Tabarelli

Doutora em Direito pela PUCRS. Ex-bolsista da CAPES de Estágio Doutoral (Doutorado Sanduíche) na Faculdade de Direito da Universidade de Coimbra – Portugal. Professora adjunta da Escola de Direito da Pontifícia Universidade Católica do Rio Grande do Sul (PUCRS). Docente de cursos de pós-graduação e preparatórios para concursos públicos. Autora de obras e de diversos capítulos de livros e artigos jurídicos. Advogada.

Endereço eletrônico: liane.tabarelli@pucrs.br.

Sumário: 1. Introdução – 2. Considerações sobre a reponsabilidade civil – 3. Da desconsideração da personalidade jurídica – 4. Particularidades do administrador de sociedade limitada; 4.1 Dos deveres dos administrador; 4.1.1 Dever de diligência – 5. Reponsabilidade civil *externa corporis* dos administradores – 6. Considerações finais – 7. Referências.

1. INTRODUÇÃO

Este breve ensaio busca refletir sobre a Responsabilidade civil externa *corporis* de administrador de sociedade limitada, ou seja, tratar da responsabilidade dos administradores por ato que atinja interesses de terceiros.

É por intermédio dos administradores que a sociedade manifesta a sua vontade; devendo eles agir em prol do interesse da sociedade, podendo ser responsabilizados em caso de infração aos deveres que lhes são atribuídos. A responsabilidade dos administradores deve ser julgada nos limites de suas atribuições.

As condutas dos administradores em matéria societária são moldadas por padrões *standards* espalhados pela legislação societária. Assim, a análise da responsabilidade externa *corporis* dos administradores a partir da jurisprudência é imprescindível para pautar a conduta dos mesmos, *v.g.*, o que se entende por "homem ativo e probo" presente no artigo 1.011[1] do Código Civil/2002 (CC)? Em quais situações os administradores de sociedade limitada podem responder civil e pessoalmente com seu patrimônio pessoal perante terceiros estranhos à sociedade? A desconsideração da personalidade jurídica é requisito obrigatório?

Nas sociedades limitadas, conforme artigo 1053 do Código Civil (CC/02), é possível escolher no contrato social que nas omissões das regras que regem este tipo societário, sejam adotadas as normas da sociedade simples (artigos 997 a 1038, CC/02) ou, ainda, prever a regência supletiva das normas da sociedade anônima (Lei 6.404/1976). Neste trabalho serão abordadas as particularidades dos administradores cuja regência supletiva, nas omissões dos dispositivos do Capítulo IV (artigos 1.052 a 1.080, CC/02), seja a dos dispositivos da sociedade simples (artigos 1010 a 1021, CC/02).

Neste trabalho serão feitas considerações acerca da responsabilidade civil e dos deveres dos diretores da sociedade anônima, para então ser analisada a responsabilidade civil dos administradores externa *corporis*. Após, a discussão abordar-se-á a (des)necessidade da desconsideração da personalidade jurídica para responsabilização civil de administrador de sociedade limitada. Ao final serão apresentadas as considerações finais. O método empregado na presente pesquisa é o hipotético-dedutivo.

2. CONSIDERAÇÕES SOBRE A REPONSABILIDADE CIVIL

A responsabilidade civil, proveniente do latim *responsabilitatis*, que está atrelada ao sentido de "responsabilizar-se"[2], caracteriza-se, essencialmente, por atribuir ao que causou danos a outrem a obrigação pelo ressarcimento dos prejuízos experimentados por este, em decorrência, via de regra, de um ato ilícito[3].

---

1. "Art. 1.011. O administrador da sociedade deverá ter, no exercício de suas funções, o cuidado e a diligência que todo homem ativo e probo costuma empregar na administração de seus próprios negócios."
2. BIRNFELD, Liane Francisca Huning. A responsabilidade civil ambiental pelos danos futuros e riscos de danos. In: ZAVASCKI, Liane Tabarelli; JOBIM, Marco Félix (Org.). *Diálogos constitucionais de direito público e privado*. Porto Alegre: Livraria do Advogado, 2011. p.48.
3. Embora exista a previsão do artigo 927 do Código Civil, que dispõe que "aquele que, por ato ilícito causar dano a outrem, fica obrigado a repará-lo", admite-se a responsabilidade civil decorrente de ato lícito, inclusive em matéria de direito ambiental. Em relação a essa possibilidade, explanam Leite e Ayala: "Trata-se da consagração, em nosso ordenamento jurídico, da reparação de toda e qualquer espécie de dano coletivo, no que toca à sua extensão e em face do bem ambiental a indenização poderá decorrer até em consequência de ato lítico, considerando o risco da atividade". Ver LEITE, José Rubens Morato; AYALA, Patryck de Araújo. *Dano ambiental*: do individual ao coletivo extrapatrimonial: teoria e prática. 4 ed. rev., atual. e ampl. São Paulo: Revista dos Tribunais, 2011. p. 277.

Essa responsabilidade, apurada mediante uma indenização, é fixada pela extensão do dano, como preleciona o artigo 944 do Código Civil pátrio[4].

Diante do conceito da responsabilidade civil, percebe-se que, para a existência do direito de indenizar, deve haver alguns pressupostos. Estes, conforme a lição de Cavalieri Filho[5] e o disposto no artigo 186 do Código Civil, são a conduta (comissiva ou omissiva) culposa do agente, o nexo causal e o dano, os quais estão abrangidos no conceito de ato ilícito do aludido artigo.

Assim, a responsabilidade civil tem como pressuposto a existência de culpa, a fim de que aquele que sofreu o dano seja indenizado. É nessa perspectiva que há a chamada responsabilidade civil subjetiva. Nessa linha, explana Sérgio Cavalieri Filho: "a conduta culposa do agente erige-se, como assinalado, em pressuposto principal da obrigação de indenizar"[6]. Da mesma forma, a lição de Arnaldo Rizzardo: "Pela teoria da responsabilidade subjetiva, só é imputável, a título de culpa, aquele que praticou o fato culposo possível de ser evitado"[7].

Porém, além da responsabilidade civil subjetiva, há também a objetiva. Esta, ao contrário daquela, não exige o pressuposto culpa para existir o dever de indenizar, bastando apenas uma conduta danosa e o nexo causal, porquanto tem como fundamento o risco. O risco é o perigo, implicando, pois, a responsabilidade daquele que exercer uma atividade nessa circunstância. Assim, conforme a lição de Cavalieri Filho, quando houver uma atividade de risco, "todo prejuízo deve ser atribuído ao seu autor e reparado por quem o causou, independentemente de ter ou não agido com culpa"[8]. O risco é, portanto, um dos fundamentos da responsabilidade civil objetiva.

Após terem sido tecidos comentários breves sobre o instituto da responsabilidade civil, no item a seguir a desconsideração da personalidade jurídica será objeto de análise.

3. DA DESCONSIDERAÇÃO DA PERSONALIDADE JURÍDICA

Personalidade jurídica é "o conjunto de princípios e regras que protegem a pessoa em todos os seus aspectos e manifestações".[9] Acrescente-se que a socie-

---

4. GONÇALVES, Carlos Roberto. *Responsabilidade Civil*. 9 ed. rev. São Paulo: Saraiva, 2005. p. 2.
5. CAVALIERI FILHO, Sérgio. *Programa de Responsabilidade Civil*. 6 ed. São Paulo: Malheiros, 2005. p. 41.
6. CAVALIERI FILHO, Sérgio. *Programa de Responsabilidade Civil*. 6 ed. São Paulo: Malheiros, 2005. p. 53.
7. RIZZARDO, Arnaldo. *Reponsabilidade civil*: Lei 10.406, de 10.01.2002. Rio de Janeiro: Forense, 2009. p. 29.
8. CAVALIERI FILHO, Sérgio. *Programa de Responsabilidade Civil*. 6 ed. São Paulo: Editores, 2005. p. 155.
9. AMARAL, Francisco. *Direito Civil*: introdução. 7. ed. Rio de Janeiro: Renovar, 2008. p. 140.

dade que adquire personalidade jurídica "transforma-se em novo ser, estranho à individualidade das pessoas que participam de sua constituição, dominando patrimônio próprio, possuidor de órgãos de deliberação e execução que ditam e fazem cumprir a sua vontade".[10]

Nesse passo, o instituto da desconsideração da personalidade jurídica envolve

> uma elaboração teórica destinada à coibição das práticas fraudulentas que se vale da pessoa jurídica. E é, ao mesmo tempo, uma tentativa de preservar o instituto da pessoa jurídica, ao mostrar que o problema não reside no próprio instituto, mas no mau uso que se pode fazer dele. Ainda, é uma tentativa de resguardar a própria pessoa jurídica que foi utilizada na realização da fraude, ao atingir nunca a validade do seu ato constitutivo, mas apenas a sua eficácia episódica.[11]

Busca-se, pois, separar os sócios da sociedade para que os credores possam garantir seus créditos e não ficar limitados ao patrimônio da sociedade que pode ter sido constituída com fins fraudulentos e uso de práticas com abuso de direito.

No entender de Requião[12], a fraude e o abuso de direto continuam sendo os elementos essenciais que autorizam o Poder Judiciário a atingir o patrimônio particular dos sócios componentes da sociedade, dotada de personalidade jurídica, aniquilando assim o princípio da autonomia patrimonial.

No tocante aos pressupostos para aplicabilidade da desconsideração da personalidade jurídica, tem-se duas teorias, as quais são chamadas de *teoria maior* e *teoria menor*. Ela está alicerçada em dois elementos subjetivos, ou seja, a fraude e o abuso de direito. Desse modo

> Ora, diante do abuso de direito e da fraude no uso da personalidade jurídica, o juiz brasileiro tem o direito de indagar, em seu livre convencimento, se há de consagrar a fraude ou o abuso de direito, ou se deva desprezar a personalidade jurídica, para, penetrando em seu âmago, alcançar as pessoas e bens que dentro dela se escondem para fins ilícitos ou abusivos.[13]

O Código Civil brasileiro, em seu artigo 50, traz a desconsideração da personalidade jurídica, adotando a referida teoria maior. Veja-se:

> Art. 50. Em caso de abuso da personalidade jurídica, caracterizado pelo desvio de finalidade ou pela confusão patrimonial, pode o juiz, a requerimento da parte, ou do Ministério Público quando lhe couber intervir no processo, desconsiderá-la para que os efeitos de certas e determinadas relações de obrigações sejam estendidos aos bens particulares de administradores ou de sócios da pessoa jurídica beneficiados direta ou indiretamente pelo abuso.

---

10. REQUIÃO, Rubens. *Curso de Direito Comercial*. São Paulo, Saraiva, 2003. v. 1. p. 37.
11. COELHO, Fábio Ulhoa. *Desconsideração da Personalidade Jurídica*. São Paulo: Revista dos Tribunais, 1989. p. 13.
12. REQUIÃO, Rubens. *Curso de Direito Comercial*. São Paulo, Saraiva, 2003. v. 1.
13. REQUIÃO, Rubens. *Abuso de direito e fraude através da personalidade jurídica*. São Paulo: Revista dos Tribunais 410/12.

Nesse sentido, interessante colacionar trecho de acórdão prolatado pelo TJ-DFT sobre a temática, o qual enfrenta as distinções entre as teorias maior e menor e sinaliza qual a adotada no ordenamento jurídico brasileiro. Veja-se:

> Como se sabe, a desconsideração da personalidade jurídica, derivada da *disregard doctrine*, consiste no afastamento temporário, ocasional e excepcional da personalidade jurídica da sociedade empresarial, a fim de permitir, em caso de abuso ou de manipulação fraudulenta, que o credor lesado satisfaça, com o patrimônio pessoal dos sócios da empresa, a obrigação não cumprida.
>
> Acerca da desconsideração da personalidade jurídica, nosso ordenamento consagra duas teorias básicas para a responsabilização dos sócios: teoria maior e teoria menor. A primeira aplica-se ao caso de desvirtuamento da personalidade jurídica, ao passo que a segunda se caracteriza pelo simples inadimplemento das obrigações da sociedade. A teoria maior, por sua vez, subdivide-se em subjetiva e objetiva. Pela primeira formulação, a desconsideração requer o elemento fraude, enquanto que, pela segunda, basta que se demonstre a confusão patrimonial.
>
> A legislação civil adotou a teoria maior, nas suas duas vertentes, conforme dispõe o artigo 50, do Código Civil (com a redação dada pela Lei nº 13.874, de 2019). [...].
>
> *In casu*, em se tratando de relação jurídica de natureza civil-empresarial, incide a teoria maior da desconsideração da personalidade jurídica. Os requisitos previstos no artigo 50, [...], são assim caracterizados: o desvio de finalidade, pelo ato intencional dos sócios de fraudar terceiros com o uso abusivo da personalidade jurídica; a confusão patrimonial, pela inexistência de separação entre o patrimônio da pessoa jurídica e os de seus sócios.
>
> Ainda em relação aos requisitos necessários à desconsideração, o Colendo Superior Tribunal de Justiça pacificou o entendimento de que o encerramento irregular da sociedade aliado à falta de bens capazes de satisfazer o crédito exequendo não constituem motivos suficientes para a desconsideração da personalidade jurídica.[14]

Outrossim, constata-se que o Direito brasileiro adotou, como regra geral, a Teoria Maior da desconsideração da pessoa jurídica. Por outro lado, a legislação consumerista acolheu a Teoria Menor, já que mais ampla e mais benéfica ao consumidor. Logo, basta a demonstração do estado de insolvência do fornecedor ou o fato de que a personalidade jurídica está a representar um obstáculo ao ressarcimento dos prejuízos. Veja-se:

> Art. 28, CDC: O juiz poderá desconsiderar a personalidade jurídica da sociedade quando, em detrimento do consumidor, houver abuso de direito, excesso de poder, infração da lei, fato ou ato ilícito ou violação dos estatutos ou contrato social. A desconsideração também será efetivada quando houver falência, estado de insolvência, encerramento ou inatividade da pessoa jurídica provocados por má administração.

---

14. *Tribunal de Justiça do Distrito Federal e dos Territórios - TJDFT*, Processo 07089375420218070000, Relator: Esdras Neves, Sexta Turma Cível, data de julgamento: 7/7/2021, publicado no DJE: 19/7/2021.

Ainda, há que se compreender, acerca dessa temática, o que se entende por *desconsideração inversa*. Ela "objetiva o afastamento da autonomia patrimonial da sociedade empresária, com o fito desta responder pelas obrigações adquiridas pelos seus sócios-administradores"[15]. Interessante pontuar aqui que

> Até o advento do CPC/2015, em vigor desde março de 2016, era possível a aplicação da teoria da desconsideração inversa da personalidade jurídica da empresa a partir da interpretação extensiva do comando previsto no artigo 50 do Código Civil, onde se advogava a tese de que, uma vez sendo possível utilizar-se do patrimônio dos sócios/administradores para responder pelas dívidas da sociedade, nada mais justo do que, inversamente, utilizar-se do patrimônio da sociedade para saldar dívida pessoal dos sócios/administradores.
>
> Não obstante, o Código de Processo Civil, através do parágrafo 2º do artigo 133, veio a chancelar o entendimento construído jurisprudencial e doutrinariamente, positivando expressamente a teoria da desconsideração inversa da personalidade jurídica, quando afirma que "aplica-se o disposto neste Capítulo à hipótese de desconsideração inversa da personalidade jurídica".
>
> [...]
>
> A partir da nova disposição processual, restou encartado em nosso ordenamento jurídico os procedimentos inerentes ao instituto da desconsideração da personalidade jurídica, deixando, assim, de ser ato discricionário do juízo, respeitando-se, por conseguinte, os princípios da isonomia, segurança jurídica, igualdade e ampla defesa.[16]

Nesse passo já decidiu o Superior Tribunal de Justiça. Veja-se:

> [...] Desconsideração inversa da personalidade jurídica. Execução contra empresa pertencente a conglomerado, cujo sócio majoritário ou administrador alienou a quase totalidade das cotas sociais da principal empresa do grupo para sua esposa. Fraude à execução. Abuso da personalidade. Confusão patrimonial. Ato atentatório à dignidade da justiça. Tentativa de frustrar a execução. Risco de insolvência do devedor. Necessidade de perseguição de novas garantias. [...].[17]

Após terem sido tecidos comentários acerca da desconsideração da personalidade jurídica, no item a seguir será apreciada a administração da Sociedade Limitada e dos deveres impostos aos seus gestores.

4. PARTICULARIDADES DO ADMINISTRADOR DE SOCIEDADE LIMITADA

As sociedades limitadas têm uma vontade real, que ao órgão executivo, que integra a sua estrutura, incumbe fazer o apuramento e expressar externamente.

---

15. SABINO, Eduardo. *A teoria da desconsideração (inversa) da personalidade jurídica à luz do CPC*. Disponível em <https://www.conjur.com.br/2019-jul-30/eduardo-sabino-desconsideracao-inversa--personalidade-juridica>. Acesso em 29 mar. 2022.
16. SABINO, Eduardo. *A teoria da desconsideração (inversa) da personalidade jurídica à luz do CPC*. Disponível em <https://www.conjur.com.br/2019-jul-30/eduardo-sabino-desconsideracao-inversa--personalidade-juridica>. Acesso em 29 mar. 2022.
17. STJ. *REsp 1.721.239/SP*, Rel. Min. PAULO DE TARSO SANSEVERINO, 3ª TURMA, j. em 27/11/2018.

Assim, os administradores são representações institucionais da sociedade, ou seja, o administrador é a materialização da função de gerência a ser exercida.

De acordo com Fábio Ulhoa Coelho[18]:

Diretoria (ou, como era comumente chamada antes do Código Civil de 2002, "gerência") é o órgão da sociedade limitada, integrado por uma ou mais pessoas físicas, cuja atribuição é, no plano interno, administrar a empresa, e, externamente, manifestar a vontade da pessoa jurídica.

Neste sentido, a atribuição desses administradores é representar de maneira direta os interesses da sociedade limitada, determinando e conduzindo as suas decisões que influenciam nos objetivos empresariais a curto, médio e longo prazo e, assim, são tidos como órgãos sociais que "presentam" a sociedade[19].

Na elaboração do contrato social os sócios podem optar por estrutura simplificada ou por uma estrutura mais sofisticada. Assim, a administração pode ser realizada por: *(a)* um ou mais sócios; *(b)* profissional não sócio[20]; ou *(c)* uma combinação dos dois. A administração pode ser colegiada, com a gestão individual ou em conjunto, sendo necessárias duas ou mais assinaturas para obrigar a sociedade em face de terceiros, ou seja, o órgão pluripessoal de gestão pode ou não ser colegial[21].

Destarte, dependendo da estrutura adotada, a figura dos sócios pode se confundir com a do administrador, pois os suportes do órgão são pessoas físicas[22]. Nesse sentido leciona Fábio Ulhoa Coelho[23]:

---

18. COELHO, Fábio Ulhoa. *Curso de Direito Comercial*. V. 1, Saraiva, 2007, p. 452.
19. MIRANDA, Pontes de. *Tratado de direito Privado*. São Paulo: Ed. RT, 1984, p. 385.
20. Neste caso é necessário observar o quórum contemplado no Art. 1.061. do Código Civil: *"A designação de administradores não sócios dependerá de aprovação da unanimidade dos sócios, enquanto o capital não estiver integralizado, e de 2/3 (dois terços), no mínimo, após a integralização".*
21. Pedro Maia, in *Funcção e Funcionamento do Conselho de Administração da Sociedade Anónima*, Coimbra: Coimbra Editora, 2002, p. 20, salienta que, "[...] por vezes, se fala da colegialidade como se se tratasse de um sinónimo ou de uma consequência necessária da pluripessoalidade, sem evidenciar que uma e outra não se confundem, consistindo a colegialidade um dos modos possíveis de funcionamento de um órgão pluripessoal, pelo que só surge de uma autónoma opção do legislador. A pluripessoalidade respeita à composição do órgão – que, sendo este o caso, integra mais do que um membro -, ao passo que a colegialidade se prende com o modo de funcionamento desse órgão. A colegialidade pressupõe, obviamente, a pluripessoalidade – não se pode nunca falar de colegialidade de um órgão unipessoal -, mas esta não implica necessariamente aquela".
22. COZZA, Mário. *Novo Código Civil – Do Direito de Empresa (arts. 966 a 1.165)*, Porto Alegre: Síntese, 2002, p. 120 e 59, respectivamente: "Evidentemente que não se quereria que o Legislador viesse a ferir a boa técnica legislativa com redundâncias desnecessárias, porém, certamente, poderia ter sido mais explícito no tocante à pessoa do administrador da sociedade limitada, assim como fez, por exemplo, com a sociedade em comandita simples, dizendo que os comanditados devem ser pessoas naturais (Nota 288), e que somente a estes cabe a administração da sociedade (Nota 290)." E, complementa, "[...] a Lei atribui a competência da administração somente a pessoas naturais." Cfr. Artigo 997, VI, CC/02. Nesse sentido ver: BERTOLDI, Marcelo; RIBEIRO, Márcia Carla Pereira. *Curso Avançado de Direito Comercial*. São Paulo: Editora Revista dos Tribunais, 2006, pp. 187-188.
23. COELHO, Fábio Ulhoa. *Curso de Direito Comercial*. V. 1, Saraiva, 2007, p. 452.

Quando a limitada explora atividade econômica de pequena ou média dimensão, são os próprios sócios (ou parte deles) que exercem, indistintamente, os atos de administração, agindo em conjunto ou separadamente. Uma situação corriqueira, aliás, é a do sócio majoritário empreendedor como o único administrador. Na medida, contudo, em que a sociedade se dedica a atividades de maior envergadura, a administração da empresa se torna mais complexa, e reclama maior grau de profissionalismo. Então, as tarefas gerenciais ou administrativas tendem a ser repartidas, entre os sócios e profissionais contratados, atuando em áreas compartimentadas da gestão empresarial (administrativa, comercial, de produção, financeira, etc.).

Diante do exposto, os sócios da sociedade limitada, podem adaptar o contrato social às exigências da modalidade operativa da sociedade, de acordo com a sua dimensão e as características do empreendimento. Assim, os sócios podem

> [...] conceber os seus órgãos administrativos, desde a estipulação de que todos os sócios assumem a administração conjuntamente[24], passando pela menção da existência de uma única pessoa no cargo de administrador, até a estipulação de conselhos de administração e diretorias compostas por diretores-presidentes, superintendentes, diretores técnicos, financeiros, etc.[25].

Assim, os sócios podem optar por manter o poder concentrado nas suas mãos, conferindo ao(s) órgão(s) de administração apenas a competência para traçar as políticas de execução das diretrizes por estes fixadas. Neste caso o administrador deverá atuar nos limites de seus poderes definidos no contrato social. Caso o contrato social seja omisso, os administradores poderão praticar todos os atos pertinentes à gestão da sociedade, desde que compatível com objeto social. A única exceção prevista em lei é no caso de oneração ou venda de bens imóveis da sociedade, que dependem do que a maioria dos sócios decidir em reunião ou assembleia. Não se compreendem nos poderes gerais de gestão a permissão à prática de atos de mera liberalidade, a realização de negócios que não visem os fins sociais e, principalmente, atos de qualquer natureza estranhos ao objeto social. Válida, no entanto, é a lição de Alfredo de Assis Gonçalves Neto[26]:

> Com a discriminação das atribuições de cada administrador, definem-se as responsabilidades individuais com maior precisão e, havendo restrições (limitações de poderes), tanto na administração conjunta como na individual, torna-se possível verificar a ocorrência de excesso de poder com a identificação de seu autor.

---

24. Cfr. Art. 1.014. Nos atos de competência conjunta de vários administradores, torna-se necessário o concurso de todos, salvo nos casos urgentes, em que a omissão ou retardo das providências possa ocasionar dano irreparável ou grave.
25. BERTOLDI, Marcelo; RIBEIRO, Márcia Carla Pereira. *Curso Avançado de Direito Comercial*. São Paulo: Editora Revista dos Tribunais, 2006, p. 189.
26. MODESTO CARVALHOSA. Atualizada por GONÇALVES NETO, Alfredo de Assis; FRANÇA, Erasmo Valladão Azevedo e Novaes. *Tratado de Direito Empresarial*. Empresa Individual de Responsabilidade Limitada e Sociedades de Pessoas. Volume II. São Paulo: Thomson Reuters Brasil, 2018, p. 203.

Outro ponto que merece registro, é que a administração da sociedade limitada, nada dispondo o contrato social, compete separadamente à cada um dos administradores pessoas físicas ou naturais (artigo 1.013 combinado com o artigo 997, IV, ambos do CC/02). Neste caso, cada um dos administradores pode impugnar a operação pretendida por outro, ainda que a mesma já esteja em andamento. Quando a operação já estiver concluída, poderá ser impugnada, visando revertê-la mediante decisão dos sócios, por maioria de votos (§1º, artigo 1.013, CC/02), em reunião ou assembleia, conforme o caso (Artigo 1.072, CC/02). Se o administrador é sócio, apesar de não haver nenhum dispositivo nesse sentido, deve abster-se de participar da votação, "sob pena de se estar afastando da deliberação a ética e a imparcialidade[27] [...]".

A legislação estabelece, ainda, que aos administradores aplicam-se as regras gerais de obrigações e responsabilidades que regem a conduta do homem médio na gestão de qualquer sociedade públicos (artigo 1.011, CC/02), tendo sua atuação através da transparência voltada para a geração de valor, seja ele econômico-monetário, na forma de lucros, ou mesmo social, para os sócios e para a sociedade em si. Além disso, o administrador não pode estar impedido por lei especial, ou condenado por crime falimentar, de prevaricação, peita ou suborno, concussão, peculato, contra a economia popular, a fé pública ou a propriedade ou a pena criminal que vede, ainda que temporariamente, o acesso a cargos públicos (parágrafo 1º, artigo 1.011, CC/02).

Segundo a Instrução Normativa do DREI n. 112, de 20 de janeiro de 2022, o administrador da sociedade limitada pode ter residência no exterior. Nesse caso, deverá anexar no próprio processo ou arquivar em processo autônomo, procuração outorgada ao seu representante no Brasil, com poderes para, até no mínimo 3 anos após o término da gestão, receber citações e intimações em ações judiciais ou processos administrativos.

Conforme referido acima, as sociedades limitadas podem ser administradas por uma ou mais pessoas; podendo ser designadas no contrato social ou em ato separado (artigo 1.062, CC/02), mediante assinatura do termo de posse no livro de atas da administração. Se o termo não for assinado nos trinta dias seguintes à designação, este se tornará sem efeito (§ 1º, artigo 1.062, CC/02).

Investido no cargo mediante ato separado, caberá ao administrador, nos dez dias seguintes à sua investidura, fazer registrar a sua nomeação na Junta Comercial (§ 2º, do artigo 1.062, CC/02) mencionando o seu nome, nacionalidade,

---

27. COZZA, Mário. *Novo Código Civil – Do Direito de Empresa* (arts. 966 a 1.165), Porto Alegre: Síntese, 2002, pp. 77-78. O parágrafo 3º do artigo 1.010 não veda que o sócio-administrador vote na deliberação, contudo, estabelece que responderá por perdas e danos caso a deliberação tomada com a preponderância do seu voto resulte em prejuízo para a Sociedade.

estado civil, residência, com exibição de documento de identidade, o ato e a data da nomeação e o prazo de gestão, sob pena de responder pessoal e solidariamente com a sociedade pelos atos que praticar antes de requerer a averbação (artigo 1.012, CC/02).

A destituição dos administradores sócios ou não é revogável *ad nutum*, ou seja, cabe ao arbítrio dos sócios sem necessidade de justificação, pelo término do prazo ou mediante deliberação de sócios titulares de quotas correspondentes a mais da metade do capital social a qualquer tempo, salvo disposição contratual diversa (artigo 1.063, do CC/O2). Nada impede, todavia, que o administrador renuncie ao encargo; a renúncia torna-se eficaz, em relação à sociedade, desde o momento em que esta toma conhecimento da comunicação escrita do renunciante; e, em relação a terceiros, após a averbação e publicação (§ 3º, do artigo 1.063, do CC/O2).

Por fim, é fundamental frisar que é vedado, de forma expressa, que o administrador se faça substituir no exercício de suas funções (art. 1.018, CC/02). A sociedade, contudo, poderá constituir mandatários, representada pelos seus administradores, que o farão nos limites de seus poderes e de acordo com as normas contratuais[28]. Assim, a outorga de procuração *ad negotia* só pode versar sobre atos determinados, sem possibilidade de ser utilizada para que o procurador substitua o administrador na gestão da sociedade.

4.1 Dos deveres dos Administradores

Os administradores possuem, além do "poder-dever de agir" em prol do interesse da sociedade, os deveres genéricos decorrentes de normas gerais e do sistema societário brasileiro, os deveres de observar o contrato social, cumprir as deliberações dos órgãos societários hierarquicamente superiores, controlar a atuação dos demais administradores, além de diversas vedações, ou seja, os administradores não podem beneficiar determinados sócios em detrimento de outros, competir com a sociedade e tomar decisões em matérias nas quais tiverem interesses conflitantes com os da sociedade.

Destarte, a administração da sociedade limitada arrima-se sobre duas colunas: a indisponibilidade ou supremacia do interesse societário[29] e a vinculatividade

---

28. BORBA, José Edwaldo Tavares. *Direito Societário*. Rio de Janeiro: Renovar, 2003, pp. 108-109.
29. Cfr. REDECKER, Ana Cláudia. O conflito de interesses do administrador na gestão das sociedades limitadas empresárias reguladas pela Lei 10.406, de 11 de janeiro de 2002 – Código Civil Brasileiro. *Revista Jus Scriptum*. Ano II, 4. julho/agosto/setembro, Lisboa – Portugal, 2006, p. 27: "O interesse da sociedade é todo o interesse que possa ser incluído dentro do esquema causal do contrato de sociedade, seja o interesse na maximização dos lucros, seja o interesse da maximização da eficiência produtiva da empresa, ou outro; inversamente, constituirá interesse extra social, todo o interesse estranho à causa do contrato social". Segundo ESTACA, José Nuno Marques. *O interesse da Sociedade nas Deliberações*

contratual. Os administradores devem exercer a atividade tendente a assegurar a realização do objeto social e o exercício produtivo da empresa[30].

A boa-fé e a tutela da confiança operam através de cláusulas gerais. Designadamente, temos a manifestação nos deveres de lealdade: entre sócios e entre estes e os administradores. A realidade societária exige que as pessoas possam confiar umas nas outras, pelo menos funcionalmente. Deste vetor derivam várias aplicações, dentre eles a limitação da atuação dos administradores em conflitos de interesses[31].

O Código Civil exige o cumprimento dos deveres fiduciários[32] dos administradores, em especial os deveres de diligência e de lealdade[33].

4.1.1 Dever de Diligência

Segundo João Luís Nogueira Matias e Cristiane Pinheiro Diógenes[34] o modelo clássico de compreensão do dever de diligência centrado no paradigma do "bom pai de família", está inteiramente superado. E, complementa afirman-

---

Sociais, Coimbra: Almedina, 2003, p. 165: "o interesse da sociedade não só não se confunde com os outros interesses, como a sua natureza é qualitativamente diferente, apresentando-se como realidade conceptual autónoma e transcendente aos restantes interesses, o que explica o seu objectivismo, abstracionismo e imutabilidade; a segunda, é a de que não devem restar dúvidas sobre a sua considerável superioridade, para efeitos de ponderação face aos demais interesses que naquele se pretendem, ainda que de forma reflexa ou indirecta, ver, de certa forma, contemplados".

30. FAZZIO JÚNIOR, Waldo. *Sociedades Limitadas*: de acordo com o Código Civil de 2002. São Paulo: Atlas, 2003, p. 183.
31. CORDEIRO, António Menezes. *Manual de Direito das Sociedades*, vol. I, Das Sociedades em Geral, Coimbra: Almedina, 2004, p. 186.
32. Osmar Brina Corrêa-Lima (in *Sociedade Anônima*. 2. ed. Belo Horizonte: Del Rey, 2003, p. 228) leciona que os deveres dos administradores são basicamente três, no entanto, entende que o dever de informar é como corolário do dever de lealdade, e inclui aos deveres de diligência e lealdade, o dever de obediência e, segundo ele "Obediência significa respeito, acatamento, submissão à lei e ao estatuto social." "O dever fiduciário do administrador decorre de sua situação jurídica do poder (orgânico e não mandato) de dispor de bens alheios – os da companhia – como um proprietário, em decorrência do exercício da gestão da companhia, que lhe advêm da Lei Societária e do estatuto social." Cfr. CARVALHOSA, Modesto; KUYVEN, Fernando. *Tratado de Direito Empresarial*. Coord. Modesto Carvalhosa. Vol. III. São Paulo: Thomson Reuters Brasil, 2018, p. 854.
33. No direito norte-americano, Cf. NUNES, Pedro Caetano. *Corporate Governance*. Coimbra: Almedina, 2006, p. 22: "Os deveres gerais dos administradores são essencialmente o duty of care e o duty of loyalty (ou duty of fair dealing). É ainda apontado como dever geral o duty to act lawfully. O duty of care consiste no dever dos administradores de cumprirem com diligência as obrigações derivadas das suas funções. Tal dever deriva da regra moral subjacente a todo o law of negligence e que impõe àquele que assume uma função que comporta um risco de provocação de danos a obrigação moral de cumprir o seu dever de diligência. O duty of care compreende quatro distintos deveres, a saber: o duty to monitor; o duty to inquiry; o dever de realizar um reasonable decision making process; o dever de assumir uma reasonable decision."
34. MATIAS, João Luís Nogueira; DIÓGENES, Cristiane Pinheiro. As restrições ao exercício abusivo da administração das sociedades limitadas como forma de proteção aos sócios minoritários. *Revista Brasileira de Direito Empresarial*. V. 2. N. 2. Curitiba, jul./dez. 2016, p. 24-41.

do que atualmente, ser diligente consiste em atuar em conformidade com as regras técnicas de administração, ou seja, atuar visando atingir os objetivos da sociedade[35].

Nesse sentido, já lecionava J. X. Carvalho de Mendonça ao afirmar que: "Não há lei que defina essa diligência do negociante ativo e probo. Ao juiz cumpre apreciá-la com a sua experiência e com equidade, fundando a decisão nos fatos e elementos da causa"[36].

De acordo com Nelson Eizirik[37]:

para se verificar se um administrador observou o dever de diligência é preciso comparar, hipoteticamente, sua atuação com o de um bom administrador de empresas. Ou seja, avaliar, caso a caso, qual seria a atitude recomendável, naquelas circunstâncias específicas, naquele tipo de negócio, de acordo comas normas da ciência da administração de empresas.

Destarte, o administrador deve ter uma postura proativa, íntegra e cautelosa, ou seja, deve se qualificar para o exercício do cargo, tomar decisões de maneira informada e refletida, sem estar sujeito a interesses conflitantes com os da organização[38]. Em síntese, o dever de diligência compreende o dever de vigilância, o dever de intervenção, o dever de obter informações no *iter* decisional e o dever de não tomar decisões irracionais[39].

Além disso, os administradores devem servir com lealdade[40] à sociedade e manter reserva sobre os seus negócios. Fator essencial deste dever consiste na proibição do uso da oportunidade pelo administrador e não necessariamente do resultado dos seus atos. Assim, o administrador, em decorrência da função que

---

35. Nesse sentido ver EIZIRIK, Nelson. *Temas de Direito Societário*. Rio de Janeiro: Renovar, 2005, p. 68. BULGARELLI, Waldirio. Apontamentos sobre a responsabilidade dos administradores das Companhias. *Revista de Direito Mercantil, Industrial, Econômico, Financeiro – RDM*, São Paulo: Malheiros, n. 50, p. 75-105, 1983.
36. CARVALHO de MENDONÇA, J. X. *Tratado de Direito Comercial Brasileiro*. Rio de Janeiro: Freitas Bastos, 7. ed., 1964.
37. EIZIRIK, Nelson. *Temas de Direito Societário*. São Paulo: Renovar, 2005, p. 69.
38. SILVEIRA, Alexandre Di Miceli da. *Governança corporativa no Brasil e no mundo*: teoria e prática. Rio de Janeiro: Elsevier, 2015.
39. Cfr. NUNES, Pedro Caetano. *Corporate Governance*. Coimbra: Almedina, 2006, p. 36: Isto significa que o dever de diligência não compreende o dever de tomar decisões adequadas. Em outras palavras, corresponde a aceitação de uma margem de discricionariedade, ou seja, a inexistência de responsabilidade pela adoção "de uma decisão de entre duas ou mais decisões adequadas, implicando a análise do mérito e da adequação das possíveis decisões a tomar".
40. Cfr. NUNES, Pedro Caetano. *Corporate Governance*. Coimbra: Almedina, 2006, p. 87: O dever de lealdade "trata-se de um dever acessório de conduta. Tal dever de lealdade decorre do princípio da boa-fé (...)". Sobre o tema ver: CORDEIRO, António Menezes. *Da boa fé no direito civil*. Coimbra: Almedina, 1997, pp. 586-631; VARELA, João Antunes. *Das Obrigações em geral*, vol. I. Coimbra: Almedina, 2004, pp. 123-130.

desempenha na sociedade, se praticar atos que sejam prejudiciais a esta, seja em benefício próprio ou de terceiros deverá ser punido[41].

O dever do administrador de agir com lealdade para com a sociedade pressupõe, ainda, não agir em conflito de interesses a fim de não lhe causar prejuízos, mas também para os acionistas e para terceiros. Em síntese, os administradores devem agir no interesse da sociedade[42], satisfeitas as exigências do bem público e da função social da organização[43]. A violação deste dever é geradora de responsabilidade civil.

5. REPONSABILIDADE CIVIL *EXTERNA CORPORIS* DOS ADMINISTRADORES

A pessoa jurídica age por intermédio de atos que se exteriorizam por seus administradores, que são sujeitos de direitos e obrigações, com capacidade para agir em nome próprio e em nome da sociedade. Os administradores possuem muitas responsabilidades, para com a sociedade e para com terceiros, mas só respondem solidariamente perante a sociedade e os terceiros prejudicados, por culpa[44] no desempenho de suas funções (artigo 1016 do Código Civil). Não obstante, a responsabilidade dos administradores deve ser julgada nos limites de suas atribuições[45].

A responsabilidade dos administradores na hipótese do disposto no artigo 1016 do CC/02 é direta, não havendo que se falar em desconsideração da personalidade jurídica[46]. Nesse caso se aplicam as regras do direito comum, aplicadas

---

41. MARTINS, Fran. *Comentários à lei das sociedades anônimas*. Revista e atualizada por Roberto Papini. 4. ed. Rio de Janeiro: Forense, 2010, p. 582 e 583.
42. Sobre o tema ver: COSSU, Mónica. *Società aperte e Interesse Sociale*, Torino: G. Giappichelli Editore, 2006. CUNHA, Paulo Olavo. *Direito das Sociedades Comercial*. Coimbra: Almedina, 2006. ESTACA, José Nuno. *O interesse da Sociedade nas Deliberações Sociais*, Coimbra: Almedina, 2003. REDECKER, Ana Cláudia. Considerações sobre o processo decisório sob a Perspectiva da Governança Corporativa. *ESA – Revista Digital – OAB/RS*, n. 6 – 2019, p. 1-18.
43. LAUTENSCHLEGER JÚNIOR, Nilson. *Os desafios propostos pela Governança Corporativa ao Direito Empresarial Brasileiro*. São Paulo: Ed. Malheiros, 2005, p. 136.
44. A culpa, segundo J. X. Carvalho de Mendonça (in *Tratado de Direito Com. Bras.*, 7.ª ed., 1964, Freitas Bastos, vol. VI), é elemento do ato ilícito, e deve ser aqui entendida no amplo sentido, existindo todas as vezes que a alguém é imputável a lesão de um interesse juridicamente protegido, ou, melhor, do direito alheio; ela compreende, nesta lata significação, tanto o *dolo* como a culpa no sentido restrito: o dolo, se o ato é praticado com a *intenção* de causar dano, isto é, de lesar direito de outrem a *culpa* no sentido restrito, se, *sem a intenção* de lesar o direito de outrem, o agente não emprega a devida diligência para evitar a lesão.
45. Cfr. CORRÊA-LIMA, Osmar Brina. *Sociedade Anônima*. 2. ed. Belo Horizonte: Del Rey, 2003, p. 221: "No silêncio do estatuto, e inexistindo deliberação do conselho de administração a respeito, competirão a qualquer diretor a representação da companhia, e a prática dos atos necessários ao seu funcionamento regular (art. 144)".
46. Para aprofundamento do tema ver: CORRÊA-LIMA, Osmar Brina. *Sociedade Anônima*. 2. ed. Belo Horizonte: Del Rey, 2003, pp. 265-268.

ao caso de responsabilidade civil (artigo 186, CC/02), a pessoa que busca a reparação de seu prejuízo, por este sistema, deve provar: *(a)* a conduta culposa do demandado, por ação ou omissão; *(b)* a existência e extensão do dano; e *(c)* o liame de causalidade entre a conduta do demandado e o dano. Assim, o administrador que atue de forma culposa poderá responder com todos os seus bens particulares, tanto perante a sociedade como perante terceiros prejudicados.

Todavia, a responsabilidade dos administradores deve ser sempre examinada tendo em vista as funções por eles exercidas na gestão da sociedade. Se estes passos forem corretamente seguidos, acompanhados da atuação em consonância com o objeto social da empresa, não há que se falar em responsabilidade pessoal dos administradores. Destarte, os eventuais prejuízos que não decorram de culpa do administrador nos atos de gestão serão sempre imputados à sociedade, que responderá sozinha, sem direito de regresso contra o administrador.

Nesse sentido:

Prestação de serviços. Ação de resolução contratual c.c reparação de danos materiais e indenização por danos morais. **Lesado que busca a responsabilização solidária dos administradores da pessoa jurídica.** Desacolhimento. Responsabilidade solidária dos administradores da sociedade empresária que não decorre de pleno direito e demanda a demonstração da culpa deles no desempenho das funções (artigo 1016 do Código Civil). **Inaplicabilidade da solidariedade prevista na legislação consumerista, porquanto os administradores não se enquadram no conceito de fornecedores.** Tópico recursal rejeitado. Prestação de serviços. Ação de resolução contratual c.c reparação de danos materiais e indenização por danos morais. Pretensão de rescisão com pedido de devolução, em dobro, das parcelas pagas. Inadmissibilidade. Hipótese que não se amolda ao disposto no artigo 42 do Código de Defesa do Consumidor, eis que não houve cobrança em excesso e os pagamentos eram devidos em função do contrato de prestação de serviços que, embora não cumprido ao final, dava lastro à exigibilidade da cobrança. Tópico recursal desacolhido. Prestação de serviços. Ação de resolução contratual c.c reparação de danos materiais e indenização por danos morais. Pretensão indenizatória. Afastamento. Recorrente que, em sua petição inicial, não descreve qualquer prejuízo que pudesse dar azo à indenização e sequer menciona se a festa de formatura acabou restando prejudicada ou mesmo se outra empresa fora contratada para realizá-la. Ademais, mero inadimplemento contratual, em regra, não gera o dever de indenizar. Tópico recursal desprovido. Prestação de serviços. Ação de resolução contratual c.c reparação de danos materiais e indenização por danos morais. Consumidor que busca discutir a solidariedade entre a prestadora do serviço e a instituição financeira. Não conhecimento. Falta de interesse recursal do apelante, eis que a pretensão já fora acolhida na sentença, contra ela não manifestando inconformismo as partes solidariamente obrigadas. Recurso parcialmente conhecido e, na parte conhecida, desprovido. [Grifou-se]. (Apelação Cível nº 0010692-03.2007.8.26.0038. TJSP. Data de publicação: 26/06/2013)

Ainda:

Processual civil. Ação de cobrança de honorários advocatícios contratuais. Pretensão ajuizada em face da empresa contratante e do seu administrador – pessoa física. Responsabilidade solidária inocorrente. Ausência de prova de confusão patrimonial, obrigação de garantia ou excesso do poder de administração. **Culpa não demonstrada**. Interpretação do art. 1.016 do Código Civil. Recurso improvido. [Grifou-se]. (Apelação Cível 0119460-55.2012.8.26.0100. TJSP. Data de publicação: 13/05/2016).

Diante do exposto, estando a conduta do administrador (ação ou omissão) contida no âmbito dos poderes regulares de gestão e que são ínsitos à função administrativa, a responsabilidade civil apenas sucederá quando e se comprovada a existência de culpa, isto significa que a responsabilidade do administrador é subjetiva[47].

A aferição da culpa somente pode ser feita pelo juiz no caso concreto, tendo em vista os *standards*[48] objetivos vigentes na realidade social para a atividade desempenhada pelo administrador. Se o administrador age de forma menos diligente do que se costuma exigir em situações semelhantes, considera-se que agiu com culpa. Se empregou a diligência normalmente esperada na hipótese, inexiste culpa de sua parte. Está a concepção contemporânea de culpa, ligada não a um aspecto psicológico, subjetivo, anímico do agente, mas a padrões objetivos de comportamento vigentes na realidade social.

Em síntese, no direito brasileiro, para que o administrador de qualquer sociedade limitada responda por prejuízos que causar a terceiros, no exercício de suas funções, é necessário que o demandante comprove o descumprimento do dever legal que lhe incumbia (culpa do administrador); o dano havido e o vínculo de causalidade entre esses elementos. Somente nesta situação pode o terceiro buscar em juízo o ressarcimento de seu prejuízo mediante ação contra o administrador, para a tutela de interesses que considere lesados[49].

---

47. Cf. COELHO, Fábio Ulhoa. *Curso de direito comercial*. Vol. 2. 18. ed. São Paulo: Saraiva, 2014, p. 291: "A responsabilidade do administrador de sociedade anônima é subjetiva do tipo clássico, tendo em vista duas razões: a) inexistência de dispositivo legal que **excepcione** a regra geral do art. 927, CC; b) inexistência de fundamento axiológico ou racional para a imputação de responsabilidade objetiva". E, complementa: "Os dois incisos do art. 158 da LSA são interdefiníveis: não há conduta que se enquadre num deles que não se possa enquadrar também no outro. Não é correto, portanto, considerar que cada dispositivo expressa um sistema diferente de responsabilidade civil dos administradores de sociedade anônima". Cfr. COELHO, Fábio Ulhoa. *Curso de direito comercial*. Vol. 2. 18ª ed. São Paulo: Saraiva, 2014, p. 289.
48. Segundo o entendimento do Colegiado da Comissão de Valores Mobiliários (CVM): "O standard é propositadamente abrangente justamente para abrigar diversas circunstâncias e peculiaridades. Independente de qualquer regulamentação. Deriva de conceitos que o cidadão comum considera como válidos em determinada época. A enumeração das regras de conduta que devem ser seguidas pelo administrador é praticamente impossível. Por isso a Lei opta por estabelecer um padrão que será apreciado à luz da experiência do Julgador." (IA CVM 04/99) Julgado em 17/04/2002, Relatora Diretora Norma Joanssen Parente. LAZZARESCHI NETO, Alfredo Sérgio. Efeitos da aprovação das contas e das demonstrações financeiras das companhias. In: KUYVEN, Fernando (Coord.). *Temas essenciais de direito empresarial – Homenagem a Modesto Carvalhosa*. São Paulo: Saraiva, 2012, p. 341).
49. MORAES, Luíza Rangel de. Considerações sobre a teoria da desconsideração da personalidade jurídica e sua aplicação na apuração de responsabilidade dos sócios e administradores de sociedades limitadas e anônimas. *Revista de Direito Bancário e do Mercado de Capitais*. vol. 25/2004, p. 31-48, jul.-set. 2004.

6. CONSIDERAÇÕES FINAIS

Após as considerações tecidas neste breve ensaio, evidencia-se que a tutela da confiança nas relações negociais é corolário que impõe a observância de condutas diligentes e probas por parte dos administradores das sociedades empresárias limitadas.

Os administradores possuem um dever de gestão que compreende uma série de deveres genéricos decorrentes de normas gerais contempladas no contrato social e no sistema societário brasileiro, além do cumprimento dos deveres de diligência, de lealdade e de informar.

Uma vez violada da fidúcia depositada com a ocorrência de danos a partir de condutas negligentes e ímprobas dos gestores, possível é se avaliar a responsabilização do agente, não cabendo aplicação do instituto da desconsideração da personalidade jurídica nos casos de violação do art. 1.016, CC.

O administrador para que possa ser responsabilizado por prejuízos sofridos por terceiros, deve haver prova de que o ato por ele praticado ou de que no descumprimento de seu dever de impedir a prática de determinados atos, ocorreu a violação de algum dos deveres impostos pela LSA, pois deve prevalecer o critério do gestor criterioso e ordenado e não o critério do "bom pai de família".

Neste panorama, pode-se verificar a complexidade da discussão envolvendo a possibilidade de responsabilização cível *externa corporis* dos administradores das sociedades limitadas.

Registre-se, por fim, que o que se pretendeu por meio deste estudo, portanto, foi fomentar o debate acerca deste tema sob a perspectiva da análise da jurisprudência do Superior Tribunal de Justiça e do Tribunal de Justiça de São Paulo. Nesse sentido, certamente há diversas outras questões atinentes a esta matéria a serem exploradas, uma vez que as consequências práticas da responsabilização dos administradores estão em curso, evidenciando, portanto, a relevância desta matéria.

7. REFERÊNCIAS

AMARAL, Francisco. *Direito Civil*: introdução. 7. ed. Rio de Janeiro: Renovar, 2008.

BERTOLDI, Marcelo; RIBEIRO, Márcia Carla Pereira. *Curso Avançado de Direito Comercial*. São Paulo: Editora Revista dos Tribunais, 2006.

BIRNFELD, Liane Francisca Huning. A responsabilidade civil ambiental pelos danos futuros e riscos de danos. In: ZAVASCKI, Liane Tabarelli; JOBIM, Marco Félix (Org.). *Diálogos constitucionais de direito público e privado*. Porto Alegre: Livraria do Advogado, 2011.

BORBA, José Edwaldo Tavares. *Direito Societário*. Rio de Janeiro: Renovar, 2003.

BULGARELLI, Waldirio. Apontamentos sobre a responsabilidade dos administradores das Companhias. *Revista de Direito Mercantil, Industrial, Econômico, Financeiro – RDM*, São Paulo: Malheiros, n. 50, p. 75-105, 1983.

CARVALHO de MENDONÇA, J. X. *Tratado de Direito Comercial Brasileiro*. Rio de Janeiro: Freitas Bastos, 7. ed., 1964.

CAVALIERI FILHO, Sérgio. *Programa de Responsabilidade Civil*. 6 ed. São Paulo: Malheiros, 2005.

COELHO, Fábio Ulhoa. *Desconsideração da Personalidade Jurídica*. São Paulo: Revista dos Tribunais, 1989.

COELHO, Fábio Ulhoa. *Curso de direito comercial*. Vol. 1. São Paulo: Saraiva, 2007.

COELHO, Fábio Ulhoa. *Curso de direito comercial*. Vol. 2. 18. ed. São Paulo: Saraiva, 2014.

CORDEIRO, António Menezes. *Da boa fé no direito civil*. Coimbra: Almedina, 1997.

CORDEIRO, António Menezes. *Manual de Direito das Sociedades*, vol. I, Das Sociedades em Geral, Coimbra: Almedina, 2004.

CORRÊA-LIMA, Osmar Brina. *Sociedade Anônima*. 2. ed. Belo Horizonte: Del Rey, 2003.

COSSU, Mónica. *Società aperte e Interesse Sociale*, Torino: G. Giappichelli Editore, 2006.

COZZA, Mário. *Novo Código Civil – Do Direito de Empresa (arts. 966 a 1.165)*, Porto Alegre: Síntese, 2002.

CUNHA, Paulo Olavo. *Direito das Sociedades Comercial*. Coimbra: Almedina, 2006.

EIZIRIK, Nelson. *Temas de Direito Societário*. São Paulo: Renovar, 2005.

ESTACA, José Nuno. *O interesse da Sociedade nas Deliberações Sociais*, Coimbra: Almedina, 2003.

FAZZIO JÚNIOR, Waldo. *Sociedades Limitadas: de acordo com o Código Civil de 2002*. São Paulo: Atlas, 2003

GONÇALVES, Carlos Roberto. *Responsabilidade Civil*. 9 ed. rev. São Paulo: Saraiva, 2005.

LAUTENSCHLEGER JÚNIOR. Nilson. *Os desafios propostos pela Governança Corporativa ao Direito Empresarial Brasileiro*. São Paulo: Ed. Malheiros, 2005.

LAZZARESCHI NETO, Alfredo Sérgio. Efeitos da aprovação das contas e das demonstrações financeiras das companhias. In: KUYVEN, Fernando (Coord.). *Temas essenciais de direito empresarial – Homenagem a Modesto Carvalhosa*. São Paulo: Saraiva, 2012.

MAIA, Pedro Maia. *Funcção e Funcionamento do Conselho de Administração da Sociedade Anónima*, Coimbra: Coimbra Editora, 2002.

MATIAS, João Luís Nogueira; DIÓGENES, Cristiane Pinheiro. As restrições ao exercício abusivo da administração das sociedades limitadas como forma de proteção aos sócios minoritários. *Revista Brasileira de Direito Empresarial*. V. 2. N. 2. Curitiba, Jul/Dez.2016, p. 24-41.

MIRANDA, Pontes de. *Tratado de direito Privado*. São Paulo: Ed. RT, 1984.

MODESTO CARVALHOSA. Atualizada por GONÇALVES NETO, Alfredo de Assis; FRANÇA, Erasmo Valladão Azevedo e Novaes. *Tratado de Direito Empresarial*. Empresa Individual de Responsabilidade Limitada e Sociedades de Pessoas. Volume II. São Paulo: Thomson Reuters Brasil, 2018.

MODESTO CARVALHOSA; KUYVEN, Fernando. *Tratado de Direito Empresarial*. Coord. Modesto Carvalhosa. Vol. III. São Paulo: Thomson Reuters Brasil, 2018.

MORAES, Luiza Rangel. Considerações sobre a teoria da desconsideração da personalidade jurídica e sua aplicação na apuração de responsabilidades dos sócios e administradores de sociedades limitadas e anônimas. *Revista de Direito Bancário e do Mercado de Capitais*. Vol. 25/2004, p. 31-48. jul.-set./2004.

NUNES, Pedro Caetano. *Corporate Governance*. Coimbra: Almedina, 2006.

REDECKER, Ana Cláudia. Considerações sobre o processo decisório sob a Perspectiva da Governança Corporativa. *ESA – Revista Digital – OAB/RS* – n. 6 – 2019, p. 1-18.

REDECKER, Ana Cláudia. O conflito de interesses do administrador na gestão das sociedades limitadas empresárias reguladas pela Lei nº 10.406, de 11 de janeiro de 2002 – Código Civil Brasileiro. *Revista Jus Scriptum*. Ano II, nº 4. julho/agosto/setembro, Lisboa – Portugal, 2006.

REQUIÃO, Rubens. *Abuso de direito e fraude através da personalidade jurídica*. São Paulo: Revista dos Tribunais 410/12.

REQUIÃO, Rubens. *Curso de Direito Comercial*. São Paulo, Saraiva, 2003. v. 1.

RIZZARDO, Arnaldo. *Reponsabilidade civil*: Lei 10.406, de 10.01.2002. Rio de Janeiro: Forense, 2009.

SABINO, Eduardo. *A teoria da desconsideração (inversa) da personalidade jurídica à luz do CPC*. Disponível em: <https://www.conjur.com.br/2019-jul-30/eduardo-sabino-desconsideracao-inversa-personalidade-juridica>. Acesso em 29 mar. 2022.

SILVEIRA, Alexandre Di Miceli da. *Governança corporativa no Brasil e no mundo*: teoria e prática. Rio de Janeiro: Elsevier, 2015.

VARELA, João Antunes. *Das Obrigações em geral*, vol. I. Coimbra: Almedina, 2004.

Jurisprudência

SUPERIOR TRIBUNAL DE JUSTIÇA. *REsp 1.721.239/SP*, Rel. Min. PAULO DE TARSO SANSEVERINO, 3ª TURMA, j. em 27 nov. 2018.

Tribunal de Justiça do Distrito Federal e dos Territórios – TJDFT, *Processo 07089375420218070000*, Relator: Esdras Neves, Sexta Turma Cível, data de julgamento: 7/7/2021, publicado no DJE: 19 jul. 2021.

CÓDIGO CIVIL DE 2002 E O DIREITO CIVIL DO FUTURO

Bruno Miragem
Professor Associado da Universidade Federal do Rio Grande do Sul.

Sumário: 1. Introdução – 2. O Código Civil de 2002 e a evolução das mentalidades; 2.1 Uma nova visão sobre a identidade pessoal e a autonomia privada; 2.2 O novo direito de família; 2.3 A funcionalização dos institutos jurídicos – 3. O Código Civil de 2002 e as novas tecnologias; 3.1 A atualidade da teoria do negócio jurídico e o ambiente virtual; 3.2 A responsabilidade fundada no risco; 3.3 A virtualização da riqueza e o patrimônio – 4. Considerações finais.

1. INTRODUÇÃO

O advento dos 20 anos do Código Civil de 2002 incentiva a reflexão sobre as repercussões a que deu causa durante sua vigência, e renova o interesse na aptidão que demonstra para dispor sobre as situações do futuro. Ao tempo da promulgação do Código, não foram poucas as críticas que lhe apontaram como desatualizado e afeto a uma visão ultrapassada sobre o direito privado.[1] A própria incapacidade de dispor adequadamente sobre situações jurídicas complexas, de modo a demandar legislação especial que contemplasse suas especificidades, deu causa a baixas expectativas sobre o papel a ser exercido pelo Código Civil, naquele início do século XXI.

Passadas duas décadas, as críticas foram, em boa parte, superadas por sua interpretação e aplicação prudente e inteligente, que soube localizar o Código Civil como centro do direito privado, preservando o âmbito de aplicação de outras leis, ao mesmo tempo em que oferece bases conceituais sólidas para interpretação e aplicação destas normas.

Porém, como é notório, estes últimos vinte anos também assistiram importantes transformações sociais e econômicas, especialmente com o desenvolvimento das novas tecnologias. Orlando Gomes, reportando-se ao ambiente que

---

1. Para uma visão mais ampla, veja-se: MIRAGEM, Bruno. *Teoria geral do direito civil*. Rio de Janeiro: Forense, 2021, p. 65; Para as críticas, veja-se: TEPEDINO, Gustavo. Crise das fontes normativas e técnica legislativa na parte geral do Código Civil de 2002. In: TEPEDINO, Gustavo (Org.). *A parte geral do novo Código Civil. Estudos na perspectiva civil-constitucional*. Rio de Janeiro: Renovar, 2003, p. 15; FACHIN, Luiz Edson. *Teoria crítica do direito civil*. Rio de Janeiro: Renovar, 2003, p. 6; AZEVEDO, Antônio Junqueira de. Insuficiências, deficiências e desatualização do Projeto de Código Civil na questão da boa-fé objetiva nos contratos. *Revista dos Tribunais*, v. 775, São Paulo: RT, maio/2000, p. 11-17.

deu origem ao Código Civil de 1916, notou lá uma resistência de Clóvis Beviláqua "contra as inovações sociais que se infiltravam, desde então, na legislação dos povos mais adiantados". Reputava-a, por mais esclarecido que fosse o pensamento deste jurista, "às limitações do meio".[2] No caso do Código Civil de 2002, a crítica sobre os dissensos entre o projeto original, do princípio da década de 1970, e a Constituição de 1988, foi respondida pelos trabalhos da Comissão Especial da Câmara dos Deputados, que a partir de 1997 reviu o texto. Não falta quem tenha julgado esta revisão insuficiente, especialmente na comparação inicial do texto do Código Civil e outras leis que se originaram de determinação constitucional (e.g. o Código de Defesa do Consumidor e o Estatuto da Criança e do Adolescente). Porém, a própria jurisprudência tratou de desenvolvê-lo, demarcando o âmbito de incidência de cada lei, com o auxílio da doutrina.[3]

Com isso, a compreensão do direito civil atual parte do Código de 2002, mas não se encerra apenas nele. E isso se percebe em temas cujo desenvolvimento representa um desafio contemporâneo, e aspecto fundamental do direito civil do futuro: o modo como o Código Civil retratará as transformações sociais, no campo dos costumes, a partir da centralidade da pessoa humana, sem prejuízo de um maior pragmatismo das relações de caráter patrimonial. Do mesmo modo, a disciplina das novas tecnologias e seu impacto na vida contemporânea, para o que os traços elementares deverão ser encontrados no Código Civil. É o exame que se pretende realizar neste estudo.

2. O CÓDIGO CIVIL DE 2002 E A EVOLUÇÃO DAS MENTALIDADES

O direito como objeto cultural, pressupõe a ordenação, além da realidade objetiva – dos fatos sociais – também do modo como as pessoas, individual e coletivamente, a interpretam e compreendem. Na historiografia, propõe-se que o exame destes modos de interpretação e compreensão desenvolvem-se no âmbito das mentalidades ("história das mentalidades"),[4] caracterizando formas de pensamento relativamente duradouras e estáveis, cuja repercussão sobre o

---

2. GOMES, Orlando. *Raízes históricas e sociológicas do Código Civil brasileiro*. São Paulo: Martins Fontes, 2003, p. 37.
3. MIRAGEM, Bruno. *Teoria geral do direito civil*. Rio de Janeiro: Forense, 2021, p. 67 *passim* 79.
4. Atribui-se Lucien Febvre e Marc Bloch, fundadores da École des Annales, na França, o desenvolvimento da história das mentalidades na historiografia francesa, conforme bem pontua ARIÉS, Philippe. A história das mentalidades. In: LE GOFF, Jacques (Org.). *A história nova*. São Paulo: Martins Fontes, 1990, p. 159. Em uma crítica futura sobre a história das mentalidades, Jacques Le Goff reconhece sua relevância para a junção na análise histórica, das perspectivas individual e coletiva, do cotidiano e de longo prazo, do inconsciente e do intencional, do estrutural e do conjuntural, dando atenção à representação da realidade e seu papel no imaginário social. LE GOFF, Jacques. História das mentalidades: uma história ambígua. In: LE GOFF, J; NORA, P. *História*: novos objetos. Rio de Janeiro: Francisco Alves, 1976, p. 71 *passim* 76.

Direito se manifesta tanto na formação da norma, quanto em sua interpretação e aplicação. Seu estudo será sempre interdisciplinar, apoiando-se na psicologia, etnografia e outros saberes. Com destaque na França, aproxima-se (embora não se confunda), com o que na sociologia alemã se designa como *Weltanschauung*, (ou *"cosmovisão", "visão de mundo"*), no que se aproxima da *história cultural*,[5] no exame de uma *dimensão social do pensamento*,[6] a dar conta da percepção e experiência humanas no tocante a ciência, política, religião, cultura, ética e outros aspectos que envolvem o humano, orientando direta ou implicitamente suas ações.

O direito civil, ao debruçar-se sobre a vida quotidiana, supõe esta visão de mundo, inclusive como razão da efetividade ou não das suas normas, em vista da maior proximidade com a mentalidade do seu tempo. Neste sentido, a par da necessidade de interpretação evolutiva das disposições legais em relação às inovações tecnológicas que repercutem na vida cotidiana, um desafio comum às codificações civis em geral é o de se manterem atualizadas e úteis com o passar do tempo. Para tanto contribui certa técnica legislativa – como a que resulta das cláusulas gerais[7] – mas também a postura do intérprete, que não sem esforço deve enquadrar as transformações sociais sob a moldura legal, com seus limites semânticos e lógicos, até que advenha, caso necessário, alteração legislativa.

A referência às transformações sociais não compreende apenas alterações objetivas na realidade, senão também na ordem de valores sociais e na percepção comum sobre determinados fatos, e o incentivo, tolerância, restrição ou rejeição a comportamentos no convívio social. Nestes termos, é notória a distância que separou o momento de elaboração do anteprojeto do Código Civil e o da sua promulgação. Porém, passados vinte anos de vigência, não há exagero em contemplar sensíveis transformações na vida brasileira, parte em razão da repercussão das novas tecnologias, do aprofundamento das características da sociedade do hiperconsumo e, mais recentemente, da pandemia.

O inventário dos problemas sociais brasileiros também traz exemplos notórios. A desigualdade social e econômica (segundo dados de maio de 2022, 17,5 milhões de famílias vivem situação de extrema pobreza)[8], promove a exclusão social dos mais pobres. Esta exclusão é agravada também pela ausência do que

---

5. Assim sustenta BURKE, Peter. *O que é história cultural*. São Paulo: Zahar, 2021.
6. DARNTON, Robert. A história das mentalidades: o caso do olho errante. In: *O beijo de Lamourette. Mídia, cultura e revolução*. São Paulo: Companhia das Letras, 1990, p. 134 e ss.
7. Veja-se: MIRAGEM, Bruno. *Teoria geral do direito civil*. Rio de Janeiro: Forense, 2021, p. 89-90.
8. Com renda per capita inferior a R$ 105,00, conforme os dados do Cadastro Único, mantido pelo Ministério da Cidadania. Acessível em: https://aplicacoes.mds.gov.br/sagi/vis/data3/v.php?q[]=oNOclsLerpibuKep3bV%2Bf2hh05Kv2rmg2a19ZW51ZXKmaX6JaV2Jk2Cab2CNrMmim66Wp9hphH6WkLjFbtCen9DgiJqdtKiftHSzr6OgvJxu3bKg2cGuof%2F1oaParG23paC605zenqZ96bxUf6mZm%2Bytv71X8PHPnM2sU8LobaelvKqbPOAQ8aZNu8ZTz7Wnz%2BC6lVy4pJzrnsevs52S.

se convencionou denominar *capital cultural*[9], impedindo o acesso de significativa parcela da população, aos meios tradicionais praticar e assegurar o direito, seja pela formalização de atos e negócios jurídicos conforme a lei, seja a tutela dos interesses legítimos decorrentes das relações jurídicas do cotidiano. Basta ver que, em muitos lugares, há dificuldades concretas, inclusive do registro de nascimento, pressuposto de todos os demais meios de identificação civil e, nesta qualidade, prática dos atos assegurados pelo Direito.[10] Registre-se ainda que, conforme dados de 2019 do Instituto Brasileiro de Geografia e Estatística (IBGE), 51,2% da população com idade de 25 anos ou mais, não completou a educação básica, sendo 6,6% da população maior de 15 anos analfabeta.[11] Outros estudos apontam que cerca de 29% da população com idade superior a 15 anos padece de analfabetismo funcional, sendo incapaz de compreender ou realizar inferências sobre textos escritos, tampouco realizar operações aritméticas básicas.[12]

Sabe-se que o universo das relações sociais dos juristas não é o mesmo de boa parte da população, repercutindo na sua interpretação da lei e dos fatos a influência da própria experiência, ademais percebida também na racionalidade empregada pelo legislador. Os paradigmas do Código Civil de 2002, da eticidade, operabilidade e socialidade colocam-se nestes termos. Fundamentam a legislação, mas também orientam sua interpretação e aplicação. O modo como se realizam concretamente, na disciplina das relações jurídicas, deve considerar as circunstâncias sociais concretas em que se desenvolve a relação jurídica a ser disciplinada, ou cujo conflito que mereça composição, ou decisão, esteja situado.

Nesta perspectiva examinam-se algumas das contribuições do Código Civil de 2002 em vista desta evolução das mentalidades, ou seja, da percepção individual e coletiva sobre os institutos jurídicos objeto de regulação pelo direito civil atual e em perspectiva futura.

2.1 Uma nova visão sobre a identidade pessoal e a autonomia privada

O Código Civil de 2002 consagra a autonomia privada, delimitando-a pelo equilíbrio dos interesses da pessoa e da coletividade. A proibição do abuso (art.

---

9. BORDIEU, Pierre. *A distinção*: crítica social do julgamento. Trad. Daniela Kern e Guilherme J. F. Teixeira. Porto Alegre: Zouk, 2011, p. 78 e ss.
10. Veja-se, a respeito, o estudo de ESCÓSSIA, Fernanda da. *Invisíveis. Uma etnografia sobre brasileiros sem documento*. Rio de Janeiro: FGV Editora, 2021, p. 13 e ss.
11. Entre os analfabetos, de sua vez, há o triplo de pessoas pretas ou pardas com 15 anos ou mais (8,9%) em relação a pessoa brancas (3,6%), conforme: https://biblioteca.ibge.gov.br/visualizacao/livros/liv101736_informativo.pdf.
12. Nesse sentido o Indicador Nacional de Analfabetismo Funcional, divulgado em 2018, relativo à população entre 15 e 64 anos, pesquisa promovida pelas entidades Ação Educativa e Instituto Paulo Montenegro.

187), a proteção da boa-fé (art. 422), as restrições de ordem pública (art. 2035, parágrafo único), são exemplos deste modelo. A tutela de interesses existenciais, de sua vez, tem nas disposições atinentes aos direitos da personalidade (arts. 11 a 21), o exemplo mais destacado.

Neste caso, os atributos da personalidade preservam a autonomia privada: a pessoa é livre para decidir sobre o modo e extensão dos atributos da personalidade em relação aos seus interesses, desde que não interfira na esfera jurídica alheia. O fato de serem intransmissíveis e irrenunciáveis não retira do indivíduo as virtualidades do seu exercício, conforme o interesse que busque realizar. Porém, para além da tutela específica dos atributos da personalidade contra sua violação – o desenvolvimento da tutela da personalidade a partir dos direitos fundamentais, e sua consagração na Constituição de 1988, expande-se também na perspectiva de uma espécie de liberdade de autorrealização pessoal, para o que, na doutrina jurídica, contribuiu a recepção do direito ao livre desenvolvimento da personalidade, de influência alemã.

Esta autorrealização pessoal (realização do projeto de vida), contudo, vincula-se a diversos comportamentos objeto de disciplina pelo Código Civil. Implica interpretação adequada do art. 13 do Código Civil no tocante à restrição do direito de disposição do corpo em relação a bons costumes, seja em relação à procedimentos cirúrgicos justificados na afirmação da identidade pessoal (redesignação sexual, em especial, com reflexo na possibilidade de alteração do registro civil por pessoa transgênero, conforme reconhecido judicialmente)[13], ou na liberdade de manifestação e expressão por intermédio do corpo.

---

13. Assim decidiu o STF: "ação direta de inconstitucionalidade. direito constitucional e registral. pessoa transgênero. alteração do prenome e do sexo no registro civil. possibilidade. direito ao nome, ao reconhecimento da personalidade jurídica, à liberdade pessoal, à honra e à dignidade. Inexigibilidade de cirurgia de transgenitalização ou da realização de tratamentos hormonais ou patologizantes. 1. O direito à igualdade sem discriminações abrange a identidade ou expressão de gênero. 2. A identidade de gênero é manifestação da própria personalidade da pessoa humana e, como tal, cabe ao Estado apenas o papel de reconhecê-la, nunca de constituí-la. 3. A pessoa transgênero que comprove sua identidade de gênero dissonante daquela que lhe foi designada ao nascer por autoidentificação firmada em declaração escrita desta sua vontade dispõe do direito fundamental subjetivo à alteração do prenome e da classificação de gênero no registro civil pela via administrativa ou judicial, independentemente de procedimento cirúrgico e laudos de terceiros, por se tratar de tema relativo ao direito fundamental ao livre desenvolvimento da personalidade. 4. Ação direta julgada procedente." (STF, ADI 4275, Rel. Min. Marco Aurélio, Rel. p/ Acórdão Min. Edson Fachin, Tribunal Pleno, julgado em 01/03/2018, p. 07/03/2019). No mesmo sentido ao julgar o RE 670.422, assentou, o STF, as seguintes teses de repercussão geral: "i) O transgênero tem direito fundamental subjetivo à alteração de seu prenome e de sua classificação de gênero no registro civil, não se exigindo, para tanto, nada além da manifestação da vontade do indivíduo, o qual poderá exercer tal faculdade tanto pela via judicial como diretamente pela via administrativa. ii) Essa alteração deve ser averbada à margem no assento de nascimento, sendo vedada a inclusão do termo 'transexual'. iii) Nas certidões do registro não constará nenhuma observação sobre a origem do ato, sendo vedada a expedição de certidão de inteiro teor, salvo a requerimento do próprio interessado ou por determinação judicial. iv) Efetuando-se o procedimento pela via judicial, caberá ao magistrado

No tocante ao exercício do poder familiar (art. 1.634) ou da tutela, poderá encontrar limites na proteção da integridade física ou privacidade da criança ou adolescente (art. 227 da Constituição), no seu sustento, guarda e educação (art. 22 do ECA). Tais critérios informam, o exame sobre o exercício do poder familiar e seu desvio, inclusive forma a interpretação do art. 1.638 do Código Civil, no tocante às causas extremas de extinção deste poder jurídico.

A tutela da identidade pessoal também se projeta sobre o ambiente virtual,[14] de modo que tanto os deveres de proteção, quanto a responsabilização pelos danos decorrentes de uma interferência indevida, são reconhecidos.

2.2 O novo direito de família

O papel da família como instituição jurídica e sua disciplina jurídica é elementar do direito civil, e define um dos traços culturais mais destacados de uma determinada sociedade. No Código Civil de 1916, as relações familiares, marcadas pela proeminência masculina no exercício da autoridade parental, se estabelece de acordo com o que Orlando Gomes bem definiu como espécie de *privatismo doméstico* que marca a organização social do Brasil,[15] pelo qual suas disposições mais tolerantes, abrandam as regras duras vindas do direito português. Isso não lhe retira, contudo, os traços conservadores que marcam a legislação. Qualifica-o como um sentimentalismo "tão próprio do temperamento brasileiro", no que depois será objeto de inúmeras construções teóricas, sintetizadas no arquétipo do homem cordial, divulgado por Sérgio Buarque de Holanda,[16] também tomado como um traço de primitivismo nas relações

---

determinar, de ofício ou a requerimento do interessado, a expedição de mandados específicos para a alteração dos demais registros nos órgãos públicos ou privados pertinentes, os quais deverão preservar o sigilo sobre a origem dos atos." (STF, RE 670422, Rel. Dias Toffoli, Tribunal Pleno, j. 15/08/2018, p. 10/03/2020).

14. Assim, aliás, o Enunciado 677 da IX Jornada de Direito Civil, do CJF/STJ, de 2022: "A identidade pessoal também encontra proteção no ambiente digital".
15. GOMES, Orlando. *Raízes históricas e sociológicas do Código Civil brasileiro*. São Paulo: Martins Fontes, 2003, p. 14.
16. A rigor, a expressão homem cordial foi utilizada originalmente por Sérgio Buarque de Holanda já na edição original da obra Raízes do Brasil, de 1936, integrado por ensaio com este título. A precisa definição do homem cordial, todavia, acompanhou sucessivas alterações e atualizações da obra, em especial como resposta a interpretações ou críticas que, inicialmente a confundiam com certa característica de bondade natural do brasileiro, devendo esclarecê-la mais como irracionalidade. A partir da quinta edição da obra, de 1969, quando se incorpora prefácio de autoria de Antônio Cândido, afirma-se a definição do homem cordial de Buarque de Holanda, com esta contraposição ao homem racional, que tanto pende ao sentimento positivo e à afeição, quanto à inimizade e ao primitivo. Sobre a trajetória da obra e sua interpretação veja-se a introdução de Pedro Meira Monteiro e Lilia Moritz Schwartz, à edição crítica: BUARQUE DE HOLANDA, Sérgio. *Raízes do Brasil. Edição crítica*. São Paulo: Companhia das Letras, 2016.

sociais.[17] As transformações na estrutura e posições dos membros na família resultam de inúmeras mudanças sociais (o crescente papel da mulher no mercado de trabalho, e maior impessoalidade das relações sociais, enfraquecimento dos vínculos de parentesco, e as novas técnicas de controle de natalidade são alguns deles). Porém, não serão suficientes *per se*, para alterar o modelo patriarcal originário da experiência brasileira.

O projeto original do Código Civil de 2002 mantinha a marca conservadora, com a prevalência da vontade do marido sobre as decisões de interesse do casal – a direção –, conferindo à mulher o papel de colaboração,[18] embora permitindo o exercício em comum do "pátrio poder", apenas mais à frente na tramitação substituído pela noção de "poder familiar", hoje vigente. Não se pode deixar de destacar, contudo, a bem-sucedida estratégia do legislador em separar dois grandes eixos de disciplina do direito de família, pessoal e patrimonial,[19] atribuindo ao primeiro a característica de pessoalidade dos comportamentos que, mais tarde, será identificada com a preservação de interesses existenciais, em contraste com os de conteúdo econômico, de caráter patrimonial.

Será, contudo, objeto da crítica mais acentuada, frente à veloz transformação da estrutura social da família e seu reconhecimento pela Constituição de 1988, que dentre outros temas, reconheceu a união estável (art. 226, § 3º), a família monoparental (art. 226, § 4º), a plena igualdade entre homem e mulher no exercício dos direitos inerentes à sociedade conjugal (art. 226, § 5º), a prioridade absoluta do interesse da criança (art. 227, *caput*), e a igualdade plena entre os filhos, superando as distinções da legislação anterior (art. 227, § 6º).

A prioridade absoluta da proteção da criança e do adolescente na família, a toda evidência, produz importantes transformações na dinâmica das relações familiares, inclusive autorizando maior intervenção do Estado no exercício do poder familiar, expressão da autonomia privada. O entendimento sobre o modo como esta intervenção se processa, exige o esforço do jurista para o adequado exame dos fatos de realidade social, por vezes substancialmente distintos da sua própria vivência. O manejo com as hipóteses de suspensão ou perda do poder familiar bem exemplificam este desafio. A pluralidade dos arranjos familiares sinaliza, por vezes, a menor importância da família nuclear, ou sua ampliação a

---

17. MONTEIRO, Pedro Meira. *A queda do aventureiro. Aventura, cordialidade e os novos tempos em Raízes do Brasil*. 2. ed. Belo Horizonte: Relicário, 2021, p. 200-201.
18. COUTO E SILVA, Clóvis do. Direito patrimonial de família no Projeto de Código Civil brasileiro e no direito português. *Revista de Informação Legislativa*, a. 16, n. 62, abr.-jun./1979, p. 145.
19. Exposição de motivos do Projeto de Código Civil. In: Código Civil brasileiro e legislação correlata. – 2. ed. – Brasília: Senado Federal, Subsecretaria de Edições Técnicas, 2008, p. 134 passim 138. COUTO E SILVA, Clóvis do. Anteprojeto de Código Civil: Princípios para a reforma do direito de família. *Arquivos do Ministério da Justiça*, v. 32, n. 115, jul.-set. 1975.

partir de novos relacionamentos conjugais dos pais, a multiparentalidade (cumulando a parentalidade biológica e socioafetiva),[20] assim como a importância da família estendida, seja com a participação de avós e outros parentes, diretamente, no cuidado e educação das crianças, ou de outras pessoas sem vínculos familiares formais. Entre as famílias mais vulneráveis, percebe-se o protagonismo da mãe, inclusive, em muitas situações, respondendo sozinha pelo sustento e cuidado dos filhos (a "mãe heróica", a que se refere Darcy Ribeiro).[21] Neste sentido, a própria percepção social se altera em relação a que seja melhor para a criança. Dentre os mais pobres, por vezes, valoriza-se o crescimento natural e o tempo livre da criança, com imposição de menos regras, destacando-se a suficiência do afeto; nas famílias com maior poder aquisitivo, valoriza-se a formação e o incentivo a atividades organizadas para educação e desenvolvimento de suas aptidões. Opõe-se ao cultivo orquestrado (*concerted cultivation*), das classes mais altas, ao tentar estimular os talentos dos filhos através de atividades de lazer organizadas e intensa racionalização, e o crescimento natural (*natural growth*), pelas classes mais pobres, oferecendo condições para que os filhos possam crescer, porém deixando livres as atividades de lazer das crianças, realidade comum a diferentes sociedades.[22] Tais situações, em que a ausência dos pais, sobretudo em razão de exigências de trabalho para sustento familiar, é muitas vezes suprida pela participação e solidariedade de amigos e vizinhos, não deve ser confundida com o abandono, assim como, na linha do art. 23 do ECA, "a falta ou a carência de recursos materiais não constitui motivo suficiente para a perda ou a suspensão do poder familiar".

Por fim refira-se que a liberdade de orientação sexual, com o reconhecimento de arranjos familiares formados por pessoas do mesmo sexo, também contribui para a promoção da diversidade dos modelos de família. A partir da decisão da ADI 4277/DF, afirma-se pluralismo e na proibição de discriminação em razão do sexo, a liberdade para dispor sobre a própria sexualidade, inclusive com a possibilidade de formação de entidade familiar, em simetria com a união estável heteroafetiva, também entre pessoas do mesmo sexo, ainda que se trate de matéria aberta à conformação legislativa.[23] A interpretação das normas do Código Civil

---

20. Decidiu o Supremo Tribunal Federal, em decisão com repercussão geral, que "a paternidade socioafetiva, declarada ou não em registro público, não impede o reconhecimento do vínculo de filiação concomitante baseado na origem biológica, com os efeitos jurídicos próprios" (STF, RE 898060, Rel. Luiz Fux, Tribunal Pleno, j. 21/09/2016, p. 24/08/2017).
21. RIBEIRO, Darcy. O povo brasileiro: *A formação e o sentido do Brasil*. 2. ed. São Paulo: Companhia das Letras, 1995, p. 205.
22. Veja-se: LAREAU, Annette. Unequal Childhoods: Class, race, and family life. 2nd ed with an update decade later. Berkeley: University of California Press, 2011 (edição atualizada da original de 2003), p. 1 e ss.
23. STF, ADI 4277, Rel. Min. Ayres Brito, Tribunal Pleno, j. 05/05/2011, DJ 14/10/2011.

de 2002, em relação à sociedade conjugal e demais relações familiares, orienta-se a partir desta determinação constitucional.

A referência à instituição jurídica da família a partir do seu tradicional vetor de proteção da pessoa reorienta-se também à plena realização pessoal de seus integrantes, segundo a noção de livre desenvolvimento da personalidade (*freie Entfaltung der Persönlichkeit*), reconhecido a partir da influência do direito constitucional alemão,[24] e subsumida no princípio da dignidade da pessoa humana presente na Constituição de 1988 (art. 1º, III).[25] Nesta perspectiva, a disciplina da família no direito civil do futuro, próximo e concorde com a Constituição e os direitos fundamentais, deve assumir, cada vez mais, a marca da tolerância e da liberdade.

2.3 A funcionalização dos institutos jurídicos

A definição das categorias jurídicas do direito civil e, de resto, de todo o direito, dadas as características do positivismo jurídico, nem sempre se vincularam, quando de sua interpretação e aplicação, às razões de fato que determinaram sua constituição ou, ainda, aos fins ou utilidade que devem atender.

Contrapondo-se a isso, o Código Civil de 2002 busca vincular, em diversos momentos, diferentes institutos jurídicos aos fins para os quais foram concebidos, inclusive demarcando os limites do próprio exercício de direitos que daí resultam. O art. 187 do Código Civil de 2002 é um bom exemplo, ao limitar o exercício do direito pelo titular, dentre outros critérios (boa-fé e bons costumes), aos seus fins econômicos e sociais, marcando a concepção contemporânea do abuso do direito como espécie de ato ilícito. Os fins econômicos e sociais de um direito serão percebidos a partir de suas características e localização no sistema jurídico. O direito prioriza a solução de problemas práticos e, por isso, orienta seus institutos a finalidades que devam atender, que poderão ser econômicas (especialmente quando a relação jurídica seja dotada de sentido econômico) e sociais, não raro conjugando ambas. O *fim social* é aquele de interesse comum, pelo qual se previu normativamente um direito subjetivo ou posição jurídica com determinado conteúdo. *Fim social*, contudo, não se confunde com fim coletivo; afinal, pode ser o fim social de um determinado direito subjetivo a tutela de certo interesse individual, inclusive contra a coletividade (assim, a proteção dos direitos da personalidade). Em outras hipóteses, é razoável indicar que o fim social absorve o fim econômico,

---

24. Assim o art. 2, 1, da Lei Fundamental alemã, de 1949, a partir do qual desenvolveram-se as aplicações práticas do conceito: "Todos têm o direito ao livre desenvolvimento da sua personalidade, desde que não violem os direitos de outros e não atentem contra a ordem constitucional ou a lei moral."
25. Para a influência do conceito no direito brasileiro, veja-se: MIRAGEM, Bruno. *Teoria geral do direito civil*. Rio de Janeiro: Forense, 2021, p. 161-162.

uma vez que sua utilidade social pressupõe a realização de seu fim econômico, não se podendo separar o socialmente útil do que é economicamente útil, como transparece com clareza em relação ao conteúdo e ao exercício do direito de propriedade. Os fins econômicos ou sociais não se percebem fora do conteúdo do próprio direito subjetivo ou de determinada posição jurídica, constituindo um limite intrínseco. Assim, por exemplo, o direito de crédito visa permitir ao seu titular, o credor, a realização de certo interesse patrimonial, podendo exigi-lo de quem deva realizar este interesse; de outro lado, o direito à privacidade visa preservar certas informações e decisões à esfera exclusiva do titular do direito, blindando-as do conhecimento ou interferência externos.

Valoriza-se também a função dos institutos jurídicos. No negócio jurídico, a função econômico-social, dentre outros sentidos, assume caráter instrumental, ao vinculá-lo a objetivos que não são apenas jurídicos, unificando os fins para os quais se reconhece que sejam celebrados, no que se aproxima da teoria da causa.[26] Em um inventário destas funções, doutrina de destaque sistematiza as de troca, liberalidade, cooperação e garantia.[27] O art. 421 do Código Civil, em sua redação atual, prevê que "a liberdade contratual será exercida nos limites da função social do contrato." A redação original do dispositivo previa o exercício da liberdade contratual "em razão e nos limites" da função social, sendo objeto de inúmeras críticas pela excessiva intervenção na autonomia privada. A Lei 13.784/2019 alterou o texto, dando-lhe o perfil atual, assim como incluiu parágrafo único dispondo que "nas relações contratuais privadas, prevalecerão o princípio da intervenção mínima e a excepcionalidade da revisão contratual."

O art. 2.035, parágrafo único, do Código Civil de 2002, dispõe que "nenhuma convenção prevalecerá se contrariar preceitos de ordem pública, tais como os estabelecidos por este Código para assegurar a função social da propriedade e dos contratos." O art. 1.228, § 1º, do Código Civil, de sua vez, refere que "o direito de propriedade deve ser exercido em consonância com as suas finalidades econômicas e sociais e de modo que sejam preservados, de conformidade com o estabelecido em lei especial, a flora, a fauna, as belezas naturais, o equilíbrio ecológico e o patrimônio histórico e artístico, bem como evitada a poluição do ar e das águas." Trata-se do que se reconhece, em interpretação conformada pelas normas constitucionais (arts. 5º, XXIII, 170, 182, 184 e 186 da Constituição da República), como "função socioambiental" da propriedade.[28]

---

26. Veja-se: ALMEIDA, Carlos Ferreira. *Texto e enunciado na teoria do negócio jurídico*, v. 1. Coimbra: Almedina, 1992, p. 500-506.
27. ALMEIDA, Carlos Ferreira. *Texto e enunciado na teoria do negócio jurídico*, v. 1. Coimbra: Almedina, 1992, p. 521 e ss.
28. AREsp n. 1.641.162/PR, relator Ministro Herman Benjamin, Segunda Turma, julgado em 17/11/2020, DJe de 17/12/2021; REsp n. 1.341.090/SP, relator Ministro Sérgio Kukina, Primeira Turma, julgado

A funcionalização dos institutos jurídicos delimita o exercício das posições jurídicas a que dão causa, de modo que se orientem ao propósito que fundamenta sua previsão pelo Direito. Assim, no caso da propriedade, as virtualidades do domínio, de titularidade do proprietário, serão exercidas como espécies de poder-função[29] ou poder-dever,[30] cujos condicionamentos específicos serão estabelecidos pelo legislador a partir das coordenadas constitucionais. Assim, é o caso das obrigações relativas ao uso racional e adequado da propriedade rural, à ordenação da ocupação do espaço urbano, ou as pertinentes à utilização adequada dos recursos naturais disponíveis e preservação do meio ambiente.

A compatibilização entre o interesse da coletividade e o interesse individual costuma ser associado a princípio de solidariedade social,[31] reconhecido a partir da referência, na Constituição, aos valores sociais do trabalho e da livre iniciativa como fundamentos da República (art. 1º, IV) e à sociedade justa, livre e solidária como objetivo a ser alcançado (art. 3º, I).

A funcionalização dos institutos jurídicos, promovida pelo Código Civil de 2002, impõe obstáculo ao arbítrio no exercício de direitos, faculdades e poderes inerentes a posições jurídicas; racionaliza o impulso e a manifestação da vontade, compatibilizando-os às noções de utilidade individual e social, próprios à finalidade de ordenação social do Direito. Em tais condições, preserva, a legislação, a capacidade de, via interpretação atualizadora dos seus termos e significado, incidir sobre fatos futuros, frutos do desenvolvimento social e tecnológico, conservando o

---

em 24/10/2017, DJe de 7/12/2017; AgInt no AREsp n. 1.233.205, Ministra Assusete Magalhães, DJe de 25/05/2022; AREsp n. 1.816.921, Ministro Herman Benjamin, DJe de 31/05/2021; AgInt no AREsp n. 1.787.466, Ministro Francisco Falcão, DJe de 05/11/2021; AgInt no REsp n. 1.685.832, Ministro Napoleão Nunes Maia Filho, DJe de 08/09/2020 AREsp n. 143.785, Ministro Sérgio Kukina, DJe de 11/03/2020; REsp n. 1.565.721, Ministro Og Fernandes, DJe de 25/10/2019; REsp n. 1.575.578, Ministro Reynaldo Soares da Fonseca, DJe de 20/08/2018; REsp n. 1.308.413, Ministro Og Fernandes, DJe de 28/03/2017; REsp n. 1.367.519, Ministro Benedito Gonçalves, DJe de 10/08/2016; REsp n. 1.529.249, Ministro Humberto Martins, DJe de 04/02/2016; REsp n. 1.211.052, Ministro Luiz Fux, DJe de 10/12/2010.

29. Assim o entendimento, dentre outros de: Orlando Gomes, Novas dimensões da propriedade privada. *Revista dos Tribunais*, n. 411. São Paulo: RT, jan. 1970, p. 12; Roger Raupp Rios, A Propriedade e sua função social na Constituição da República de 1988. Ajuris, Porto Alegre, v.22, n.64, jul.1995, p. 307-320. Da mesma forma posiciona-se André Godinho, o qual busca salientar que a função social não significa uma negação do direito subjetivo, mas que "é a função social razão de tutela e garantia da propriedade privada". André Osório Godinho, Função social da propriedade. *In*: Gustavo Tepedino (Coord.). *Problemas de direito civil constitucional*. Rio de Janeiro: Renovar, 2000, p. 1-16.

30. Fábio Konder Comparato, Função social da propriedade dos bens de produção. *Revista de Direito Mercantil, Industrial, Econômico e Financeiro* (nova série). São Paulo, RT, n. 63, jul.-set. 1986, p. 76.

31. No direito alemão, de onde resulta a famosa locução "a propriedade obriga" introduzida pela Constituição de Weimar de 1911, e considerada uma das origens da atual compreensão da função social da propriedade, a Lei Fundamental de 1949 vai referir em seu art. 14, 2: "A propriedade obriga. Seu uso deve servir, ao mesmo tempo, ao bem comum". Veja-se: LEISNER, Walter. Eigentum. In: ISENSEE, Josef; KIRCHOF, Paul. Handbuch des Staatsrechts, Bd. VI, Freiheitsrechte. Heidelberg: C.F. Müller, 1989, p. 1.023 e ss; KINGREEN, Thorsten. POSCHER, Ralf. Grundrecht. Staatsrecht, b. II. 36. Auf. Heidelberg: C. F. Müller, 2020, p. 310.

protagonismo do Código Civil, mesmo frente à necessidade da edição de normas especiais para regular novas realidades no que tenham de específico.

3. O CÓDIGO CIVIL DE 2002 E AS NOVAS TECNOLOGIAS

São notórias as transformações a que dão causa as novas tecnologias da informação na estrutura social e econômica, e na vida cotidiana. A exploração comercial da internet no Brasil inicia-se em 1995. Em paralelo, o avanço tecnológico nas telecomunicações adquire força a partir de um amplo processo de desestatização do setor, na segunda metade da década de 1990. A expansão e aproveitamento das diversas utilidades da internet têm lugar a partir de uma melhora na infraestrutura de comunicação, o desenvolvimento e oferta de equipamentos (hardwares) e softwares mais capazes, dando causa a uma crescente digitalização das relações humanas. Com a criação do smartphone e seu lançamento a partir de 2008, o uso da internet ganha ainda maior protagonismo nas relações cotidianas, em paralelo ao desenvolvimento tecnológico no âmbito do tratamento de dados pessoais, da inteligência artificial e a denominada internet das coisas, dentre outras inovações.

Tudo isso repercute diretamente sobre as relações civis e sua disciplina jurídica; por conseguinte, sobre conceitos e institutos tradicionais do direito civil. Examina-se três deles, a este propósito.

3.1 A atualidade da teoria do negócio jurídico e o ambiente virtual

O negócio jurídico é expressão mais alta da autonomia privada, pela qual as partes decidem, no exercício da sua liberdade, vincular-se juridicamente à realização de determinados comportamentos, tornados devidos. Dentre as espécies de negócio jurídico, tem protagonismo o contrato. No ambiente virtual, assume relevância o contrato eletrônico, assim entendido aquele que é celebrado por meio digital. Os contratantes conformam seu objeto e emitem as declarações de vontade mediados pela internet. São denominados eletrônicos os contratos celebrados pela internet, de modo que é o meio que lhe determina a qualificação. Podem, contudo, dizer respeito a prestações comuns, como uma compra e venda de um bem, ou uma prestação de serviço, cujo adimplemento se dê normalmente, fora do ambiente virtual. A digitalização crescente, todavia, tornou comuns contratos cuja prestação (objeto principal) e correspectiva execução também se realizam no ambiente virtual, desmaterializando tanto a celebração, quanto o adimplemento do contrato.

Por outro lado, os serviços fruídos pela internet são caracterizados a partir da definição legal de aplicações de internet, considerados "o conjunto de funcionalidades que podem ser acessadas por meio de um terminal conectado à internet" (art. 5º, VII, da Lei 12.965, de 23 de abril de 2014). A utilização destas funcionalidades pressupõe a adesão, pelo usuário, a *termos de uso*, espécies de condições gerais contratuais que, predispostas pelo provedor de aplicação, definem o conteúdo da relação jurídica entre as partes. Assim, a fruição de serviços prestados exclusivamente por intermédio de uma aplicação, tais como a participação em uma rede social, ou o acesso a serviços digitais paralelamente à fruição de serviços físicos, exige a adesão aos termos de uso, como de resto qualquer funcionalidade cujo *download* é oferecido por plataformas digitais. Trata-se, portanto, de negócio jurídico, no qual o usuário declara vontade de utilizar a aplicação de internet, consentindo com as condições preestabelecidas pelo respectivo provedor de aplicação. Isso coloca em destaque uma série de questões atinentes à validade e aos efeitos do negócio jurídico.

Em primeiro lugar, mesmo celebrados pela internet, devem estar presentes os requisitos de validade do negócio jurídico, a saber: agente capaz; objeto lícito, possível, determinado ou determinável; forma prescrita ou não defesa em lei (art. 104 do Código Civil).[32] Surgem daí questões de relevo, uma vez que em negócios à distância – como os celebrados pela internet – nem sempre se exige a qualificação do declarante, que em muitas situações pode ser uma criança ou adolescente, ou contar com outra causa de incapacidade ou de limitação do seu poder de disposição. Em relação ao objeto do negócio jurídico, a ausência de disciplina legal sobre uma série de serviços e atividades realizadas pela internet não compromete sua validade, considerando o princípio da legalidade ("ninguém será obrigado a fazer ou deixar de fazer alguma coisa senão em virtude de lei" – art. 5º, II, da CR/88). O mesmo se diga da forma do negócio, sobre a qual a ausência de proibição ou prescrição legal expressa, consagra a liberdade de celebração. Neste caso, contudo, não se deixa de notar que a forma específica da declaração de vontade, nos negócios jurídicos virtuais, vem sendo desafiada em relação ao seu objeto ou efeitos. Assim, por exemplo, a adoção de assinatura eletrônica em diferentes níveis de exigência (simples, avançada ou qualificada) para celebração de diferentes negócios jurídicos, e mesmo aquelas com certificado digital (qualificada) prevista no § 1º, do art. 10 da MP n. 2.200-2, de 24 de agosto de 2001, não dispensam as testemunhas instrumentárias para que o documento particular possa constituir título executivo extrajudicial (art. 784, III, do Código de Processo Civil).

Por outro lado, a adesão aos termos de uso e outras condições estabelecidas pelos provedores de aplicação constitui negócio jurídico. O fato de o usuário não poder alterar seus termos, faz com assuma a natureza de contrato de adesão, para o qual o Código Civil de 2002 dispõe sobre regras de proteção do aderente nos arts. 423 (interpretação contra proferentem) e 424 (nulidade de cláusulas que

---

32. MIRAGEM, Bruno. *Teoria geral do direito civil*. Rio de Janeiro: Forense, 2021, p. 378.

imponha renúncia do aderente a direito resultante da natureza do negócio).[33] Da mesma forma, quando se trate de relação de consumo – situação reconhecida inclusive no caso de oferta gratuita de serviços na internet, mas que envolva remuneração indireta[34] – incide o art. 54 do CDC, com requisitos formais próprios, e imposição do direito de esclarecimento específico do consumidor sobre as cláusulas predispostas.[35] Já no caso de contratos interempresariais celebrados pela internet, uma vez reconhecida a paridade de forças entre os contratantes (como poderá ocorrer com provedores de aplicação ou sociedades empresárias de pequeno ou médio porte), a regra a formação do conteúdo do contrato e sua interpretação respeitam o livre exercício da autonomia privada (arts. 421-A e 113 do Código Civil).

Importa, em muitos destes casos, a oferta de serviços por provedores de aplicação, em troca do consentimento do usuário para tratamento de seus dados pessoais, com fins econômicos. O consentimento do titular é a primeira das hipóteses que autoriza o tratamento de dados pessoais (art. 7º, I da Lei 12.965, de 2018 – Lei Geral de Proteção de Dados Pessoais), relacionando-se ao reconhecimento de um direito à autodeterminação informativa (*Grundrecht auf informationelle Selbsbestimmung*)[36], recentemente consagrado também na Constituição brasileira, por intermédio da Emenda Constitucional n. 115, que incluiu o inciso LXXIX ao art. 5º, com a seguinte redação: "é assegurado, nos termos da lei, o direito à proteção dos dados pessoais, inclusive nos meios digitais."

---

33. "Art. 423. Quando houver no contrato de adesão cláusulas ambíguas ou contraditórias, dever-se-á adotar a interpretação mais favorável ao aderente; Art. 424. Nos contratos de adesão, são nulas as cláusulas que estipulem a renúncia antecipada do aderente a direito resultante da natureza do negócio."
34. MIRAGEM, Bruno. *Curso de direito do consumidor*. 8. ed. São Paulo: RT, 2019, p. 123.
35. Art. 54. Contrato de adesão é aquele cujas cláusulas tenham sido aprovadas pela autoridade competente ou estabelecidas unilateralmente pelo fornecedor de produtos ou serviços, sem que o consumidor possa discutir ou modificar substancialmente seu conteúdo. § 1º A inserção de cláusula no formulário não desfigura a natureza de adesão do contrato. § 2º Nos contratos de adesão admite-se cláusula resolutória, desde que a alternativa, cabendo a escolha ao consumidor, ressalvando-se o disposto no § 2º do artigo anterior. § 3º Os contratos de adesão escritos serão redigidos em termos claros e com caracteres ostensivos e legíveis, cujo tamanho da fonte não será inferior ao corpo doze, de modo a facilitar sua compreensão pelo consumidor. § 4º As cláusulas que implicarem limitação de direito do consumidor deverão ser redigidas com destaque, permitindo sua imediata e fácil compreensão."
36. O direito à autodeterminação informativa foi reconhecido a partir de conhecida decisão do Tribunal Constitucional alemão, de 1983, que julgando inconstitucional lei que obrigava a população a responder perguntas do censo promovido pelo Estado, admitiu o direito à recusa em fornecer informações pessoais, consistente no poder de disposição do próprio titular dos dados pessoais sobre sua utilização, consentindo com seu tratamento, e cujo exercício poderia ser limitado apenas por razões de interesse público, conforme: SIMITIS, Spiros. *Die informationelle Selbstbestimmung – Grundbedingung einer verfassungskonformen Informationsordnung*. Neue Juristische Wochenschrift, 8. München: C.H. Beck, 1984, p. 398-405.

O consentimento do titular dos dados, que é condição para exercício deste direito fundamental,[37] pressupõe certa *qualidade da manifestação de vontade* neste caso – em especial que seja *livre, específica, informada e inequívoca*. Assim, a definição legal de consentimento prevista no art. 5º, XII, da LGPD, como "manifestação livre, informada e inequívoca pela qual o titular concorda com o tratamento de seus dados pessoais para uma finalidade determinada."[38] *Consentimento* é expressão de longa tradição no direito privado, e compreende a manifestação de vontade, geralmente associada à submissão da esfera jurídica daquele que declara ou exprime, a efeitos e repercussões de ação, estado ou atividade exterior. Concentra-se, seu exame, na manifestação de vontade do titular que celebra negócio jurídico quando autoriza o tratamento de dados pelo controlador ou operador. Neste sentido, o silêncio do titular, que deixa de declarar vontade, não implica anuência, a teor do art. 111 do Código Civil.[39]

Há dificuldades concretas com a exigência do consentimento do titular dos dados pessoais,[40] razão pela qual, inclusive, é a apenas uma das hipóteses que fundamenta o tratamento de dados, segundo a LGPD (art. 7º). as limitações cognitivas do titular dos dados em relação às características do tratamento e sua própria capacidade de dispor sobre sua realização, ou mesmo as restrições ao seu poder de decisão, quando o consentimento prévio subordine seu acesso a determinada vantagem ("take it or leave it"). O art. 9º, § 3º, da LGPD, dispõe que "quando o tratamento de dados pessoais for condição para o fornecimento de produto ou de serviço ou para o exercício de direito, o titular será informado com destaque sobre esse fato e sobre os meios pelos quais poderá exercer os direitos do titular elencados no art. 18 desta Lei." Trata-se de regra de grande importância nas relações de consumo, sobretudo ao regular as denominadas políticas de tudo ou nada, (take-it-or-leave-it-choice), submetendo o consumidor à opção de aceitar integralmente as disposições ou termos de serviço como condição para sua utilização. Do mesmo modo, não se perde de vista que as possiblidades de

---

37. Veja-se: MENDES, Laura Schertel. *Privacidade, proteção de dados e defesa do consumidor*. São Paulo: Saraiva, 2014. p. 53.
38. A inspiração da regra brasileira situa-se no art. 7º do Regulamento Geral de Proteção de Dados europeu, conforme ensinam: BIONI, Bruno Ricardo. *Proteção de dados pessoais. A função e os limites do consentimento*. São Paulo: Forense, 2019, p. 139; TEPEDINO, Gustavo; TEFFÉ, Chiara Spadaccini. Consentimento e proteção de dados pessoais na LGPD. In: TEPEDINO, Gustavo; FRAZÃO, Ana; OLIVA, Milena Donato. *Lei Geral de Proteção de Dados Pessoais e sua repercussão no direito brasileiro*. São Paulo: RT, 2019, p. 298.
39. "Art. 111. O silêncio importa anuência, quando as circunstâncias ou os usos o autorizarem, e não for necessária a declaração de vontade expressa."
40. MENDES, Laura Schertel; FONSECA, Gabriel Campos Soares da. Proteção de dados para além do consentimento: tendências de materialização. In: MENDES, Laura Schertel; DONEDA, Danilo; SARLET, Ingo Wolfgang; RODRIGUES JR., Otávio Luiz. *Tratado de proteção de dados pessoais*. Rio de Janeiro: Forense, 2021, em especial p. 78 e ss.

tratamento de dados nem sempre serão integralmente mensuráveis ao tempo em que o consentimento é requerido. Em resumo, a vulnerabilidade que se identifique na posição do titular dos dados pode limitar o atendimento à função precípua do consentimento, de assegurar o controle em relação à realização e aos termos do tratamento. O titular dos dados, como se sabe, é sempre pessoa natural (assim a definição de dado pessoal, art. 5º, I, da Lei). Logo, emerge da realidade situações de desequilíbrio, especialmente, em relação a pessoas jurídicas, com atuação profissional ou não, e mesmo frente ao próprio Estado, no tocante à disciplina do tratamento de dados, e na interpretação das condições para o consentimento.[41] Trata-se de situações de desigualdade que podem se estender a outras nas quais, em face das circunstâncias, veja-se limitado o poder de decisão do titular dos dados para consentir livremente. O consentimento vincula-se a uma finalidade determinada e deve ser adequadamente informado.[42]

Estas novas situações jurídicas no âmbito da internet conferem protagonismo ao negócio jurídico e sua dogmática prevista no Código Civil de 2002, todavia atualizando sua fundamentação para além das tradicionais teorias da vontade e da declaração, presentes nos seus primórdios, para a teoria da confiança, objeto do mais recente desenvolvimento teórico desde o direito alemão (em especial, a partir da tese de Claus-Wilhelm Canaris), com importante reconhecimento no direito brasileiro.[43] Os signos da internet, e seu conjunto de estímulos para persuasão dos usuários, inclusive para efeito da celebração de negócios jurídicos com diferentes finalidades, colocam em destaque a tutela da confiança, a partir das normas do Código Civil.

---

41. O mesmo não passa desapercebida na disciplina oferecida pelo RGPD europeu. O considerando 43 do RGPD refere-se aos limites do consentimento como fundamento para o tratamento de dados. Nestes termos, dispõe que o consentimento não será fundamento jurídico válido em situações que existam manifesto desequilíbrio entre o titular e o responsável pelo tratamento dos dados pessoais. Há presunção de invalidade do consentimento caso não tenha sido requerido para fases distintas do processo de tratamento de dados pessoais, se assim as características deste mesmo tratamento exigir. Vale o registro, também, sobre o desequilíbrio entre as partes na relação de trabalho, consagrando o direito de o empregado recusar-se ao tratamento dos seus dados pessoais sem experimentar retaliações (assim no Article 29 Working Party, Guidelines on Consent under Regulation 2016/679, adopted on November 28, 2017, as last Revised and Adopted on 10 April 2018. Disponível em: https://ec.europa.eu/newsroom/article29/item-detail.cfm?item_id=623051. Acesso em: 05 de outubro de 2020).
42. A Corte de Justiça da União Europeia esclareceu a compreensão de consentimento informado em decisão no caso *Orange România SA v. Autoritatea Națională de Supraveghere a Prelucrării Datelor cu Caracter Personal*, segundo a qual este só será válido se for exarado de forma livre e por conduta ativa do titular. Na oportunidade, ao analisar a coleta de dados pessoais por contrato com empresa de telecomunicações, a CJEU verificou que o consumidor não dispunha de alternativa diversa senão a de transferir seus dados pessoais através de cláusula de arrasto resultante da assinalação de um campo (*check box*) que, em tese, manifestava a anuência. Segundo esta visão, ainda que preenchida por marcação em campos que pretendam extrair o consentimento do titular, isso por si só, poderá não ser suficiente para verificar a validação da conduta positiva em consentir.
43. MIRAGEM, Bruno. *Teoria geral do direito civil*. Rio de Janeiro: Forense, 2021, p. 375. Já anotava sobre o papel da tutela da confiança na internet, o trabalho de: MARQUES, Claudia Lima. *Confiança no comércio eletrônico*. São Paulo: RT, 2004.

3.2 A responsabilidade fundada no risco

A célebre fórmula "nenhuma responsabilidade sem culpa", que marcou a dogmática da responsabilidade civil no século XIX, cedeu espaço, ao longo do tempo, para numerosas hipóteses legais de objetivação da responsabilidade, dispensando a demonstração de dolo, negligência ou imprudência do autor do dano. Estas hipóteses reuniram-se sob o fundamento da teoria do risco, segundo a qual a imputação de responsabilidade civil concentra-se, naquelas situações definidas pelo legislador, não pela falha na conduta do agente, mas a maior aptidão de determinada atividade ou posição jurídica em favorecer a ocorrência do dano. Karl Larenz ensina que a responsabilidade pelo risco "se trata de uma imputação mais intensa desde o ponto de vista social a respeito de uma determinada esfera de riscos, de uma distribuição de riscos de dano inerentes a uma determinada atividade segundo os padrões ou medidas, não da imputabilidade e da culpa, senão da assunção de risco àquele que o cria ou domina, ainda que somente em geral".[44] A *teoria do risco*, nesse sentido, surge para resolver questões que a *teoria da culpa*, em face da complexidade da vida moderna, não tem o condão de fazer, seja pela dificuldade ou mesmo pela inconveniência de exigir-se certas demonstrações como condição para imputação do dever de reparação da vítima de um dano. A previsão de hipóteses tópicas, na legislação, de imputação da responsabilidade objetiva, foi sucedida pela previsão, no Código Civil de 2002, do parágrafo único do art. 927, que dispõe: "Haverá obrigação de reparar o dano, independentemente de culpa, nos casos especificados em lei, ou quando a atividade normalmente desenvolvida pelo autor do dano implicar, por sua natureza, risco para os direitos de outrem."

Em seguida à edição do Código Civil, o parágrafo único do art. 927 prestou-se a uma série de questionamentos. A noção de risco da atividade admitiria certa calibragem, de modo a exigir que aquele porventura imputado como responsável, a desenvolva em caráter permanente, com certa intensidade e seja beneficiado com o respectivo proveito econômico. Posição esta, contrastante com o entendimento isolado que admite a possibilidade, em abstrato, da imputação de responsabilidade àquele que dá causa a um risco, independentemente do grau e extensão em que se verifique.

Uma segunda questão diz respeito a se o parágrafo único do art. 927 de hipótese subsidiária de responsabilização, frente à primazia da responsabilidade por culpa (art. 186 c/c 927 do Código Civil), ou se ambas as hipóteses passam a dispor, com mesma relevância, sobre a imputação de responsabilidade por danos

---

44. LARENZ, Karl. *Derecho de obligaciones*, t. II. Madrid: Editorial Revista de Derecho Privado, 1958, p. 665.

em situações distintas – sistema dualista de responsabilidade.[45] Esta última é a posição prevalente.

Em relação às repercussões das novas tecnologias, um dos aspectos que concentra a atenção dos juristas diz respeito aos riscos de danos à pessoa, seja pelas características da inovação, ou por falhas de sua utilização ou desempenho. São comuns, nestes casos, as diretrizes de prevenção e reparação dos danos decorrentes de novas tecnologias. Não há, contudo, um único modelo legislativo sobre como prever tais situações.

No direito brasileiro, a jurisprudência assentou a incidência do CDC e do seu regime de responsabilidade por danos decorrentes de diversas situações jurídicas estabelecidas na internet.[46] Dependendo de qual a aplicação tecnológica, sua finalidade e utilidade econômica, assim como os riscos que representa, tais características servem de critério para definição de certo modelo de responsabilização – como regra objeto de críticas e restrições sob diferentes fundamentos. A responsabilidade dos provedores de aplicação por danos decorrentes do conteúdo gerado por terceiros mereceu previsão no art. 19 e seguintes da Lei 12.965, de 23 de abril de 2014. Ao condicionar a imputação de responsabilidade do provedor de aplicação, nestes casos, à prévia notificação judicial sobre o conteúdo infringente e, ainda assim, sua preservação pelo provedor notificado, a legislação cria hipótese de imputação que se aproxima da exigência da culpa, senão da demonstração inequívoca de falha do fornecimento do serviço. A regra será considerada por muitos, excessivamente restritiva, apontando-se mesmo sua contradição com a expansão da responsabilidade objetiva, fundada no risco, presente no Código Civil.

Da mesma forma, no caso de danos decorrentes do tratamento de dados pessoais, a LGPD previu amplo sistema de responsabilização dos agentes de tratamento. Respondem quando causarem danos "em violação à legislação de proteção de dados pessoais" (art. 42), secundado por regra que indica o *tratamento irregular* quando não fornecer a segurança que o titular dele pode esperar, segundo os critérios que define a lei (art. 44), conferindo-lhes um dever legal de segurança (art. 44), e afastando a responsabilização no caso de rompimento do nexo causal, nas hipóteses que identifica (art. 43). No tocante ao tratamento de dados pessoais nas relações de consumo, preserva-se a aplicação do regime do CDC (conforme o art. 45 da LGPD).

A interpretação do texto dos artigos 42 a 44 da LGPD conduz o debate sobre a natureza da responsabilidade dos agentes de tratamento. Evidencia-se

---

45. MIRAGEM, Bruno. *Responsabilidade civil*. 2. ed. Rio de Janeiro: Forense, 2021, p. 148.
46. STJ, REsp n. 1.193.764/SP, rel. Min. Nancy Andrighi, 3ª Turma, j. 14/12/2010, DJe de 8/8/2011; REsp 566.468/RJ, rel. Min. Jorge Scartezzini, 4ª Turma, j. 23/11/2004, DJ de 17/12/2004; REsp 1.406.448/RJ, rel. Min. Nancy Andrighi, 3ª Turma, j. 15/10/2013, DJe de 21/10/2013.

seu caráter objetivo (independentemente de culpa), exigindo-se, todavia, como é inerente a qualquer hipótese de responsabilização, a presença do nexo causal entre o tratamento irregular e o dano.[47] Registre-se, porém, o entendimento dos que percebem aí hipótese de responsabilidade subjetiva, identificando a falha do tratamento com a culpa do agente, e mesmo variações combinando elementos da responsabilidade objetiva e subjetiva.[48]

Mais recentemente ganha destaque no direito brasileiro o debate sobre a responsabilidade por danos decorrentes do uso da inteligência artificial (IA). As próprias características da inteligência artificial tornam o debate de grande interesse. Resolução do Parlamento Europeu, de 2017, definiu o que seriam características de um "robô inteligente", delineando características comuns à inteligência artificial adotada em diferentes sistema: a) sua autonomia através de sensores e/ou da troca de dados com o ambiente (interconectividade), e da troca e análise desses dados; b) capacidade de autoaprendizagem com a experiência e a interação (critério opcional); c) um suporte físico mínimo; d) adaptação de seu comportamento e de suas ações no ambiente; e) inexistência de vida no sentido biológico do termo.[49] Mais recentemente, a proposta de Regulamento Europeu sobre IA, de 2021, define "sistema de inteligência artificial" como "um programa informático desenvolvido com uma ou várias das técnicas e abordagens (...) capaz de, tendo em vista um determinado conjunto de objetivos definidos por seres humanos, criar resultados, tais como conteúdos, previsões, recomendações ou decisões, que influenciam os ambientes com os quais interage". Estas técnicas e abordagens são relacionadas, de sua vez, no anexo I da proposta de Regulamento, compreendendo: "a) abordagens de aprendizagem automática, incluindo aprendizagem supervisionada, não supervisionada e por reforço, utilizando uma grande variedade de métodos, designadamente aprendizagem profunda; b) abordagens baseadas na lógica e no conhecimento, nomeadamente representação do conhecimento, programação (lógica) indutiva, bases de conhecimento, motores de inferência e de dedução, sistemas de raciocínio (simbólico) e sistemas periciais; c) abordagens estatísticas, estimação de Bayes, métodos de pesquisa e otimização."

No tocante à responsabilidade por danos decorrentes da inteligência artificial, de sua vez, a proposta de Regulamento europeu concentra-se em metodologia de

---

47. Assim sustento em MIRAGEM, Bruno. *Responsabilidade civil*. 2. ed. Rio de Janeiro: Forense, 2021, p. 489.
48. Para uma visão das diversas posições, veja-se os comentários de Rafael A. F. Zanatta ao art. 44 da LGPD, in: MARTINS, Guilherme Magalhães; LONGHI, João Victor Rozatti; FALEIROS JR., José Luiz de Moura (Coords.) *Comentários à Lei Geral de Proteção de Dados Pessoais*: Lei 13.709/2018. Indaiatuba: Foco 2022, p. 404 e ss.
49. Relatório do Parlamento Europeu, de 16 de fevereiro de 2017, que contém recomendações à Comissão sobre disposições de direito civil sobre robótica, p. 8. Disponível em: https://www.europarl.europa.eu/doceo/document/TA-8-2017-0051_PT.html. Acesso: jun. 2020.

análise de riscos, diferenciando entre sistemas de IA, os de *risco elevado*, o qual deve ser submetido à supervisão humana, e pelos quais aqueles que o coloquem no mercado venham a responder, independentemente de ser ou não quem concebeu ou desenvolveu o sistema. Cogita-se também, nestes casos, a adoção de um sistema de gestão de riscos durante todo o seu ciclo de vida. A diferenciação conforme o grau de risco é uma das estratégias legislativas possíveis para disciplinar as hipóteses de imputação de responsabilidade por danos decorrentes da IA, sobretudo em vista da variedade e extensão da sua utilização.

Discute-se se, dadas as características da IA, que o modelo de responsabilidade por danos que venha a causar deve contemplar hipóteses distintas em relação à escolha do sistema, e seu monitoramento por parte daqueles que se utilizem da tecnologia, e outra quanto aos danos que causem a terceiros, risco reconhecido a esta atividade.[50]

No direito brasileiro, proposições legislativas tramitam em meio a grande discussão sobre o modelo a ser adotado em relação à responsabilidade por danos decorrentes da IA. O Projeto de Lei 21/2020, da Câmara dos Deputados, e que chegou a ser aprovado naquela casa legislativa, surpreendentemente sugeriu a regra da responsabilidade subjetiva (art. 6º, VI), embora dispondo sobre situações de alto risco e excetuando os regimes de responsabilidade do fornecedor nas relações de consumo e o da Administração por danos aos particulares. O caráter inusitado da opção levou o Senado Federal a constituir comissão de juristas, em 2022, para redigir um substitutivo à proposta legislativa em questão. Em exame está não apenas a natureza da responsabilidade – que a toda evidência baseia-se em riscos, muitos inclusive ainda desconhecidos – devendo contemplar hipóteses de objetivação dos pressupostos de sua imputação. Também se coloca em questão a orientação que deva seguir este modelo legislativo, se conveniente a previsão específica de responsabilização por danos decorrentes de IA, ou se deve confiar no intérprete, recorrendo à aplicação das normas já existentes em regimes especiais (como o CDC) ou mesmo na cláusula geral de responsabilidade pelo risco da atividade, a destacar a interpretação do art. 927, parágrafo único, do Código Civil.

3.3 A virtualização da riqueza e o patrimônio

Durante muito tempo, em sentido comum, o signo de riqueza e patrimônio associou-se à propriedade de bens imóveis. Com o maior dinamismo da atividade econômica e a sofisticação da indústria, alguns bens móveis passaram a se vincular também este mesmo signo. O advento do mercado de capitais e sua vinculação

---

50. Veja-se: MEDON, Filipe. *Inteligência artificial e responsabilidade civil*: autonomia, riscos e responsabilidade. 2. ed. São Paulo: JusPodium 2022, p. 398 e ss.

às atividades da grande empresa, assim como de operações econômicas de porte, também contribuíram para uma crescente "mobilização" da riqueza e sua emancipação em relação ao protagonismo da propriedade imobiliária.

O desenvolvimento das tecnologias da informação, todavia, traz novos desafios ao tema, seja pela expansão da noção de patrimônio, a qualificação de novos "bens digitais", assim como os meios de exercício das virtualidades do domínio (uso, fruição e disposição), e sua tutela frente à violação por terceiros.

Uma definição mais estrita de bens circunscreve-os apenas aos bens materiais.[51] Em sentido amplo, a noção de bem compreende tanto os de existência material ou corpórea, considerados tangíveis (ou que podem ser tocados *quae tangi possunt*), quanto os que podem ser percebidos pelos sentidos, tais como a energia elétrica, gases ou o próprio ar. Ao lado deles, também são considerados bens os de existência ideal, convencionada e admitida pelo Direito, dentre os quais as prestações objeto de obrigações, o crédito ou a moeda, espécies de bens incorpóreos.[52] Na atividade empresarial, o aviamento, que é a capacidade de um estabelecimento gerar lucro e sua clientela são, tradicionalmente, considerados bens imateriais.[53] Os direitos que se incorporam em títulos ou valores mobiliários em geral, também são bens imateriais ou incorpóreos, uma vez que não são tangíveis, tais como os softwares e as aplicações de internet, e nesta constante os bens digitais,[54] e os direitos que lhe digam respeito. Assim também quaisquer outras criações autorais pelo uso das novas tecnologias da informação são incorpóreas, em todos os casos servindo titularidade e exercício, também para seu aproveitamento econômico.[55]

Também a teorias do patrimônio ganham destaque nesta nova realidade digital. Estes direitos que integram o patrimônio pessoal por vezes vinculam-se a negócios jurídicos com terceiros, como é o caso de grandes plataformas digitais (assim os dados armazenados em nuvem ou o acervo reunido em perfis de redes sociais). Nestes casos, podem ser dotados de valor econômico considerável (assim um perfil de rede social com expressivo número de seguidores, passível de utilização para fins negociais), ou mesmo vincular-se a interesses existenciais (p.ex. um acervo de fotos e vídeos pessoais). Isso coloca em relevo a possibilidade e extensão de eventuais restrições ao poder de disposição por intermédio do negócio jurídico que vincula o titular dos bens e o provedor da aplicação, responsável pelo armazenamento ou

---

51. Assim resulta da tradição original no direito brasileiro a partir dos estudos de TEIXEIRA DE FREITAS, Augusto. *Código Civil*: Esboço, v. 1. Brasília: Ministério da Justiça, 1983, p. 115.
52. MIRAGEM, Bruno. *Direito bancário*. 3. ed. São Paulo: RT, 2019, p. 80 e ss.
53. GRECO, Paolo. Beni immateriali. In: *Novissimo digesto italiano*, t. I. Torino: UTET, p. 360.
54. ZAMPIER, Bruno. *Bens digitais*. Indaiatuba: Foco, 2017, p. 57 e ss.
55. MIRAGEM, Bruno. *Teoria geral do direito civil*. Rio de Janeiro: Forense, 2021, p. 328.

custódia dos dados.[56] Tanto o controle do conteúdo do negócio jurídico sob a incidência do Código Civil (arts. 187 e 424) e do CDC (art. 51), quanto a possibilidade de transmissão *inter vivos* ou *causa mortis* (a denominada "herança digital"), ganham destaque.[57] Neste particular, frente à ausência de disciplina legal específica, será no Código Civil onde se encontram as respostas à questão. Neste sentido, considere-se que os direitos à prestação do *de cujus* frente a provedores de aplicação incluem-se no todo unitário da herança a que se refere o art. 1791 do Código Civil, sobre o qual se transmite a posse desde o falecimento (art. 1784 do Código Civil).

Registre-se, ademais, que dentre as soluções admitidas no caso de responsabilidade por danos decorrentes de novas tecnologias, em especial aquelas dotadas de certo grau de autonomia (caso dos sistemas de IA, já mencionados), uma das soluções cogitadas é a da constituição de patrimônio vinculado à finalidade específica de garantir a reparação. Trata-se de técnica possível a partir de própria evolução da teoria do patrimônio, dispensando a necessidade de sua vinculação a uma pessoa determinada (*Zweckvermögen*).[58] Esta alternativa está em acordo com a compreensão atual da teoria do patrimônio, e coerente com a leitura que dela faz o Código Civil.

---

56. No direito alemão, a Corte Federal (BGH) considerou nula cláusula constante dos termos de uso de aplicação da internet que estabelecia a intransmissibilidade da conta do usuário (e consequente acesso ao seu perfil na rede social), assegurando-se aos herdeiros o efetivo acesso tal como o tinha a de cujus (e não simplesmente a entrega de dados não estruturados relativos à conta), com fundamento no princípio da sucessão universal (§1922, I, do BGB), admitindo que se afaste este direito apenas no caso de disposição expressa do titular neste sentido. Reconhecendo assim a "herança digital" ("digitalen Nachlass"). No caso, a decisão BGH, III ZR 183/17, sintetiza que "em caso de falecimento do titular da conta de uma rede social, o contrato de uso geralmente é transmitido aos seus herdeiros de acordo com o § 1922 BGB. Nem os direitos de personalidade post-mortem do falecido, nem o sigilo das telecomunicações, nem a lei de proteção de dados, impedem o acesso à conta do usuário e ao conteúdo de comunicação nela contido". No direito brasileiro, decisão do TJSP julgou regular a exclusão da conta do de cujus, sem conceder o acesso aos sucessores, em relação ao mesmo provedor de aplicação. (TJSP, Apelação Cível 1119688-66.2019.8.26.0100; Rel. Francisco Casconi, 31ª Câmara de Direito Privado, j. 09/03/2021). De fato, a natureza dos dados constantes nestas aplicações, protegidos por senha, é diversificada, podendo tanto, em muitas situações, ter caráter patrimonial, passível de transmissão e disposição por intermédio do direito das sucessões, quanto caracterizarem-se como informações personalíssimas, protegidas pela privacidade e intimidade do de cujus, atributos da personalidade cuja exclusividade interdita o acesso a terceiros – inclusive herdeiros – mesmo após a morte. Neste sentido: LEAL, Lívia. Internet e morte do usuário: a necessária superação do paradigma da herança digital. Revista brasileira de direito civil, v. 16, abr.-jun., 2018. Em sentido diverso, reconhecendo maior amplitude do acesso aos dados pelos sucessores: FRITZ, Karina Nunes. Herança digital: quem tem legitimidade para ficar com o conteúdo digital do falecido? In: MARTINS, Guilherme Magalhães; LONGHI, João Victor Rozatti (Coords.). *Direito digital*. 3. ed. Indaiatuba: Foco, 2020, p. 193 e ss.
57. O enunciado 687 da IX Jornada de Direito Civil do CJF/STJ, de 2022, consigna: "O patrimônio digital pode integrar o espólio de bens na sucessão legítima do titular falecido, admitindo, ainda, sua disposição na forma testamentária ou por codicilo".
58. Originalmente, é de atribuir a Ernst Bekker esta possibilidade, atualmente de grande utilidade em diferentes domínios do direito privado. Veja-se: BEKKER, Ernst Immanuel Bekker Zweckvermögen, insbesondere Peculium, Handelsvermögen und Actiengesellschaften, *Zeitschrift für das gesamte Handelsrech und Wirtschaftsrecht ZHR* 4, 1861, p. 499-567; do mesmo autor, no tema: Zur Lehre vom Rechtssubjekt: Genutz und Verfügung, Zwecksatzungen, Zweckvermögen und juristische Personen.

4. CONSIDERAÇÕES FINAIS

É próprio de toda a legislação divisar o futuro, de modo que a dispor sobre os fatos que estejam porvir. No caso do Código Civil, encerra um modelo de ordenação social, segundo valores e cultura de uma época, impondo-se o desafio de que as soluções previstas sigam úteis frente às alterações da vida social. O Código Civil de 2002 persegue este mesmo fim. Desacreditado pelo hiato entre o projeto original e sua promulgação, afirmou-se desde então pelas próprias qualidades e a inteligência da interpretação que lhe conferiram jurisprudência e doutrina. Sua interpretação sistemática, conforme a Constituição de 1988 e o restante da legislação, ora é confrontada pela necessidade de disciplina, pelo Direito, da realidade moldada pelas novas tecnologias e suas repercussões no plano dos interesses existenciais e patrimoniais. Da mesma forma, a evolução das mentalidades produz transformação da sociedade e das percepções sobre a realidade, desafiando o sistema de valores do Código Civil frente a novas visões de mundo.

A estes desafios, o Código Civil de 2002 responde sem a pretensão de plenitude, mas conservando-se como útil e incontornável diploma legislativo a dotar de sentido os institutos jurídicos do direito privado. A exigência de legislação específica para dar conta da complexidade de certos fenômenos pressupõe, na sua interpretação e aplicação, as disposições do Código Civil e do sistema de valores que expressa. Conserva, assim, a função de assegurar unidade e coerência ao direito privado brasileiro, base para a disciplina das relações jurídicas no presente, e para o direito civil do futuro.

Jena: F. Mauke, 1871, p. 12. No direito brasileiro, incontornável é o estudo contemporâneo de: OLIVA, Milena Donato. *Patrimônio separado*: herança, massa falida, securitização de créditos imobiliários, incorporação imobiliária, fundos de investimento imobiliário, trust, Rio de Janeiro: Renovar, 2009.

REFLEXÕES SOBRE AS CLÁUSULAS GERAIS DA RESPONSABILIDADE OBJETIVA NOS 20 ANOS DO CÓDIGO CIVIL BRASILEIRO

Eugênio Facchini Neto

Professor titular de Direito Civil da PUC-RS; Professor do Programa de Pós-Graduação em Direito da PUC-RS; Doutor em Direito pela Universidade de Florença (Itália); Desembargador do Tribunal de Justiça do RS.

Fábio Siebeneichler de Andrade

Professor titular de Direito Civil da PUC-RS; Professor do Programa de Pós-Graduação em Direito da PUC-RS; Doutor em Direito pela Universidade de Regensburg (Alemanha); Advogado.

Sumário: 1. Introdução – 2. As cláusulas gerais da responsabilidade civil objetiva na estrutura do Código Civil de 2002; 2.1 O parágrafo único do artigo 927 como cláusula geral de responsabilidade objetiva; 2.2 A cláusula geral do artigo 931: reconhecimento do risco empresarial nas relações gerais de direito privado – 3. Considerações finais – 4. Referências bibliográficas.

1. INTRODUÇÃO

A essência da responsabilidade civil consiste em estabelecer consequências patrimoniais a uma pessoa, na hipótese em que sua conduta acarrete prejuízos a outrem[1]. Esta premissa se concretiza na legislação civil, na medida em que a primeira preocupação do legislador consiste em disciplinar a responsabilidade civil por fato próprio, conforme se verifica, por exemplo, do exame do artigo 927, do Código civil brasileiro.

Na verdade, o dano ocorrido não se cancela mais da sociedade: o ressarcimento não o anula. Trata-se simplesmente de transferi-lo de quem o sofreu diretamente para quem o deverá ressarcir[2]. Assim, uma vez ocorrido o dano, há que se decidir se esse dano ficará definitivamente com quem o sofreu – a vítima – ou se há razões jurídicas para que seja transferido, pela via da reparação pecuniária,

---

1. Ver, por exemplo, ALMEIDA COSTA, Mário Júlio. *Direito das Obrigações*. 6. ed., Lisboa: Almedina, 1994. p. 433; LOOSCHELDERS, Dirk. *Schuldrecht – Allgemeiner Teil*. 15. ed., Munique: Franz Wahlen, 2017. p. 349.
2. É a lição de TRIMARCHI, Pietro. *Rischio e responsabilità oggettiva*. Milano: Giuffrè, 1961, p. 16.

para outra pessoa. Quando se reflete acerca das razões que possam justificar tal transferência, começa-se a pensar no fundamento da responsabilidade civil.

A esta primeira ordem de regulação agrega-se outra, subsequente, quando o dano for causado por outra pessoa, a quem não se pode imputar responsabilidade direta, ou então decorrente de uma coisa, vinculada a uma determinada pessoa.

Essa percepção de que o prejuízo deveria ser suportado, exclusivamente, pelo indivíduo causador do dano passa a ser superada a partir da revolução industrial, primeiramente com a decadência da noção de culpa e o subsequente e definitivo incremento da noção de risco[3], que altera a concepção da responsabilidade civil.[4]

Atualmente, em um momento em que o direito precisa lidar com o desenvolvimento tecnológico e mesmo com a inexistência de regulação sobre os prejuízos causados por mecanismos de inteligência artificial, justifica-se o exame sintético da disciplina da responsabilidade objetiva no Código Civil brasileiro de 2002, quando se comemoram os vinte anos de sua promulgação, em uma feliz iniciativa dos professores Adalberto Pasqualotto e Plínio Melgaré.

Tendo como premissa a noção de que o direito consiste na mediação entre o individual e o social, entre o consenso e o conflito, entre o justo e o razoável[5], pode-se afirmar que essa percepção se apresenta de forma indelével na matéria da Responsabilidade Civil do Código civil de 2002, configurando a sua disciplina em uma evolução relativamente à concepção presente até sua promulgação.

Em primeiro lugar, no início do século XX, a disciplina da responsabilidade civil baseava-se no regime de ato ilícito, regulado na parte geral do Código civil de 1916, no artigo 159. Esse quadro se mantém no campo do Código civil de 2002, que igualmente na parte geral, sob a rubrica "Dos Atos Ilícitos", contém o artigo 186[6], que novamente sob a modalidade de uma cláusula geral, contempla os pressupostos do dever de indenizar.

Ocorre que, à estrutura conceitual da responsabilidade extracontratual, associou-se, em 2002, a figura do abuso de direito, ausente no Código civil de 1916. Desse modo, a disciplina dos atos ilícitos se compõe igualmente da previsão do artigo 187.

---

3. BECK, Ulrich. *Risikogesellschaft – Auf dem Weg in eine andere Moderne*. Frankfurt: Suhrkamp, 1986. p. 28; ARGIROFFI, Alessandro; AVITABILE, Luisa. *Responsabilitá, Rischio, Diritto e Postmoderno*. Turim: G. Giappichelli, 2008. p. 199 e segs.; CABRILLAC, Rémy. *Droit des Obligations*. 12. ed. Paris: Dalloz, 2016. p. 221-222.
4. Ver, por exemplo, VINEY, Geneviève. *De la responsabilité personnelle à la répartition des risques*, Archives de Philosophie de Droit, tomo 22, 1977. p. 5 e segs.
5. Cf. OPPETIT, Bruno. *Philosophie du droit*. Paris: Dalloz, 1999, p. 31.
6. "Aquele que, por ação ou omissão voluntária, negligência ou imprudência, violar direito e causar dano a outrem, ainda que exclusivamente moral, comete ato ilícito".

Desse modo, já quanto ao primeiro pressuposto da responsabilidade civil – a ilicitude – vislumbra-se uma alteração substancial, que se complementa com a disciplina dos demais pressupostos do sistema, previstos na parte especial do Código civil, a partir do artigo 927.

Se é certo que se pode associar a noção de ilícito a uma formulação clássica, correspondente à fórmula *neminem laedere*[7], o reconhecimento da interdição do abuso do direito no ordenamento jurídico brasileiro concretiza essa concepção, permitindo uma noção mais estrita e ao mesmo tempo funcional, para a qual a ilicitude corresponde, em essência, à violação da lei ou de um dever geral de conduta.

O significado dessa alteração na parte geral revela-se tanto pelas reflexões sobre a origem da recepção[8], como também sobre a questão de saber se o abuso configuraria a representação da responsabilidade objetiva no campo da ilicitude, como se sustentou no Enunciado 37 da 1ª Jornada de Direito Civil, promovida pelo Centro de Estudos Judiciários do Conselho da Justiça Federal.[9]

Tendo em vista o âmbito estrito do presente trabalho, cumpre, porém, centrar o exame, sintético, à análise sobre o delineamento da disciplina da responsabilidade objetiva ao âmbito da estrutura da responsabilidade civil, e de modo ainda mais específico, às duas cláusulas gerais estabelecidas pelo codificador: de um lado, a previsão contida no artigo 927, do Código civil; de outro, o artigo 931, do Código civil.

Muito embora a existência de outras previsões no Código civil passíveis de enquadramento como situação de responsabilidade objetiva, considera-se que nesses preceitos se apresenta uma mudança de paradigma relativamente ao direito anterior, na medida em que passa a ter projeção a responsabilidade objetiva e o risco como fatores dessa disciplina.

Desse modo, em essência, a premissa será a de analisar aqui as duas cláusulas gerais em matéria de responsabilidade objetiva, demostrando como o Código Civil vigente avançou, de forma convicta e consciente, no sentido da objetivação da responsabilidade civil, sem substituir, porém, na sua integralidade, a ideia da culpa, ainda que tenha havido uma alteração conceitual de seu significado.[10]

---

7. Sobre a atualidade dessa visão ver, por exemplo, BELLIS, Kouroch. Contrat et responsabilité civile: pour un système juste en droit des obligations, *Révue juridique Themis de l'Université de Montreal*, v. 52, 2018, p. 291 ss.
8. Cf. FRADERA, Véra Jacob de. L'influence de la doctrine française dans l'actuel code civil brésilien. In *Mélanges en l'honneur de Camille Joffret-Spinosi*. Paris: Dalloz, 2014, p. 664 ss.
9. Enunciado 37: "A responsabilidade civil decorrente do abuso do direito independe de culpa e fundamenta-se somente no critério objetivo-finalístico". Para uma visão crítica, cf., por exemplo, REINIG, Guilherme Henrique Lima; CARNAÚBA, Daniel Amaral. Abuso de direito e responsabilidade por ato ilícito, https://www.conjur.com.br/2017-out-16/direito-civil-atual-abuso-direito-culpa-responsabilidade-civil.
10. De fato, a própria noção de culpa de certa forma se objetivou, "para deixar de ser um estado anímico do sujeito, e passar a ser vista como a violação a padrões objetivos (*standards*) de conduta. Não se trata

2. AS CLÁUSULAS GERAIS DA RESPONSABILIDADE CIVIL OBJETIVA NA ESTRUTURA DO CÓDIGO CIVIL DE 2002

Passa-se, agora, a analisar as duas cláusulas gerais de responsabilidade civil objetiva previstas no Título IX do Livro do Direito das Obrigações – a terceira cláusula geral desta natureza seria o já mencionado dispositivo que disciplina o abuso de direito (art. 187/CC, incluída na Parte Geral do CC). Referidas cláusulas representam importante aporte da legislação, fecundada pela jurisprudência, para a ampliação da tutela dos direitos das vítimas de danos, em perfeita consonância com o novo *ethos* da responsabilidade civil, qual seja, o da substituição dos eixos da *culpa* para o *dano* e do *agente* para a *vítima* na responsabilidade civil.[11]

2.1 O parágrafo único do artigo 927 como cláusula geral de responsabilidade objetiva

A responsabilidade civil subjetiva normalmente apresenta um efeito importante, qual seja, o de sancionar, patrimonialmente, quem agiu de forma inadequada para o convívio social, estimulando-o, bem como a terceiros, a se comportar de forma correta e diligente.

Pondera, porém, Trimarchi[12], que o princípio da responsabilidade por culpa não é suficiente para a prevenção de riscos injustificados por dois motivos. Em primeiro lugar, porque por vezes é difícil, ou até impossível, provar a culpa em juízo. Em segundo lugar, porque existem atividades organizadas que implicam estatisticamente um risco residual, apesar da adoção das precauções obrigatórias, em razão das inevitáveis falhas humanas ou materiais; ou então porque por vezes não existem medidas idôneas que possam zerar o risco, ou, se existirem, sua adoção implica custos desarrazoados e desproporcionais. Além de um determinado limite, certamente existiriam medidas ainda possíveis de serem adotadas e idôneas a reduzirem o risco, mas sem que se possa falar em culpa se tais medidas não forem empregadas. Consequentemente, se a responsabilidade civil ainda assim vem a ser imposta, ela não mais estará fundada na culpa. Nestes casos, o direito não iden-

---

de supor o cuidado que teria o homem médio (...), mas de observar os cuidados e precauções impostos pelas normas jurídicas, éticas e costumeiras naquele ambiente específico" – nesses termos, por todos, TEPEDINO, Gustavo; SCHREIBER, Anderson. *Código Civil Comentado*. Vol. IV – Direito das Obrigações. (Coord. Álvaro Villaça Azevedo). São Paulo: Ed. Atlas, 2008, p. 42.

11. Em nosso país, de forma vanguardeira, Clóvis do Couto e Silva deu importante contribuição também para essa evolução, como apontado em FACCHINI NETO, Eugênio; SOARES, Flaviana Rampazzo. Clóvis do Couto e Silva e sua contribuição para a responsabilidade civil. In: MONTEIRO FILHO, Carlos Edison; MORSELLO, Marco Fábio; ROSENVALD, Nelson (Coord.). *Protagonistas da Responsabilidade Civil*: São Paulo, ed. Foco, 2022.

12. TRIMARCHI, Pietro. *La responsabilità civile: atti illeciti, rischio, danno*. Milano: Giuffrè, 2017, p. 275/276; e *Rischio e Responsabilità oggettiva*. Milano: Giuffrè, 1961, p. 277.

tifica um ilícito no exercício de tais atividades, quando a probabilidade de dano é relativamente pequena, levando-se em conta a utilidade social da atividade.[13]

Conforme já se aludiu, o código civil de 2002[14] previu vários casos pontuais de responsabilidade objetiva. Alguns deles já vinham da primeira codificação (antigo art. 1.529 e atual art. 938, p. ex.); outros já vinham sido afirmados pela jurisprudência (como foi o caso da responsabilidade dos empregadores – art. 1521, III e 1523 do CC/16, substituídos pelos arts. 932, III e 933 do CC/02). Mas novas regras específicas foram criadas, como é o caso dos arts. 928, 933, 935.

A mais notável inovação, porém, foi a criação de duas cláusulas gerais de responsabilidade objetiva[15], dispostas nos arts. 927, parágrafo único, e 931 do CC. Para Miguel Reale, cuja contribuição para a responsabilidade civil tem sido ressaltada[16], a adoção da cláusula geral da responsabilidade objetiva pelo novo código teria sido uma decorrência do acolhimento do princípio por ele denominado da socialidade.[17]

Segundo ele, "em princípio, responde-se por culpa. Se, porém, aquele que atua na vida jurídica desencadeia uma estrutura social que, por sua própria natureza,

---

13. Como pondera Comporti, toda e qualquer atividade humana pode implicar um perigo para terceiros, mas muitas vezes tal perigo é tão remoto, hipotético e leve, que não é levado em consideração. Todavia, outros comportamentos revelam-se, à luz das estatísticas e da experiência, atividades produtoras de relevantes danos a terceiros, seja pela sua frequência, seja pela sua extensão. São essas últimas atividades que são tidas propriamente como perigosas - COMPORTI, Marco. *Esposizione al pericolo e responsabilità civile*. Ristampe. Napoli: Edizione Scientifiche Italiane, 2014, p. 173. Para esse autor, a exposição de terceiros ao perigo é a principal fonte de responsabilidade objetiva: "aquele que cria e mantém fontes de exposição ao perigo para a coletividade é igualmente obrigado à reparação dos danos consequentes, independentemente de culpa" (p. 176).
14. Sem mencionar as inúmeras hipóteses de responsabilidade objetiva que já existiam na legislação complementar, e em contínuo crescimento, como exemplificativamente: Decreto Legislativo 2681/1912 (empresas ferroviárias); Dec. 37.24/1919 (atualmente disciplinado pela Lei 8.213/91 e Dec. 2.172/97 – acidentes de trabalho; responsabilidade objetiva do Estado (desde a C.F. de 1946; atualmente – C.F. 88, art. 37, § 6º); Código de Minas (art. 22, IV, DO d.l. 227/67, alterado em 1996); Seguro obrigatório de responsabilidade civil por danos pessoais causados por veículos automotores terrestre (Lei 6.194/1974 e legislação posterior); danos ambientais (Lei 6.938/1981); atividades nucleares (art. 21, XXIII, da CF/88 e Lei 6.453/77); Código Brasileiro da Aeronáutica (Lei 7.565/86); Código de Defesa do Consumidor (arts. 12 e 14); Código de Trânsito Brasileiro (art. 1º, §3º); Estatuto do Torcedor (Lei 10.671/03, art. 19 e 30-B); Lei anticorrupção (Lei 12.846/13, art. 2º); Lei Geral de Proteção de Dados (Lei 13.709/18, art. 42).
15. A importância desse fator reside em que a maioria dos países optou por previsão de casos expressos de responsabilidade objetiva, sendo poucos aqueles países que preveem cláusulas gerais para disciplinar tais hipóteses, como é o caso de Itália e Portugal – nestes termos, WERRO, Franz; PALMER, Vernon Valentine; HAHN, Anne-Catherine. "Strict liability in European tort law: an introduction". In: WERRO, Franz; PALMER, Vernon Valentine (ed.). *The Boundaries of Strict Liability in European Tort Law*. DURHAM: Carolina Academic Press, 2004, p. 3.
16. Ver, por exemplo, ANDRADE, Fábio Siebeneichler de. Miguel Reale. In: MONTEIRO FILHO, Carlos Edison; MORSELLO, Marco Fábio; ROSENVALD, Nelson (Coord.). *Protagonistas da Responsabilidade Civil*. São Paulo: ed. Foco, 2022, p. 213ss.
17. REALE, Miguel, *O projeto de Código Civil. Situação atual e seus problemas fundamentais*. São Paulo: Saraiva, 1986, p. 10/11.

é capaz de pôr em risco os interesses e os direitos alheios, a sua responsabilidade passa a ser objetiva e não mais subjetiva". Esclarece ele ter recorrido a um "conceito de estrutura social", semelhante ao que ocorre em matéria de acidente de trabalho, isto é, "toda vez que houver uma estrutura socioeconômica que ponha em risco, por sua natureza, os direitos e interesses de terceiros, daqueles com os quais essa estrutura entra em contato", deve haver a reparação dos danos que essas atividades eventualmente vierem a causar, independentemente de culpa.

Cumpre, portanto, tratar inicialmente da principal cláusula geral de responsabilidade objetiva, prevista no art. 927, parágrafo único[18], do seguinte teor: *"Haverá obrigação de reparar o dano, independentemente de culpa, nos casos especificados em lei, ou quando a atividade normalmente desenvolvida pelo autor do dano implicar, por sua natureza, risco para os direitos de outrem".*[19]

---

18. Cumpre ponderar que a mais notável inovação, na parte específica da responsabilidade civil, foi inserida na forma de um simples parágrafo de um artigo, quando para introduzir tema diverso, recomenda-se usar artigo próprio. Mais adequada foi a opção de um dos mais modernos Códigos Civis da atualidade – o argentino, promulgado em 2014 – que adotou a teoria da responsabilidade objetiva por risco criado, pelo vício das coisas e pelas atividades de risco ou perigosas, dedicando ao tema uma seção própria (Sección 7ª, do Capítulo I, sobre Responsabilidad Civil, denominada Responsabilidad derivada de la intervención de cosas y de ciertas actividades). Cf. HERSALIS, Marcelo Julio. La responsabilidad objetiva. Algunos de sus aspectos medulares. In: *Revista de Derecho de Daños*, Vol. 2017 – 1 – *Responsabilidad Objetiva – I* (Direção de Jorge Mosset Iturraspe e Ricardo Luis Lorenzetti). Buenos Aires: Rubinzal Culzoni Ed., 2017, p. 76/77.

19. A nova norma possivelmente inspirou-se no art. 2050 do cód. civil italiano de 1942 ("*chiunque cagiona danno ad altri nello svolgimento di un'attività pericolosa, per sua natura o per la natura dei mezzi adoperati, è tenuto al risarcimento, se non prova di avere adottato tutte le misure idonee a evitare il danno*"), ou no art. 493 do Código Civil português (de redação semelhante), embora a nossa fórmula legislativa possua feição mais rigorosa, já que não prevê cláusula exoneratória. A jurisprudência italiana a propósito do referido dispositivo legal é abundante. Dela se extrai que cabe ao juiz decidir, segundo juízos de experiência, se a atividade é perigosa ou não. Indicações jurisprudenciais sobre atividades tidas como perigosas são encontradas em PESCATORE, G.; RUPERTO, C. *CODICE CIVILE annotato con la giurisprudenza della Corte Costituzionale, della Corte di Cassazione e delle giurisdizioni amministrative superiori*, vol. II. (Milano: Giuffrè, 1993, p. 3.394 a 3.397) e em GERI, Vinicio. *Responsabilità civile per danni da cose ed animali*. Milano: Giuffrè, 1967, p. 162s.: manipulação de explosivos; uso de serra elétrica; atividades envolvendo metais incandescentes; produção e distribuição de metano; serviço de abastecimento de gás para uso doméstico; circulação de veículos automotores, atividades de caça, parque de diversões, dentre outros. Já Monateri, também à luz da casuística italiana, fornece os seguintes exemplos: produção e distribuição de energia elétrica de alta tensão, de combustível, construção civil, transporte, corte de árvores, emprego de raio-X, produção de medicamentos, algumas atividades desportivas, pistas de kart, equitação, corridas automobilísticas, atividades envolvendo gases, venenos, fogo, armas e explosivos. Para identificar tais atividades, recorre-se normalmente a dois critérios: (i) a quantidade de danos normalmente causados pela atividade em questão; (ii) a gravidade dos referidos danos – MONATERI, Pier Giuseppe. *Illecito e responsabilità civile*, vol. II. (integrante do *Trattato di Diritto Privato*, dir. por Mario Bessone). Torino: Giappichelli ed., 2002.

Zweigert e Kötz referem, por sua vez, que "a jurisprudência austríaca foi mais corajosa do que a alemã ao reconhecer, mesmo na ausência de legislação específica, que possa haver responsabilidade sem culpa quando o dano tenha sido causado por 'atividade perigosa' do empresário réu, deixando-se ao juiz a decisão sobre a 'periculosidade' da atividade" – ZWEIGERT, Konrad; KÖTZ, Hein. *Introduzione al Diritto Comparato* (trad. it.). Vol. I – Principi fondamentali. Milano: Giuffrè, 1992, p. 204.

A noção de risco da atividade a que se refere a norma deve ser aferida objetivamente, pela sua própria natureza ou pela natureza dos meios empregados, e não em virtude do comportamento negligente ou imprudente de quem agiu. Ou seja, a periculosidade deve ser uma qualidade preexistente, intrínseca e não eliminável. O homem prudente pode apenas reduzir tal periculosidade, sem jamais conseguir eliminá-la. Chama-se a atenção para o uso do advérbio *normalmente* na expressão "na atividade *normalmente* desenvolvida", empregada pelo legislador. Isso estaria a apontar que a atividade necessariamente deveria ser lícita, autorizada e regulamentada, "afastando qualquer discussão sobre a eventual *anormalidade* do ato danoso".[20]

Maranhão[21] acertadamente refere que "o fator de imputação da obrigação de indenizar não é a *atividade de risco,* mas o *risco da atividade".* Para justificar a distinção, o autor lembra que a norma legal não fala em *atividade arriscada*, mas sim *atividade que implique risco,* ressaltando que esse risco potencial não pode ser identificado aprioristicamente, com o fornecimento de um catálogo de tal atividades. Ao contrário, deve ser identificada caso a caso.

Aliás, a lição do direito comparado é no sentido de que cabe substancialmente ao magistrado identificar a periculosidade da atividade, mediante análise tópica. Não se trata de simples 'decisionismo' judicial, em que cada juiz possa desenvolver um critério próprio. Ao contrário, além da análise tópica, não se pode jamais olvidar que o direito configura um sistema, embora aberto e móvel[22]. Assim, o magistrado deve ser sensível às noções correntes na comunidade, sobre o que se entende por periculosidade, bem como deve estar atento a entendimentos jurisprudenciais consolidados ou tendenciais. Além disso, em bom exemplo de mobilidade intersistemática, pode o julgador inspirar-se (embora não esteja vinculado a ela) na legislação trabalhista e previdenciária que caracteriza determinadas atividades como sendo perigosas, para efeito de percepção do respectivo adicional ou aposentadoria precoce.

Não é necessário que a atividade tenha um grau de periculosidade no grau indicado por Bittar, ao dizer "deve ser considerada perigosa aquela atividade que contenha em si uma grave probabilidade, uma notável potencialidade danosa, em relação ao critério da normalidade média e revelada por meio de estatísti-

---

20. FARIAS, Cristiano Chaves de; BRAGA NETTO, Felipe; ROSENVALD, Nelson. *Novo Tratado de Responsabilidade Civil.* 2. ed. São Paulo: Saraiva, 2017, p. 529.
21. MARANHÃO, Ney Stany Morais. *Responsabilidade civil objetiva pelo risco da atividade* – uma perspectiva civil-constitucional. São Paulo: GEN/Método, 2010, p. 250/251.
22. Sobre a noção de sistema móvel e aberto, ver, por exemplo, WILLBURG, W. Zusammenspiel der Kräft um Aufbau des Schuldrechts. Ar*chiv für die Civilistische Praxis,* v. 163,1964, pg. 343-379; KOZIOL, Helmut. Das Bewegliche System – die goldene Mitte für Gesetzgebung und dogmatik. *Austrian Law Journal,* 2017, v. 3, p. 160ss; ANDRADE, Fábio S. de. *Da Codificação – crônica de um conceito.* Porto Alegre: Livraria do Advogado, 1997, p. 117 ss.

cas[23], elementos técnicos e de experiência comum"[24]. Para fins de aplicação do disposto no art. 927, parágrafo único, admite-se um grau de periculosidade bem mais reduzido[25], como se vê de algumas aplicações jurisprudenciais fixadas pelo Superior Tribunal de Justiça.[26]

---

23. Aliás, por ocasião da V Jornada de Direito Civil aprovou-se o enunciado 448, que faz menção a tal critério: "A regra do art. 927, parágrafo único, segunda parte, do CC aplica-se sempre que a atividade normalmente desenvolvida, mesmo sem defeito e não essencialmente perigosa, induza, por sua natureza, risco especial e diferenciado aos direitos de outrem. São critérios de avaliação desse risco, entre outros, a estatística, a prova técnica e as máximas de experiência."
24. BITTAR, Carlos Alberto. *Responsabilidade civil nas atividades nucleares*. São Paulo: RT, 1985, p. 89.
25. Mas obviamente há limites, como se vê dos seguintes precedentes: Agravo interno no recurso especial. Direito civil. Provedor de internet. Ônus da prova. Súmula 7 do STJ. Retirada de conteúdo da plataforma requerida. Inexistência de dever de fiscalização prévia. Precedentes. Responsabilidade objetiva do provedor. Notificação prévia. Não ocorrência. Ausência de comprovação da inércia do provedor. Dever de indenizar. Não cabimento. Agravo interno não provido. (...) 2. Não é exigido ao provedor que proceda a controle prévio de conteúdo disponibilizado por usuários, pelo que não se lhe aplica a responsabilidade objetiva prevista no art. 927, parágrafo único, do CC/2002. 3. O provedor somente será responsabilizado caso se mantenha inerte após ter sido instado pelo usuário a retirar as mensagens causadora da ofensa aos direitos do recorrente. Precedentes. 4. Agravo interno não provido. (STJ, T4, AgInt no REsp 1803362/SP, Rel. Min. Luis Felipe Salomão, j. em 06/08/2019); civil e processual civil. Recurso especial. Facebook. Ação de reparação por danos morais. Conteúdo reputado ofensivo. Monitoramento. Ausência. Responsabilidade. Afastamento. Notificação judicial. Necessidade. (...) 3. A verificação do conteúdo das imagens postadas por cada usuário não constitui atividade intrínseca ao serviço prestado pelos provedores de compartilhamento de vídeos, de modo que não se pode reputar defeituoso, nos termos do art. 14 do CDC, a aplicação que não exerce esse controle. 4. O dano moral decorrente de mensagens com conteúdo ofensivo inseridas no site pelo usuário não constitui risco inerente à atividade dos provedores de compartilhamento de vídeos, de modo que não se lhes aplica a responsabilidade objetiva prevista no art. 927, parágrafo único, do CC/02. 5. Sobre os provedores de aplicação, incide a tese da responsabilidade subjetiva, segundo a qual o provedor de aplicação torna-se responsável solidariamente com aquele que gerou o conteúdo ofensivo se, ao ser notificado a respeito da lesão, não tomar providências para a sua remoção. Precedentes. 6. Diante da ausência de disposição legislativa específica, este STJ havia firmado jurisprudência segundo a qual o provedor de aplicação passava a ser solidariamente responsável a partir do momento em que fosse de qualquer forma notificado pelo ofendido. 7. Com o advento da Lei 12.965/2014, o termo inicial da responsabilidade do provedor de aplicação foi postergado no tempo, iniciando-se tão somente após a notificação judicial do provedor de aplicação. (...) (STJ, T3 REsp 1642997/RJ, Rel. Min. Nancy Andrighi, j. em 12/09/2017).
26. Recurso especial representativo de controvérsia. Julgamento pela sistemática do art. 543-C do CPC. Responsabilidade civil. Instituições bancárias. Danos causados por fraudes e delitos praticados por terceiros. Responsabilidade objetiva. Fortuito interno. Risco do empreendimento.
    1. Para efeitos do art. 543-C do CPC: As instituições bancárias respondem objetivamente pelos danos causados por fraudes ou delitos praticados por terceiros – como, por exemplo, abertura de conta-corrente ou recebimento de empréstimos mediante fraude ou utilização de documentos falsos –, porquanto tal responsabilidade decorre do risco do empreendimento, caracterizando-se como fortuito interno. 2. Recurso especial provido.
    (STJ, Segunda Seção, REsp n. 1197929/PR e REsp 1199782/PR, Rel. Min. Luis Felipe Salomão, julgados pelo rito dos Recursos Repetitivos, em 24/08/2011 [Tema 466]) Do voto-vista da Min. Maria Isabel Gallotti, constou expressamente que: "É cabível a condenação de instituição financeira ao pagamento de indenização por dano moral decorrente de inscrição indevida de particular no SPC na hipótese em que terceiro, utilizando-se de documentos falsos, abriu conta corrente em nome do particular e emitiu vários cheques sem fundos, resultando no inadimplemento que deu causa à negativação, pois está caracterizada a responsabilidade do banco com base no artigo 927, parágrafo único, do Código Civil de 2002.

No direito brasileiro, prevalece o entendimento de que o parágrafo único do art. 927 substancialmente só se aplicaria às atividades empresariais[27]. Tal orientação prende-se à interpretação dada ao vocábulo "atividade", empregado no parágrafo único do art. 927/CC. Segundo abalizada doutrina, o objetivo do legislador ao empregar tal expressão seria distingui-la da noção de ato ou fato: "o fato do agente é um comportamento humano comissivo ou omissivo, normalmente uma conduta isolada", que seria regido pela responsabilidade subjetiva. Já "a noção do exercício de uma atividade se assemelha a um processo, ou seja, uma dinâmica de calculada reiteração de atos ao longo do tempo, com os atributos da *continuidade* em seu desenvolvimento e execução, e da *predisposição* dos meios empregados para a sua efetivação. Demanda uma organização de fatores de produção incompatíveis com a prática de condutas momentâneas ou esporádicas"[28], ou, nas palavras de outro doutrinador, "*atividade* como conduta reiterada, habitualmente exercida, organizada de forma profissional ou empresarial para realizar fins econômicos".[29]

Souza[30] indica e analisa cerca de duas dezenas de atividades que potencialmente podem ser enquadradas como sendo de risco, para fins de aplicação do art. 927, parágrafo único, do Código Civil, como a fabricação, a guarda, o transporte de substâncias inflamáveis e explosivas, instalações nucleares e radioativas, transporte de cargas pesadas, atividade bancária, guarda e transporte de valores, serviço de segurança e escolta, construção civil, fabricação e fornecimento de cigarros, práticas desportivas, dentre outras.

---

27. Não é assim nos demais sistemas jurídicos, inclusive naqueles que inspiraram o legislador pátrio, como é o caso do direito italiano (art. 2050 do *Codice Civile*). Tem-se, nesse país, que a norma se aplica tanto ao exercente de uma atividade empresarial quanto ao privado que exerce uma atividade perigosa sem fins lucrativos. Ainda que a maioria dos casos judiciais efetivamente digam respeito a atividades empresariais, também se encontra jurisprudência aplicando referido dispositivo legal a sujeitos exercendo atividades particulares, como a caça e atividades desportivas – nesses termos, VISINTINI, Giovanna. *Cosè la responsabilità civile* – Fondamenti della disciplina dei fatti illeciti e dell'inadempimento contrattuale. Napoli: Edizioni Scientifiche Italiane, 2014, p. 207. No direito brasileiro, são isoladas as vozes que entendem que o parágrafo único do art. 927 pode abarcar também atos isolados (condutas individuais), com é o caso de COELHO, Fábio Ulhoa. *Curso de Direito Civil*. Vol. 2. 2. ed. São Paulo: Saraiva, 2005, p. 348.
28. FARIAS, Cristiano Chaves de; BRAGA NETTO, Felipe; ROSENVALD, Nelson. *Novo Tratado de Responsabilidade Civil*. 2. ed. São Paulo: Saraiva, 2017, p. 528.
29. CAVALIERI FILHO, Sérgio. *Programa de Responsabilidade Civil*. 11ª ed. revista e ampliada. São Paulo: Atlas, 2014, p. 218. Este autor entende que "enquadra-se no parágrafo único do art. 927 do Código Civil toda a atividade que contenha risco inerente, excepcional ou não, desde que intrínseco, atado à sua própria natureza" (p. 220). No mesmo sentido, distinguindo *atividade* (como significando um conjunto ordenado de atos) de *conduta* (que abrangeria também um ato isolado), MARANHÃO, Ney Stany Morais. *Responsabilidade civil objetiva pelo risco da atividade* – uma perspectiva civil-constitucional. São Paulo: GEN/Método, 2010, p. 257; GODOY, Claudio Luiz Bueno de. *Responsabilidade civil pelo risco da atividade*. São Paulo: Saraiva, 2009, p. 57.
30. SOUZA, Wendell Lopes Barbosa de. *A Responsabilidade Civil Objetiva fundada na Atividade de Risco*. São Paulo: Atlas, 2010, p. 114 a 175.

À luz das estatísticas sobre a frequência e gravidade dos acidentes de trânsito, não há dúvidas de que a circulação de veículos automotores constitua uma atividade extremamente perigosa. Todavia, predomina amplamente na doutrina[31] e jurisprudência[32] o entendimento de que tal atividade continua governada pelo paradigma da culpa, e não da responsabilidade objetiva. Assim, o disposto no art. 927, parágrafo único, do CC, não se aplicaria a tais acidentes.

O fato de se tratar de responsabilidade objetiva, em que não se examina a culpa do agente, não significa que a responsabilidade seja inexorável, ou integral. Ela pode ser excluída não em razão de prova de ausência de culpa, mas sim através da prova de ausência de nexo causal entre a conduta e o dano, demonstrando-se que o evento danoso decorreu de outra causa, que não a conduta do suposto responsável. Por outro lado, a responsabilidade objetiva pode ser mitigada ou reduzida, na proporção da contribuição causal de cada um dos envolvidos – agente e vítima – ou em razão dos riscos assumidos pela própria vítima. É a tese de Tartuce – teoria do risco concorrente –, segundo a qual "um sistema justo, equânime e ponderado de direito dos danos é aquele que procura dividir os custos do dever de indenizar de acordo com os seus participantes e na medida dos riscos assumidos por cada um deles", ou, em outras palavras, "a responsabilidade civil objetiva deve ser atribuída e fixada de acordo com os riscos assumidos pelas partes, seja em uma situação contratual ou extracontratual".[33]

---

31. Com a notável exceção de BERNARDO, Wesley de Oliveira Louzada. *Responsabilidade civil automobilística – Por um sistema fundado na proteção à pessoa.* São Paulo: Atlas, 2009.
32. Mas há algumas nuances, como é o caso dos acórdãos que entendem que os riscos derivados da circulação de veículos devem ser suportados pelos proprietários dos mesmos, desde que presente relação de causalidade adequada. Isto significa que, ocorrido um dano derivado de acidente de circulação, deve o proprietário do veículo responder pelo mesmo, independentemente de culpa, salvo se demonstrar a inexistência ou a ruptura de nexo causal, ou seja, a ocorrência de força maior (o chamado fortuito interno, como problemas mecânicos do veículo, não afasta a responsabilidade civil), culpa exclusiva da vítima (a culpa concorrente apenas implica a repartição de danos) e fato de terceiro. Nesse sentido: STJ, 4ª.T., AgResp 250237/SP, D.J. de 11.09.2000 e STJ, 3ª. T., REsp 56731/SP, DJ de 10.03.97. Ainda mais emblemática é a orientação pacificada junto ao STJ, no sentido de que o proprietário do veículo responde objetivamente pelos danos causados pelo mesmo, ainda que sob a condução de terceira pessoa que não seja seu empregado, preposto ou filho: "Agravo regimental. Recurso especial. Acidente de veículo. Responsabilidade civil. Solidariedade. Proprietário do veículo. pensionamento. Termo final. Decisão agravada mantida. 1. "Em matéria de acidente automobilístico, o proprietário do veículo responde objetiva e solidariamente pelos atos culposos de terceiro que o conduz e que provoca o acidente, pouco importando que o motorista não seja seu empregado ou preposto, ou que o transporte seja gratuito ou oneroso, uma vez que sendo o automóvel um veículo perigoso, o seu mau uso cria a responsabilidade pelos danos causados a terceiros. Provada a responsabilidade do condutor, o proprietário do veículo fica solidariamente responsável pela reparação do dano, como criador do risco para os seus semelhantes. Recurso especial provido. (REsp 577902/DF, Rel. Ministro Antônio de Pádua Ribeiro, Rel. p/ Acórdão Ministra Nancy Andrighi, Terceira Turma, julgado em 13/06/2006, DJ 28/08/2006, p.279)" (...) (STJ, T4, AgRg no REsp 1401180/SP, Rel. Min. Luis Felipe Salomão, j. em 09/10/2018). No mesmo sentido: AgInt no AgInt no AREsp 982632/RJ (STJ, T3, j. em 12/06/2018).
33. TARTUCE, Flávio. *Responsabilidade civil objetiva e risco* – A teoria do risco concorrente. Rio de Janeiro: Forense; São Paulo: Método, 2011, p. 388.

Por fim, pode-se refletir se essa mudança paradigmática no sistema brasileiro de responsabilidade civil – a presença do risco como fator de imputação – não poderia ser acompanhada de uma vinculação entre a responsabilidade civil e o contrato de seguro, a fim de que este deixasse de ser apenas uma conveniência para o particular, como ainda é o caso no direito privado brasileiro, alcançando o patamar de necessidade e obrigatoriedade, a fim de resguardar a potencial vítima do dano, da concretização de eventos futuros, passíveis de afetá-lo de forma substancial no plano econômico, ou mesmo existencial.[34]

2.2 A Cláusula geral do artigo 931: reconhecimento do risco empresarial nas relações gerais de direito privado

A inovação constante do art. 931 do CC/02 ("*Ressalvados outros casos previstos em lei especial, os empresários individuais e as empresas respondem independentemente de culpa pelos danos causados pelos produtos postos em circulação.*") foi revolucionária à época em que originariamente proposta, em 1972. Ocorreu, porém, que durante as três décadas em que o projeto tramitou no Congresso Nacional, sobreveio o Código de Defesa do Consumidor, que positivou previsão semelhante (art. 12), embora não idêntica, como se verá.

Tendo em vista esta perspectiva, a previsão do artigo 931 suscitou incisivo questionamento doutrinário, em que se sublinhou sua possível inutilidade[35], decorrente, em linhas gerais, da anterioridade e proeminência de soluções existentes no Código de defesa do consumidor, especialmente diante da parte relativa à responsabilidade por defeito do produto e da previsão do artigo 17.

Pode-se, porém, inicialmente ponderar que a inserção da previsão do artigo 931 também representa o reconhecimento do papel central da codificação civil, na esfera das relações jurídicas de direito privado, cuja disciplina não se esgota no grande oceano das relações de direito do consumidor.

A essa primeira percepção se soma a circunstância que o próprio art. 931 ressalva outros casos previstos em lei especial, como não poderia deixar de ser, pois o código civil, sendo uma lei geral, não poderia pretender revogar uma lei que disciplina relações especiais, como são as relações de consumo.

Um exame mais detido aponta por outro lado diferenças de redação entre o Código civil texto e o dispositivo consumerista. De fato, enquanto o art. 12 do CDC

---

34. NOVEMBER, Andràs; NOVEMBER, Valérie. Risque, assurance et irreversibilité. *Revue européenne des sciences sociales*, 2004. p. 1 e ss.
35. CARNAÚBA, Daniel Amaral. Para que serve o artigo 931? Considerações críticas sobre um dispositivo inútil. http://genjuridico.com.br/2021/10/18/artigo-931-do-codigo-civil/#:~:text=A%20tese%20de%20que%20o,931%5B112%5D.

faz alusão a produtos com "defeitos", o art. 931 refere, de maneira simples, que os empresários respondem "pelos danos causados pelos produtos postos em circulação", não fazendo qualquer menção a produtos defeituosos. Isso explica a aprovação, já por ocasião da I Jornada de Direito Civil (setembro de 2002), junto ao Centro de Estudos Judiciários do STJ, do enunciado 42: "o art. 931 amplia o conceito de fato do produto existente no art. 12 do Código de Defesa do Consumidor, imputando responsabilidade civil à empresa e aos empresários individuais vinculados à circulação dos produtos". Na IV Jornada, por sua vez, foi aprovado o enunciado 378, do seguinte teor: "Aplica-se o art. 931 do Código Civil, haja ou não relação de consumo".

Cabe pontuar que, ao contrário do CDC, que busca definir o que se pode entender por produto "defeituoso" (art. 12, § 1º) e fixa as hipóteses defensivas que o fornecedor poderá arguir em seu favor, o diploma civilista nada dispõe a respeito. Relevante, ainda, o fato de inexistir qualquer menção à "época em que [o produto] foi colocado em circulação" – argumento central daqueles que entendem que o CDC não contempla a responsabilidade do fabricante pelos chamados riscos do desenvolvimento (*development risks*). Daí porque é possível sustentar-se que o código civil de 2002 foi além do diploma protetor dos consumidores, pois contemplou inclusive os riscos de desenvolvimento, como constou de outro enunciado aprovado por ocasião das mesmas Jornadas, o de n. 43: "A responsabilidade civil pelo fato do produto, prevista no art. 931 do novo Código Civil, também inclui os riscos do desenvolvimento".

Nesse sentido, reconhecida a aguda crítica sobre a formulação do artigo 931, a afirmação da responsabilidade objetiva do empresário e da empresa possui um papel a desempenhar[36], configurando ao menos uma previsão normativa demonstrativa de uma nova concepção jurídica no direito brasileiro, a partir da qual se tem ciência de que, de um lado, o sujeito jurídico empresário está sujeito à responsabilidade objetiva independentemente da espécie de relação jurídica de direito privado e, de outro, acerca da necessidade de se ter no código civil as soluções nucleares para o direito privado – abstraindo a possibilidade de existência de um código empresarial.

Com efeito, o art. 931 contém verdadeira cláusula geral, de modo que ele propicia um enriquecimento ao direito privado brasileiro: poderá ser invocado quando eventualmente não se estiver diante de uma relação de consumo e quando não for aplicável o contido no disposto no art. 17 do CDC.

O disposto no art. 931 aplica-se aos empresários que tenham fabricado o produto e o colocado no mercado, não se aplicando, porém, ao simples comerciante.

---

36. Para um balanço crítico, ver, por exemplo, WESENDONCK, Tula. Artigo 931 do Código civil: Repetição ou inovação? *Revista Direito Civil Contemporâneo*, v. 3, 2015, p. 141 ss.

Também não se aplica aos casos de pura prestação de serviços (que permanecem regidos pelo CDC, quando prestados no mercado de consumo).[37]

Em essência, sobressai na doutrina a noção de que o Código teria esposado aqui a teoria do risco empresarial[38], pela qual todo aquele que se dispõe a exercer alguma atividade empresarial, tem o dever de responder, mesmo sem culpa, pelos eventuais riscos relacionados a defeitos dos produtos que lança no mercado.

De forma mais ampla, percebe-se uma identificação da visão filosófica de Miguel Reale, que aponta a necessidade de conciliação entre o 'sentido tensional da experiência jurídica'[39] e o equacionamento entre os polos de certeza e evolução, com a concepção de vozes reconhecidas da doutrina brasileira atual, que vislumbram na noção de solidariedade social um dos princípios justificadores da responsabilidade civil contemporânea.[40]

3. CONSIDERAÇÕES FINAIS

O singelo panorama aqui traçado sobre a estrutura geral da responsabilidade civil objetiva no Código civil de 2002 conduz à uma conclusão favorável sobre as soluções estabelecidas pelo codificador.

É certo que se poderia pretender, na codificação civil brasileira, uma alteração mais profunda, mudanças radicais relativamente à disciplina da responsabilidade civil em geral, e da responsabilidade objetiva em particular e mesmo uma visão mais estritamente vinculada ao pensamento constitucional estabelecido a partir de 1988.

Pode-se, porém, afirmar que as cláusulas gerais de responsabilidade objetiva inseridas na parte especial do Código cumprem sua função precípua: servem de instrumento de vitalidade para o desenvolvimento da responsabilidade civil no direito brasileiro, permitindo, em essência, sua atualidade quando o Código civil brasileiro completa vinte anos de promulgação, sem que a preservação de soluções tradicionais na codificação tenha se constituído em impedimento a essa evolução.

Propugna-se que o rico desenvolvimento estabelecido no Brasil pela Corte constitucional, pela jurisprudência superior e pela doutrina nacional, na esfera

---

37. WESENDONCK, Tula. *O Regime da Responsabilidade Civil pelo fato dos produtos postos em circulação*. Porto Alegre: Livraria do Advogado, 2015, p. 231.
38. CAVALIERI FILHO, Sérgio. *Programa de Responsabilidade Civil*. 11. ed. revista e ampliada. São Paulo: Atlas, 2014, p. 227.
39. Cf. REALE, Miguel. *O Direito como experiência*. São Paulo: ed. Saraiva, 1992, p. 140 ss.
40. Nesse sentido ver ROSENVALD, Nelson; BRAGA NETTO, Felipe. Responsabilidade civil e solidariedade social: potencialidades de um diálogo. In: GUERRA, Alexandre Dartanhan de Mello. *Estudos em homenagem a Clóvis Beviláqua por ocasião do centenário do Direito civil codificado no Brasil*. São Paulo: Escola Paulista de Magistratura, 2018, vol. 1, p. 393 ss.

da responsabilidade civil – e no direito privado em geral – sirva para o constante florescimento do direito civil brasileiro como instrumento para a concretização da justiça no âmbito das relações privadas!

4. REFERÊNCIAS BIBLIOGRÁFICAS

ALMEIDA COSTA, Mário Júlio. *Direito das Obrigações*. 6. ed., Lisboa: Almedina, 1994.

ANDRADE, Fábio S. de. *Da Codificação – crônica de um conceito*. Porto Alegre: Livraria do Advogado, 1997.

ANDRADE, Fábio Siebeneichler de. Miguel Reale. In: MONTEIRO FILHO, Carlos Edison; MORSELLO, Marco Fábio; ROSENVALD, Nelson (Coord.). *Protagonistas da Responsabilidade Civil*. São Paulo: ed. Foco, 2022.

ARGIROFFI, Alessandro; AVITABILE, Luisa. *Responsabilitá, Rischio, Diritto e Postmoderno*. Turim: G. Giappichelli, 2008.

BECK, Ulrich. *Risikogesellschaft – Auf dem Weg in eine andere Moderne*. Frankfurt: Suhrkamp, 1986.

BELLIS, Kouroch. Contrat et responsabilité civile: pour un système juste en droit des obligations, *Révue juridique Themis de l'Université de Montreal*, v. 52, 2018, p. 291 ss.

BERNARDO, Wesley de Oliveira Louzada. *Responsabilidade civil automobilística – Por um sistema fundado na proteção à pessoa*. São Paulo: Atlas, 2009.

CABRILLAC, Rémy. *Droit des Obligations*. 12. ed. Paris: Dalloz, 2016.

CARNAÚBA, Daniel Amaral. Para que serve o artigo 931? Considerações críticas sobre um dispositivo inútil. http://genjuridico.com.br/2021/10/18/artigo-931-do-codigo-civil.

CAVALIERI FILHO, Sérgio. *Programa de Responsabilidade Civil*. 11ª ed. revista e ampliada. São Paulo: Atlas, 2014.

COMPORTI, Marco. *Esposizione al pericolo e responsabilità civile*. Ristampe. Napoli: Edizione Scientifiche Italiane, 2014.

FACCHINI NETO, Eugênio; SOARES, Flaviana Rampazzo. Clóvis do Couto e Silva e sua contribuição para a responsabilidade civil. In: MONTEIRO FILHO, Carlos Edison; MORSELLO, Marco Fábio; ROSENVALD, Nelson (Coord.). *Protagonistas da Responsabilidade Civil*. São Paulo, ed. Foco, 2022.

FARIAS, Cristiano Chaves de; BRAGA NETTO, Felipe; ROSENVALD, Nelson. *Novo Tratado de Responsabilidade Civil*. 2. ed. São Paulo: Saraiva, 2017.

FRADERA, Véra Jacob de. L'influence de la doctrine française dans l'actuel code civil brésilien. In *Mélanges en l'honneur de Camille Joffret-Spinosi*. Paris: Dalloz, 2014, p. 664 ss.

GODOY, Claudio Luiz Bueno de. *Responsabilidade civil pelo risco da atividade*. São Paulo: Saraiva, 2009.

HERSALIS, Marcelo Julio. La responsabilidad objetiva. Algunos de sus aspectos medulares. In: *Revista de Derecho de Daños*, Vol. 2017 – 1 – *Responsabilidad Objetiva – I* (Direção de Jorge Mosset Iturraspe e Ricardo Luis Lorenzetti). Buenos Aires: Rubinzal Culzoni Ed., 2017.

KOZIOL, Helmut. Das Bewegliche System – die goldene Mitte für Gesetzgebung und dogmatik. *Austrian Law Journal*, 2017, v. 3.

LOOSCHELDERS, Dirk. *Schuldrecht – Allgemeiner Teil*. 15. ed., Munique: Franz Wahlen, 2017.

MARANHÃO, Ney Stany Morais. *Responsabilidade civil objetiva pelo risco da atividade* – uma perspectiva civil-constitucional. São Paulo: GEN/Método, 2010.

NOVEMBER, Andràs; NOVEMBER, Valérie. Risque, assurance et irreversibilité. *Revue européenne des sciences sociales*, 2004.

OPPETIT, Bruno. *Philosophie du droit*. Paris: Dalloz, 1999.

PESCATORE, G.; RUPERTO, C. *CODICE CIVILE annotato com la giurisprudenza della Corte Costituzionale, della Corte di Cassazione e delle giurisdizioni amministrative superiori*, vol. II. (Milano: Giuffrè, 1993, p. 3394 a 3397).

REALE, Miguel, *O projeto de Código Civil. Situação atual e seus problemas fundamentais*. São Paulo: Saraiva, 1986.

REINIG, Guilherme Henrique Lima; CARNAÚBA, Daniel Amaral. Abuso de direito e responsabilidade por ato ilícito, https://www.conjur.com.br/2017-out-16/direito-civil-atual-abuso-direito-culpa-responsabilidade-civil.

ROSENVALD, Nelson; BRAGA NETTO, Felipe. Responsabilidade civil e solidariedade social: potencialidades de um diálogo. In: GUERRA, Alexandre Dartanhan de Mello. Estudos em homenagem a Clóvis Beviláqua por ocasião do centenário do Direito civil codificado no Brasil, Escola Paulista de Magistratura, 2018, vol. 1.

SOUZA, Wendell Lopes Barbosa de. *A Responsabilidade Civil Objetiva fundada na Atividade de Risco*. São Paulo: Atlas, 2010.

TARTUCE, Flávio. *Responsabilidade civil objetiva e risco* – A teoria do risco concorrente. Rio de Janeiro: Forense; São Paulo: Método, 2011.

TEPEDINO, Gustavo; SCHREIBER, Anderson. *Código Civil Comentado*. Vol. IV – Direito das Obrigações. (Coord. Álvaro Villaça Azevedo). São Paulo: Ed. Atlas, 2008.

TRIMARCHI, Pietro. *Rischio e responsabilità oggettiva*. Milano: Giuffrè, 1961.

VISINTINI, Giovanna. *Cos'è la responsabilità civile* – Fondamenti della disciplina dei fatti illeciti e dell'inadempimento contrattuale. Napoli: Edizioni Scientifiche Italiane, 2014.

WERRO, Franz; PALMER, Vernon Valentine; HAHN, Anne-Catherine. "Strict liability in European tort law: an introduction". In: WERRO, Franz; PALMER, Vernon Valentine (ed.). *The Boundaries of Strict Liability in European Tort Law*. DURHAM: Carolina Academic Press, 2004.

WESENDONCK, Tula. Artigo 931 do Código civil: Repetição ou inovação? *Revista Direito Civil Contemporâneo*, v. 3, 2015.

WILLBURG, W. Zusammenspiel der Kräft um Aufbau des Schuldrechts. Ar*chiv für die Civilistische Praxis*, v. 163, 1964.

ZWEIGERT, Konrad; KÖTZ, Hein. *Introduzione al Diritto Comparato* (trad. it.). Vol. I – Principi fondamentali. Milano: Giuffrè, 1992.

DELINEAMENTOS SOBRE O DIREITO PRIVADO E O CÓDIGO CIVIL DE 2002

Fabiano Menke

Doutor em Direito pela Universidade de Kassel, Alemanha. Mestre em Direito pelo Programa de Pós-Graduação em Direito da Universidade Federal do Rio Grande do Sul. Professor Associado da Faculdade de Direito e do Programa de Pós-Graduação em Direito da Universidade Federal do Rio Grande do Sul. Advogado e Árbitro.

Sumário: 1. Introdução – 2. Direito Civil, Direito Privado e o Código Civil de 2002 – 3. Considerações finais – 4. Referências.

1. INTRODUÇÃO

Primeiramente, gostaria de manifestar o agradecimento pelo convite formulado pelos professores Adalberto Pasqualotto e Plínio Melgaré, para contribuir com tão prestigiosa obra comemorativa aos 20 anos da edição do Código Civil de 2002.

Refletindo sobre o ponto acerca do qual escreveria, optei por elaborar texto mais direcionado aos estudantes das etapas iniciais do curso de direito, porquanto pretendo abordar alguns elementos conceituais do Direito Civil e do Direito Privado, com os olhos voltados para o Código Civil de 2002 e sua inserção sistemática.

Dedico, portanto, o presente texto aos alunos com os quais tive a oportunidade de conviver, com os quais convivo e com os quais conviverei nas aulas introdutórias de Direito Civil, quando nos perguntamos o que é o Direito Civil e o Direito Privado, bem como suas características e como compreender o Código Civil de 2002.

Diferentemente de outros trabalhos, o presente será exposto de forma direta, sem divisão de partes, mas com um desenvolvimento de variados temas.

2. DIREITO CIVIL, DIREITO PRIVADO E O CÓDIGO CIVIL DE 2002

De início, pretendo delinear os contornos característicos do que seja o Direito Civil. As definições são variadas e reproduzirei alguns aspectos acerca delas, de forma aproximada. Às vezes, são conjugadas com explicações do que seja o próprio Código Civil. Nesse contexto, diz-se que o Direito Civil contempla as normas atinentes à pessoa comum, nas suas dimensões mais básicas. Regra-se o ser humano desde antes do seu nascimento, a partir da proteção do nascituro, bem como o seu desenvolvimento como pessoa, quando, por exemplo é emancipado e atinge a capacidade civil plena.

Além disso, o Direito Civil trata das questões atinentes aos eventuais infortúnios pelos quais passa o indivíduo, ao regrar a responsabilidade civil e o tratamento que deve ser dado quando da ocorrência de danos, como no caso de um acidente de trânsito.

Moreira Alves, jurista brasileiro da mais alta envergadura, um romanista apaixonado pelo Direito Civil e pela Parte Geral dos Códigos[1], costuma comparar o Direito Civil com o Direito Penal, e, ao defender a maior riqueza, extensão e complexidade do primeiro, afirma que o Direito Penal se esgota no exame do ato ilícito, o que no Direito Civil é tratado por apenas uma de suas disciplinas, a da responsabilidade civil...

E por falar em comparações, interessante notar que tanto o Código Penal quanto o Código Civil de 2002, este seguindo a tradição do seu antecessor, são estruturados em Parte Geral e Parte Especial. A presença de uma parte geral em códigos não é uma obviedade[2]. Trata-se de técnica legislativa na qual se chega a localizar inspiração na matemática, no sentido de "trazer para fora dos parênteses" os elementos mais abstratos. É justamente assim que os juristas de língua alemã denominam essa técnica: "Ausklammern"[3]. O que se pretende com uma parte geral é elencar subsídios comuns às variadas disciplinas que são tratadas na parte especial, mais concreta.

Na Parte Especial do Código, além da responsabilidade civil, aparece o contrato, fonte obrigacional por excelência, cujas regras disciplinam o que todos nós, em algum momento da vida realizaremos, como quando da aquisição de um automóvel ou de uma casa.

Mas o Direito Civil não encerra por aí. Ao constituir união estável ou eventualmente contrair matrimônio, existirão regras que se ocuparão também dessa dimensão do ser humano reunido em família ou exercendo a sua opção de ficar só. E, quando da ocorrência da morte, é o Direito das Sucessões que vai determinar o que será feito de eventual patrimônio deixado pela pessoa falecida.

Aliás, no que diz respeito à união estável de pessoas do mesmo sexo, disciplinada nos artigos 1.723 a 1.727 do Código Civil, calha mencionar que nesses vinte anos desde sua aprovação, talvez um dos mais importantes julgados do Supremo

---

1. MOREIRA ALVES, José Carlos. *A Parte Geral do Código Civil Brasileiro*: subsídios históricos para o novo Código Civil brasileiro. 2. ed. São Paulo: Saraiva, 2003.
2. Um dos trabalhos mais instigantes que discute a pertinência da Parte Geral do Direito Civil, inclusive na perspectiva didática, é o texto de CANARIS, Claus-Wilhelm. Funções da Parte Geral de um Código Civil e limites de sua prestabilidade. *Revista da Ajuris*, n. 95/2004, p. 271-286.
3. BYDLINSKY, Franz. *System und Prinzipien des Privatrechts*. Viena: Springer, 1996, p. 119-121.

Tribunal Federal tenha sido aquele que reconheceu a aplicabilidade de regime legal das uniões estáveis às uniões homoafetivas, ainda no ano de 2011, quando julgou procedentes a Ação Direta de Inconstitucionalidade n° 4.277 e a Ação de Descumprimento de Preceito Fundamental n° 132[4]. Em síntese: não há qualquer distinção entre união homoafetiva e união estável entre pessoas de sexos opostos para o direito brasileiro.

Com efeito, o Código Civil de 2002 convive, ao longo da sua vigência, com inúmeros e importantes julgamentos do Supremo Tribunal Federal que atualizaram um diploma legal cujo anteprojeto datava da década de 1960. Outro exemplo é o da Ação Direta de Inconstitucionalidade 3.510[5], na qual, em 2008, o Supremo Tribunal Federal julgou constitucional a Lei de Biossegurança (Lei 11.105/2005, possibilitando assim a pesquisa com células tronco embrionárias a partir da declaração de que a vida começa a partir do nascimento com vida (reafirmação da teoria natalista).

Uma lição básica para quem primeiro visita essa apaixonante disciplina, é a de que o Direito Civil não se esgota naquilo que consta no eixo central do sistema de Direito Privado, o Código Civil. Ao redor do Código gravitam diversas outras leis esparsas, a rigor incontáveis, que complementam o regramento relacionado à pessoa comum.

Tomem-se os exemplos do Estatuto da Pessoa com Deficiência, do Estatuto do Idoso e do Estatuto da Criança e do Adolescente. Tratam-se de regras que compõem os assim denominados microssistemas de regulação, mas que não deixam de ter características de integrarem o Direito Civil.

Um dos fundamentos mais relevantes de serem transmitidos aos iniciantes do estudo do Direito Civil e do Código Civil é o de que a sua disciplina serve, como regra geral, para reger as relações entre pessoas em igualdade de condições. E essa característica é muito importante de ser mencionada para quem conhece a realidade do ordenamento jurídico brasileiro. Anote-se: esse aspecto não mudou com a edição do Código Civil de 2002.

Isso porque, desde 1990, e em virtude do que determinou a Constituição Federal de 1988, o Brasil possui um diploma legal que marcou a legislação do país: o Código de Defesa do Consumidor. Como o próprio nome revela, o Código do Consumidor toma partido pela defesa do destinatário final de produtos ou serviços, ou, de uma maneira geral, dos que estão expostos às práticas que prevê. É um texto legal que parte do pressuposto da vulnerabilidade do consumidor.

---

4. Ação Direta de Inconstitucionalidade 4.277, Ação de Descumprimento de Preceito Fundamental 132, Rel. Min. Ayres Britto, j. 05.05.2011.
5. Ação Direta de Inconstitucionalidade 3.510, Rel. Min. Ayres Britto, j. 29.05.2008.

Isso não significa que o consumidor "sempre terá razão", mas inegavelmente foi estabelecido um regime protetivo.

Com a massificação das relações de consumo, o Código de Defesa do Consumidor passou a ocupar um espaço destacado, incidindo em centenas de milhares de casos, além de gozar do prestígio de ser, em grande parte, uma lei avançada. Tome-se um exemplo da lista de práticas abusivas que elenca no seu artigo 39: não é permitido fornecer produtos ou serviços ao consumidor sem sua solicitação prévia. Dispositivos como esse ajudaram em muito a aumentar o nível de proteção das relações de consumo.

Vale ainda observar, que o Código de Defesa do Consumidor preencheu certa carência de proteção nas relações jurídicas desiguais, tendo em vista que, quando de sua edição, vigorava no Brasil o Código Civil de 1916, que não apresentava uma gama de ferramentas suficiente para tratar das relações jurídicas marcadas por desigualdade.

Há que se explicar aqui, que muito embora o Código Civil, por sua natureza, e como dissemos, não seja um diploma legal voltado para a proteção, ele apresenta em certos momentos, zonas de proteção.

Essas zonas de proteção, como o regime das incapacidades, que tutela a pessoa humana naquelas situações, como no exemplo em que por alguma razão, não possa exprimir a sua vontade, por causa transitória ou permanente, o que leva à sua incapacidade relativa.

Essa é uma área que foi consideravelmente modificada no Brasil com a edição, no ano de 2015, do Estatuto da Pessoa com Deficiência, afetando consideravelmente o Código Civil. Essa regra incorporou as diretrizes da Convenção de Nova Iorque sobre os Direitos das Pessoas com Deficiência de 2007, e modificou a perspectiva pela qual se encara a pessoa com deficiência, de modo a lhe retirar o preconceito da incapacidade. Cuida-se de melhorar, de uma maneira geral, o exercício de seus direitos, a partir da concessão de uma maior autonomia e reconhecimento, o que, para alguns foi visto com olhares críticos, uma vez que se lhes retirou a proteção existente anteriormente.

São diversas outras zonas de proteção estabelecidas pelo Direito Civil: no próprio Código Civil, por exemplo, pode ser referida a proteção concedida ao aderente na interpretação do contrato de adesão, sempre que se esteja diante de cláusulas ambíguas ou contraditórias (artigo 423). Note-se que dispositivo semelhante não existia no Código Civil de 1916, a confirmar que na seara dos valores o Código Civil de 2002 foi robustecido por instrumentos marcados pela eticidade e pela socialidade, como em breve se abordará.

Área nobre de proteção da pessoa no Código Civil atual, entre os artigos 11 e 21, são os direitos da personalidade. Cuida-se de direitos como os relativos à honra, à imagem, à integridade física, ao nome, entre outros. São direitos essenciais para que a personalidade da pessoa humana possa ser desenvolvida em sua plenitude. O traço de sua essencialidade faz com que os estudiosos do Direito Constitucional os situem na categoria de direitos fundamentais, gozando, portanto, de uma tutela e um reconhecimento privilegiados. Com a dominação cada vez maior das novas tecnologias na vida das pessoas, aumenta o risco de que violações se valendo desses instrumentos sejam cometidas. Basta recordar do poder que hoje exercem os dispositivos móveis que todos carregam, associado à possibilidade de instantânea disseminação da informação, não apenas por veículos de imprensa, mas pelo cidadão comum do povo.

E, nessa seara dos direitos da personalidade, entre outros tantos importantes julgados, no ano de 2015 o Supremo Tribunal Federal decidiu que não é exigível da pessoa biografada a sua autorização relativamente a obras biográficas literárias ou audiovisuais, bem como de coadjuvantes como familiares[6]. Para chegar a essa conclusão, a Corte Constitucional realizou interpretação conforme à Constituição dos artigos 20 e 21 do Código Civil, conferindo relevo especial aos direitos fundamentais à liberdade de pensamento e de expressão, de criação artística e produção científica.

No ano de 2020, em plena pandemia, entrou em vigor no Brasil a Lei Geral de Proteção de Dados, inaugurando no país um marco legal específico sobre a matéria, com nítida influência da tradição legislativa europeia, que conheceu na edição do Regulamento Europeu de Proteção de Dados de 2016 o seu mais recente desenvolvimento. Cuida-se de disciplina com interessante grau de autonomia, e que busca regrar o razoável equilíbrio entre a proteção dos dados relativos à pessoa natural e o seu livre fluxo, uma vez que é inegável que as sociedades atuais têm as suas atividades, tanto na esfera pública quanto privada, movidas pelas informações pessoais.

O Código Civil brasileiro atual, editado em 2002 e que entrou em vigor em 2003, é marcado por três diretrizes básicas: as da eticidade, da socialidade e da operabilidade. Começos pela última. A operabilidade visa a tornar o Código mais fácil de aplicar por aqueles que com ele trabalham e que no Brasil costumam ser denominados de "operadores do direito". Num exercício comparativo com o Código Civil anterior, verifica-se que a operabilidade do Código de 2002 pode ser exemplificada com o manejo das regras de prescrição e decadência, que foram, de fato, simplificadas, facilitando o trabalho do aplicador. Mas a rigor, uma simplificação parcial, pois a matéria por si só é bastante complexa e ao longo da vigência do atual Código já suscitou diversas polêmicas, como a relativa à definição da prescrição de dez anos para a responsabilidade civil contratual.

---

6. Ação Direta de Inconstitucionalidade 4.815, Rel. Min. Cármen Lúcia, j. 10.06.2015.

Quanto às duas outras e mais importantes diretrizes do Código Civil: a eticidade busca atingir um padrão de comportamento, que, não ignore a presença do outro na relação jurídica. Junto com a socialidade, que vai mais além, e considera o sujeito e os institutos jurídicos em sua inserção no contexto econômico e social, visam a imprimir um tempero de maior respeitabilidade ao outro e aos outros, em combate a um individualismo exagerado.

Mas, sobre a socialidade, um alerta deve ser feito, na linha dos ensinamentos de Miguel Reale, que imprimiu a sua marca enquanto Coordenador da Comissão que elaborou o Código Civil de 2002. Entre o individualismo e a socialização, o Código Civil optou pelo meio-termo: a socialidade[7]. Isso implica em afirmar que no âmbito do Direito Civil brasileiro, como de resto nos países da tradição romano-germânica que segue, há o mais amplo espectro de atuação dos sujeitos de direito a partir do exercício de sua autonomia privada.

Na Alemanha, Werner Flume, no segundo volume de sua obra sobre a Parte Geral do Direito Civil e o negócio jurídico[8], logo nas primeiras páginas, afirma que a autonomia privada é o princípio da autoformatação das relações jurídicas por meio dos indivíduos de acordo com a sua vontade. Por exemplo, os indivíduos são basicamente livres para tomarem decisões contratuais: se irão contratar, com quem, e qual o conteúdo do contrato. Do mesmo modo, o indivíduo é soberano para tomar decisões no que diz respeito à sua união com outras pessoas para formar ou não uma família: pode se unir em união estável, contrair matrimônio ou simplesmente ficar solteiro.

Muito embora seja no Direito Privado, onde se encontra o Direito Civil, o local em que a denominada autonomia privada se exerce no mais alto grau, é importante dizer que essa autonomia não é absoluta. Diversas são as intervenções na liberdade de autorregramento dos interesses dos sujeitos de direito. O próprio Código Civil prevê algumas dessas restrições, como o artigo 426, que estipula a tradicional regra de proibição de as partes celebrarem contrato acerca da herança de pessoa viva. Na contemporaneidade, é possível dizer que o espaço de liberdade tenha diminuído ainda mais com a presença da regulação das mais variadas áreas: telecomunicações, energia, saúde, relações de consumo, transportes, entre tantas outras como a proteção de dados, acima mencionada.

Uma das tarefas das instituições que estabelecem o Direito (parlamentos) é justamente a de encontrar o meio-termo, a razoabilidade entre a liberdade e a razoável intervenção da legislação que a limite. Não se pode jamais esquecer que o princípio mais soberano do Direito Privado é o da autonomia privada, o que

---

7. REALE, Miguel. *História do Novo Código Civil*. São Paulo: Editora Revista dos Tribunais, 2005, p. 80.
8. FLUME, Werner. *Allgemeiner Teil des Bürgerlichen Recht*: Das Rechtsgeschäft – Zweiter Band, Dritte ergänzte Auflage. Berlin: Springer-Verlag, 1977.

significa dizer que as intervenções, neste campo, devem ser justificadas. Pode-se utilizar aqui, a expressão empregada por Claus-Wilhelm Canaris[9] com relação ao Direito Alemão, no sentido de que regras que tenham por escopo realizar justiça distributiva, como as que protegem o inquilino no contrato de locação, demandam uma legitimação especial.

No que diz respeito à expressão meio-termo, talvez não exista outra melhor para retratar do que se trata o Direito Civil e o Direito Privado do que uma busca incessante pelo equilíbrio, pelo meio termo, conforme aludido por Aristóteles em Ética a Nicômacos. De um modo muito preciso, o professor austríaco Franz Bydlinski, em texto definitivo[10], flagrou essa característica do Direito Privado. Com efeito, o meio termo é uma virtude, e o Direito Civil, quando analisado globalmente, em diversas situações faz a opção pelo equilíbrio.

Podemos exemplificar, na Parte Geral do Código Civil Brasileiro, com o artigo 112, que diz que "nas declarações de vontade se atenderá mais a intenção nelas consubstanciada do que ao sentido literal da linguagem". O que na leitura da regra interpretativa à primeira vista pode parecer uma preferência ao aspecto interno, à conhecida teoria da vontade, revela-se, todavia, como uma solução intermediária, na qual a intenção, para ser valorada, deve estar contida na declaração. Há, portanto, um equilíbrio entre a teoria da vontade e a teoria da declaração, pois privilegiar em excesso a vontade interna sem que ela tenha sido externada significaria dar margem à insegurança jurídica, ao excesso de subjetivismo.

Quanto ao meio-termo no Direito Privado e no Direito como um todo, não se pode cometer o equívoco de dele valer-se como regra de julgamento. Em outras palavras, não deve o julgador proferir decisões salomônicas, diante de caso complexo, ou que, o conduz para um resultado em que a uma das partes deva ver reconhecido o seu direito na integralidade.

É diferente a situação em que institutos de uma determinada disciplina de antemão busquem esse equilíbrio, de outra, em que o julgador, diante de um resultado inevitavelmente desequilibrado, mas justo e adequado aos fatos postos em causa, adote a solução cômoda de uma decisão que "divida o resultado" entre as partes.

Diferentemente do que até certo ponto se afirmou, de que o Direito Civil teria perdido a sua centralidade e importância, é de rigor registrar que após a edição do Código Civil de 2002, verdadeira efervescência doutrinária se estabeleceu em nosso país, com a finalidade de explorar as novidades que esse importante diploma

---

9. CANARIS, Claus-Wilhelm. *Die Bedeutung der iustitia distributiva im deutschen Vertragsrecht*. Munique: Bayerischen Akademie der Wissenschaften, 1999.
10. BYDLINSKI, Franz. Die Suche nach der Mitte als Daueraufgabe der Privatrechtswissenschaft. *Archiv für die Civilistiche Praxis*, 204, 2004, p.309-395.

legal trouxeram ao ordenamento jurídico brasileiro. Talvez um dos símbolos desse momento tenha sido estampado nas Jornadas de Direito Civil[11], que consistiram em verdadeiro fórum de debates entre os mais variados profissionais da área, sob a batuta de seu idealizador, o Ministro Ruy Rosado de Aguiar Júnior, falecido inesperadamente em 2019.

As Jornadas aprovaram, ao longo dos anos, diversos enunciados interpretativos acerca de dispositivos do Código Civil, e o modelo atingiu tamanho sucesso que inspirou a criação de Jornadas de Direito Processual Civil, Direito Comercial, Direito Administrativo, Direito Penal e Processual Penal.

Um outro aspecto que merece destaque no desenvolvimento recente do Direito Privado no Brasil é a edição da Lei da Liberdade Econômica no ano de 2019, que, entre outras disposições, alterou o Código Civil.

Esse texto legal, como o próprio nome indica, veio a agregar um tempero de maior liberalismo à legislação brasileira e também ao Código Civil. A partir das modificações, restam ainda mais restritas as possibilidades de intervenção judicial e de revisão dos contratos, além do que as partes ganham mais liberdade para estabelecer parâmetros objetivos para a interpretação das cláusulas e dos requisitos de revisão ou de resolução do contrato.[12]

Nesse contexto, característica do Direito Privado e do Código Civil do Brasil de 2002 é a de que a disciplina do Direito Comercial passou a figurar no Código Civil, sob a denominação de Direito Empresarial, no que se chamou de unificação das obrigações. Mas além do Direito Obrigacional que também passou a ser aplicado às empresas com apenas uma fonte legal referencial (Código Civil e não mais Código Civil e Código Comercial), migrou para o Código Civil as matérias atinentes ao empresário e às sociedades em espécie.

Com base na autonomia privada e na estreita relação com o Direito Privado e com o Código Civil, a arbitragem se desenvolveu de modo considerável no Brasil desde o início do século XXI, de modo a se consolidar como alternativa à justiça estatal para a resolução de litígios. Trata-se de justiça privada, mais especializada e sem a possibilidade de interpor recursos, o que leva à necessária celeridade na resolução dos conflitos. Nos últimos anos, essa via, que estava na prática adstrita ao ambiente empresarial, vem sendo ampliada inclusive para outras áreas, como o Direito Administrativo, o Direito do Trabalho e até mesmo o Direito Tributário.

Se fôssemos apontar mais uma importante característica de nosso Direito Privado atual, a partir de atributos do Código Civil, poderíamos mencionar a

---

11. https://www.cjf.jus.br/cjf/corregedoria-da-justica-federal/centro-de-estudos-judiciarios-1/publicacoes-1/jornadas-cej.
12. Conforme nova redação do art. 421-A do Código Civil.

presença das denominadas cláusulas gerais de direito civil, que eram ausentes no primeiro Código Civil Brasileiro de 1916[13]. A cláusula geral é uma espécie de regra constante da lei escrita que tem como característica a vagueza semântica e a abertura de seu conteúdo. São regras que contemplam um grau de abstração bastante elevado, e que remetem aos valores mais fundamentais do sistema. Exemplo clássico de cláusula geral é a boa-fé, presente no § 242 do Código Civil Alemão (BGB) e que, no Código Civil brasileiro mereceu as localizações nos artigos 113, 187 e 422.

Essa vagueza semântica da cláusula geral é o exercício de uma escolha pelo legislador, que, ao conceber a textura das regras, opta pela característica de abertura de algumas delas, de modo a que o intérprete possa preencher o seu conteúdo quando da aplicação. É como se o legislador, na sua função de arquitetar o Código ou a lei específica, optasse por instalar no "edifício legislativo" janelas de abertura, normas de tipicidade aberta, ao invés de construir um prédio sem nenhuma comunicação com o exterior. Essas aberturas da construção permitem que o intérprete, em certa medida, possa "atualizar" e lei dentro dos limites da razoabilidade a partir do método da concreção, que leva em consideração as particularidades do caso concreto.

Com efeito, a melhor técnica legislativa não pode se basear apenas em cláusulas gerais, pois isso traria consigo o risco de um exercício excessivo de subjetivismo por parte do intérprete. É por isso que com essas normas abertas convivem as regras de tipicidade rígida, que não concedem maior liberdade ao intérprete, como é o exemplo do artigo 5º do Código Civil que determina que os menores de dezesseis anos de idade serão considerados absolutamente incapazes, de onde se verifica que na aplicação dessa regra não há qualquer espaço para subjetivismos do aplicador.

Digna de registro, por fim, é a tendência de internacionalização das fontes do Direito, o que também afeta o Código Civil e o sistema de Direito Civil. Já se citou o exemplo do Estatuto da Pessoa com Deficiência, que internalizou no ordenamento jurídico brasileiro a Convenção de Nova Iorque sobre os Direitos das Pessoas com Deficiência de 2007. Da mesma forma, a renomada Convenção de Viena de Compra e Venda de Mercadorias (chamada CISG), de 1980, que estipula regras específicas para compra e venda internacional, com vistas a uniformizar os diversos sistemas jurídicos espalhados pelo mundo e com isso contribuir para uma maior segurança jurídica que possa fomentar os negócios.[14]

---

13. Mencione-se nessa área os excelentes trabalhos de Judith Martins-Costa. Por todos: MARTINS-COSTA, Judith. *A boa-fé no direito privado*: critérios para a sua aplicação. 2. ed. São Paul: Saraiva, 2018.
14. Neste ponto, Iacyr de Aguilar Vieira contribuiu de modo decisivo, muito antes da internalização da Convenção no Brasil (Decreto 8.327 de 16.10.2014) para que o público brasileiro se familiarizasse com

3. CONSIDERAÇÕES FINAIS

Esses são apenas alguns elementos que, de maneira sucintamente explicados, caracterizam o Código Civil e o Direito Civil no contexto do Direito Privado na atualidade brasileira, e que podem ajudar os que iniciam a sua jornada de descobrimento da que sem dúvida alguma é a mais fascinante área de estudo das Ciências Jurídicas.

O Direito Civil, a partir do estudo da formação e da evolução de seus institutos, nos dá o exemplo de que é na maturação das ideias e da cuidadosa reflexão, e, portanto, na contramão de tendências que apontem para conclusões apressadas, que se atinge a virtude de alcançar compreensões e decisões mais justas e ponderadas.

4. REFERÊNCIAS

BYDLINSKY, Franz. *System und Prinzipien des Privatrechts*. Viena: Springer, 1996.

BYDLINSKI, Franz. Die Suche nach der Mitte als Daueraufgabe der Privatrechtswissenschaft. *Archiv für die Civilistiche Praxis*, 204, 2004, p. 309-395.

CANARIS, Claus-Wilhelm. *Die Bedeutung der iustitia distributiva im deutschen Vertragsrecht*. Munique: Bayerischen Akademie der Wissenschaften, 1999.

CANARIS, Claus-Wilhelm. Funções da Parte Geral de um Código Civil e limites de sua prestabilidade. *Revista da Ajuris*, n. 95/2004, p. 271-286.

FLUME, Werner. *Allgemeiner Teil des Bürgerlichen Recht*: Das Rechtsgeschäft – Zweiter Band, Dritte ergänzte Auflage. Berlin: Springer-Verlag, 1977.

MARTINS-COSTA, Judith; BRANCO, Gerson Luiz Carlos, *Diretrizes Teóricas do Novo Código Civil Brasileiro*. São Paulo: Editora Saraiva, 2002.

MARTINS-COSTA, Judith. *A boa-fé no direito privado*: critérios para a sua aplicação. 2. ed. São Paul: Saraiva, 2018.

MOREIRA ALVES, José Carlos. *A Parte Geral do Código Civil Brasileiro*: subsídios históricos para o novo Código Civil brasileiro. 2. ed. São Paulo: Saraiva, 2003.

REALE, Miguel. *História do Novo Código Civil*. São Paulo: Editora Revista dos Tribunais, 2005.

VIEIRA, Iacyr de Aguilar. Adesão à Convenção de Viena de 1980: harmonização ou modernização do direito interno da compra e venda? *Revista de Arbitragem e Mediação*, Vol. 33, Ano 2012, p. 13-22.

---

o conteúdo e o espírito das regras da CISG e seu possível contributo para a modernização do direito brasileiro. Para ficar em apenas uma contribuição, veja-se o trabalho publicado no Brasil em 2012: VIEIRA, Iacyr de Aguilar. Adesão à Convenção de Viena de 1980: harmonização ou modernização do direito interno da compra e venda? *Revista de Arbitragem e Mediação*, Vol. 33, Ano 2012, p. 13-22.

O TRATAMENTO DO NEXO CAUSAL NO CÓDIGO CIVIL: UMA OPORTUNIDADE PERDIDA?

Flaviana Rampazzo Soares

Mestre e Doutora em Direito pela PUC-RS. Especialista em Direito Processual Civil. Advogada e Professora.

Sumário: 1. Considerações iniciais – 2. A causa no texto do Código Civil e o nexo causal como requisito da responsabilidade civil – 3. Delimitação conceitual do nexo causal e suas principais correntes teóricas – 4. O nexo causal na jurisprudência – 5. Um modelo trifásico de aferição do nexo causal e seus desafios práticos – 6. O Código Civil trata adequadamente o nexo causal? – 7. Conclusões – 8. Referências.

1. CONSIDERAÇÕES INICIAIS

O principal dispositivo do Código Civil de 1916 que dispunha sobre a responsabilidade civil era o art. 159, o qual estabelecida que quem, "por ação ou omissão voluntária, negligência, ou imprudência", violasse direito ou causasse prejuízo a outrem, seria "obrigado a reparar o dano".

A análise da redação do texto legal acima referido corrobora a afirmação no sentido de que, historicamente, a responsabilidade civil vinha essencialmente atrelada à noção de culpa. Os manuais indicavam que a imputação subjetiva de responsabilidade era a baliza central, e os casos de responsabilidade objetiva eram residuais. A causalidade não foi considerada merecedora de atenção, pois a redação do texto legislativo apenas a utilizava como elo entre os dois elementos que eram considerados como prevalentes: o dano e o ilícito.

Antes da edição da Constituição Federal de 1988, as ações de responsabilidade civil em grande medida diziam respeito sobretudo às perdas patrimoniais como, p. ex., acidentes de trânsito, danos em propriedades imobiliárias, danos causados por animais, danos emergentes e lucros cessantes decorrentes de perdas materiais. Nesse contexto, estava justificada a relevância atribuída pela lei ao dano e ao ilícito.

Os processos que tratavam de questões vinculadas à personalidade humana eram minoria, e essencialmente abarcavam as suas manifestações economicamente apreciáveis (por exemplo, o "preço" no mercado de uma imagem utilizada sem consentimento do titular).

O Código Civil de 2002 (CC) modificou um pouco esse cenário, separando o ilícito e a responsabilidade essencialmente em três artigos, art. 186, art. 187 e art. 927, respectivamente. Os dois primeiros reconhecem como ato ilícito tanto o abuso de direito quanto a conduta voluntária, negligente ou imprudente, que "violar direito e causar dano a outrem, ainda que exclusivamente moral". No art. 927, especifica a consequência da prática do ato ilícito, que é a obrigação de reparar o dano.

Conquanto essa redação possa à primeira vista parecer singela e de fácil aplicação, ela traz algumas informações importantes, a primeira representada pela ampliação do conceito ampliado de ato ilícito, a segunda no sentido de que um ato ilícito não necessariamente ensejará apenas uma repercussão de responsabilidade civil, a terceira de que todo dano juridicamente relevante, "ainda que exclusivamente moral", pode ser passível de indenização.[1]

Outros interessantes avanços do Código Civil foram a redação do parágrafo único do art. 927, que tratou da responsabilidade civil objetiva por danos decorrentes do exercício de atividades de risco e o art. 931, o qual atribui imputação objetiva de responsabilidade aos empresários individuais e empresas, pelos danos causados pelos produtos postos em circulação. O restante do "trabalho" foi feito pelo Código de Defesa do Consumidor, que trouxe a responsabilidade objetiva do fornecedor como regra.[2]

Embora esses aprimoramentos tenham sido muito importantes ao desenvolvimento da responsabilidade por danos, criou-se um desafio: quando a imputação objetiva da responsabilidade passa a ter protagonismo, o nexo causal desloca-se da periferia para a centralidade do tema.

Isso não quer dizer que a vítima do dano na responsabilidade subjetiva tenha facilidade de prova do nexo causal, quando a descoberta da sua real causa dependa de uma investigação apurada, por meio de perícia, por exemplo, ou de dados que não estejam ao alcance da parte, ou, ainda, cujo custo seja tão elevado para um resultado incerto que torna antieconômica a investigação.

Apenas quer dizer que o ilícito perde o protagonismo na responsabilidade objetiva, sendo essencial que exista dano juridicamente tutelado e que haja um liame qualificado (nexo causal) entre esse dano e o apontado ofensor.

Por isso, o estudo do nexo causal passa a ser essencial, porque as "portas de saída" da responsabilidade quanto ao responsável passam a ser a prova de que

---

1. Para melhor compreensão do texto, utiliza-se a expressão "indenização" como gênero, do qual a compensação (típica dos danos extrapatrimoniais), e a reparação (condizente com os danos patrimoniais), são espécies.
2. Alguns sustentam que o CDC teria suplantado o art. 931 do CC, outros que as regras deveriam ser conjugadas e interpretadas harmonicamente.

não teria ocorrido o dano, que o dano decorreria de fato ou conduta alheia ou da própria vítima ou a inexistência de nexo causal.

E, nesse sentido, cabe perguntar se o Código Civil avançou em matéria de nexo causal e se ele traz respostas suficientes e eficientes ao tema, e esse questionamento permeará o estudo contido nos próximos tópicos deste texto, sob o método de procedimento documental, de abordagem dedutiva e dialética, de natureza aplicada, com técnica de pesquisa baseada na avaliação doutrinária, com tratamento qualitativo.

2. A CAUSA NO TEXTO DO CÓDIGO CIVIL E O NEXO CAUSAL COMO REQUISITO DA RESPONSABILIDADE CIVIL

Na seara da responsabilidade civil subjetiva, sob o enfoque normativo, a causa está prevista no texto do *caput* do referido art. 927 do CC, segundo o qual quem comete ato ilícito e causar um dano deve responder por ele.

Os artigos subsequentes também referem à causa, seja o art. 928 do CC, ao tratar da responsabilidade das pessoas civilmente incapazes pelos prejuízos que causarem, (quando quem por elas seja responsável não tiver obrigação de fazê-lo ou, sendo responsável, não dispuser de meios suficientes para indenizar); ou dos empresários ou empresas pelos danos causados por produtos postos em circulação (art. 931).

Permite o exercício do direito de regresso por parte de quem indenizou, contra quem efetivamente tenha causado o dano (art. 934), desde que este não seja seu descendente, absoluta ou relativamente incapaz.

Determina, na responsabilidade pelo fato do animal (art. 936 do CC), que o dono ou detentor deve responder pelos danos causados pelo animal não humano.

Estabelece, a causa como fator determinante para definir qual patrimônio será destinado à indenização por danos causados, que é o do responsável pelo prejuízo experimentado pela vítima ou, solidariamente, entre os responsáveis, caso a conduta lesiva seja imputável a mais de um responsável (art. 942 do CC).

No âmbito do direito da saúde, o art. 951 do CC estabelece a responsabilidade do profissional que, culposa ou dolosamente, causar a morte do paciente ou causar dano à sua saúde.

Os artigos acima mencionados são os que mencionam especificamente o vocábulo "causa" em seus respectivos textos, mas há outros que tratam da responsabilidade que não referem expressamente a causa, mas que dependem da causalidade jurídica, porquanto esta se consolida como requisito à caracterização tanto da responsabilidade objetiva quanto da responsabilidade subjetiva.

Nesse contexto de referência do texto do Código Civil, o art. 944 adquire relevância, pois, como regra, a indenização é definida de acordo com a extensão do dano que tenha sido causado injustamente por alguém.

Portanto, a causalidade é fundamental no âmbito da responsabilidade civil, sendo relevante investigar como ela é estabelecida no âmbito jurídico, e os desafios englobados no nexo causal de casos difíceis.

Assim, percebe-se que, no plano normativo, a associação entre causa e efeito é essencial no âmbito da responsabilidade civil. Porém, além do texto normativo, é necessário compreender em que consiste o nexo causal, quais são as suas funções e como ele se estabelece na prática.

Ciente de que os limites intrínsecos a um artigo não são suficientes para aprofundar o tema, algumas questões merecem destaque, o que será feito nos tópicos que seguem, a começar pela indicação do conceito de nexo causal, a demonstração da sua importância e a referência às teorias mais proeminentes a respeito do assunto.

3. DELIMITAÇÃO CONCEITUAL DO NEXO CAUSAL E SUAS PRINCIPAIS CORRENTES TEÓRICAS

O nexo causal é "o vínculo etiológico que explica que um determinado fato ou ato humano provocou um dano a alguém".[3] Figuradamente, o nexo causal é um traço imaginário entre um acontecimento e um resultado, estabelecendo um liame entre uma conduta e o dano, ambos juridicamente qualificados.

Trata-se de uma ligação entre uma ocorrência e um resultado, capaz de responder às perguntas que espontaneamente se anunciam quando se está diante de um prejuízo: *Por quê? Quem?* A busca de respostas por meio de perguntas é intuitiva e típica da racionalidade humana. Responder ao primeiro questionamento tem como objetivo estabelecer a causa, e o segundo intenta definir aquele que será o responsável.[4]

Uma questão posta é a exigência de *certeza* ou a medida da *suficiência* da causa para ser juridicamente qualificada, que é um ponto desafiador na responsabilidade civil.

Diferentes teorias tentam explicar e propor soluções para essa questão.

---

3. PASQUALOTTO, Adalberto. Causalidade e imputação na responsabilidade civil objetiva: uma reflexão sobre os assaltos em estacionamentos. *Revista de Direito Civil Contemporâneo.* Vol. 7/2016, p. 185-206. abr.-jun. 2016.
4. O nexo causal corresponde a uma "ligação jurídica" entre "a conduta ou atividade antecedente e o dano, para fins de imputação da obrigação ressarcitória". MULHOLLAND, Caitlin Sampaio, *A responsabilidade civil por presunção do nexo de causalidade.* Rio de Janeiro: GZ Editora, 2010. p. 57.

A primeira, designada teoria da equivalência das condições (*conditio sine qua non*) considera como possível causa todos os eventos que antecederam ao dano e que seriam potencialmente aptos a produzi-lo. A própria designação da teoria é elucidativa, pois todas as condições são equivalentes, à primeira vista, na possibilidade de causar um determinado menoscabo. A aplicação da referida teoria costuma ser rechaçada pela doutrina e pela jurisprudência, tendo em vista a sua excessiva amplitude.[5]

A segunda é a teoria da causalidade próxima (ou dos danos diretos e imediatos), segundo a qual o último evento apto a ser considerado determinante seria suficiente para definir a origem do dano e estabelecer o nexo causal. Assenta-se no art. 403 do CC, sendo considerada a causa que, se não ocorresse, igualmente não faria existir o dano. Porém, na análise de casos concretos, nem sempre a última ocorrência será a determinante para causar o dano[6], além de, aparentemente, excluir da aplicação danos indiretos ou reflexos.

A terceira teoria mais citada é a da causalidade eficiente, segundo a qual identificam-se as condições que possam ser consideradas aptas à produção do dano (admitindo-se que nem todas têm aptidão para produzir esse resultado) para, ao fim, estabelecer aquela que tenha sido a determinante (a que, na maior medida e força, foi suficientemente eficaz ao resultado).[7]

---

5. Há interessante caso julgado pelo STJ, no qual expressamente a teoria da equivalência das causas antecedentes foi rejeitada, conforme demonstra a sua ementa: "Civil e processual. Acórdão estadual. Nulidade não configurada. Ação ordinária de responsabilidade civil. Quebra de sigilo bancário. Informação dada a terceiro sobre saldo de correntista por preposto do banco. Dívida cobrada pelo credor, que culminou em assassinato do devedor. Atribuição de nexo causal, pela instância ordinária, ao banco. Pedido de suspensão do feito cível, para aguardar desfecho da ação penal corretamente indeferido. Inexistência de responsabilidade do réu pelo crime. Reconhecimento, contudo, de dano moral pela revelação de informação financeira reservada. Indenização proporcionalizada. Pensionamento excluído. (...) II. Descabimento do pedido de suspensão do andamento da ação civil para se aguardar o desfecho da penal, porquanto a responsabilidade atribuída à ré na primeira é inteiramente dissociada da tese de ocorrência ou não de legítima defesa na órbita criminal. III. A responsabilidade civil decorre do concreto e efetivo nexo causal entre o ato e o evento danoso, não colhendo procedência o entendimento sufragado pelo Tribunal estadual, com apoio em discutível teoria da equivalência das causas antecedentes, no sentido de que o banco é culpado pela morte do esposo e pai dos autores, assassinado por credor que, obtendo de gerente de agência do réu informação sigilosa sobre existência de saldo em conta corrente pessoal suficiente ao pagamento de dívida, terminou por assassinar o devedor, ante a sua recusa em pagar o valor do cheque por ele emitido contra conta empresarial, sem fundos. IV. Condenação do banco réu que se limita ao ato ilícito de quebra de sigilo por seu preposto, traduzida em dano moral proporcionalmente fixado, afastados os danos materiais, inclusive o pensionamento. V. Recurso especial conhecido em parte e parcialmente provido. (REsp 620777/GO. Disponível em: www.stj.jus.br).
6. A respeito, veja-se: JORGE, Fernando Pessoa. *Ensaio sobre os pressupostos da responsabilidade civil*. Coimbra: Almedina, 1999, p. 388 e seguintes; PERESTRELO DE OLIVEIRA, Ana. *Causalidade e imputação na responsabilidade ambiental*. Coimbra: Almedina, 2007. p. 53 e seguintes; SAMPAIO DA CRUZ, Gisela. *O problema do nexo causal na responsabilidade civil*. Rio de Janeiro: Renovar, 2005. p. 36 e ss.
7. MIRAGEM, Bruno. *Direito civil. Responsabilidade civil*. São Paulo: Saraiva, 2015. p. 229.

Por fim, apresenta-se a teoria da causalidade adequada como aquela que aponta a necessidade de apreciação abstrata das circunstâncias envolvidas no evento lesivo. A partir dela, pergunta-se se há relação de causa e efeito nos casos da mesma natureza ou se esta decorre de circunstâncias especiais. "Se existe sempre diz-se que a causa era adequada a produzir o efeito; se somente uma circunstância acidental explica essa causalidade, diz se que a causa não era adequada."[8]

A resposta ao questionamento da causa envolve prognose ulterior e diz respeito ao curso previsível dos acontecimentos, e a pergunta é: qual será a consequência esperada do ato ou acontecimento x, em seu curso normal? O resultado teria ocorrido mesmo sem que adviesse o ato ou o acontecimento x?[9]

Essas perguntas costumam ser respondidas a partir da análise de julgados que tratam de responsabilidade civil e cuja análise do nexo causal seja central na solução de casos concretos. No próximo tópico, serão apresentados alguns exemplos colhidos da jurisprudência para demonstrar que, em geral, costuma-se verificar a causa que seja próxima e suficiente para ensejar um determinado dano como eficiente para compor o liame causa-efeito.

4. O NEXO CAUSAL NA JURISPRUDÊNCIA

Alguns exemplos trazidos a partir de julgados do Superior Tribunal de Justiça e do Tribunal de Justiça de São Paulo ilustram bem uma junção de teoria da causalidade adequada e teoria da causalidade eficiente na seleção do nexo causal nos casos concretos.

---

8. ALVIM, Agostinho. *Da inexecução das obrigações e suas consequências*. 4. ed. São Paulo: Saraiva, 1972. p. 345.
9. Veja-se, por exemplo, julgado do STJ tratando de dano ambiental decorrente de explosão de embarcação que transportava produtos químicos. Para a referida Corte, a responsabilização de poluidor indireto somente ocorre se houver prova de comportamento omissivo da proprietária da mercadoria transportada ou se o risco de explosão no transporte marítimo de produtos adquiridos fosse relacionado às atividades desempenhadas pela proprietária da mercadoria transportada. Em seu voto, o Min. Ministro Villas Bôas Cueva referiu que os possíveis responsáveis pela explosão, segundo apurado no inquérito, seriam a transportadora dos produtos e o terminal onde o navio estava ancorado. E, segundo a prova pericial, a proibição da pesca na região afetada decorreu do derramamento do óleo da embarcação, e não de contaminação pelo conteúdo da carga de metanol transportado, pois este produto é volátil e provavelmente foi diluído na água do mar após o acidente. A ementa do julgado é a seguinte: "agravo interno. Agravo em recurso especial. Acidente ambiental. Explosão do navio vicuña. Proibição de pesca. Nexo causal. 1. As empresas adquirentes da carga transportada pelo navio Vicuña no momento de sua explosão, no Porto de Paranaguá/PR, em 15/11/2004, não respondem pela reparação dos danos alegadamente suportados por pescadores da região atingida, haja vista a ausência de nexo causal a ligar tais prejuízos (decorrentes da proibição temporária da pesca) à conduta por elas perpetrada (mera aquisição pretérita do metanol transportado, o qual evaporou logo após o acidente, não sendo a causa da poluição ambiental). 2. Agravo interno a que se nega provimento." Precedente firmado sob a sistemática dos recursos repetitivos. REsp n. 1.602.106. Disponível em: www.stj.jus.br.

Um caso interessante a ilustrar a questão foi julgado pelo Superior Tribunal de Justiça em 2013, contemplando um pedido indenizatório formulado contra uma emissora de televisão, proposto por uma criança (vítima principal, além de seus pais e irmãos), sob o argumento de que fora gravemente queimada pelo irmão, ao imitarem a apresentação de um mágico que, em programa televisivo, mostrou truque de atear fogo ao próprio corpo e sair ileso.

Para a Quarta Turma do STJ, a lesão (queimadura) na criança não pode ser considerada um desdobramento previsível ou necessário da apresentação do mágico na televisão. O questionamento jurídico respondido pela Corte foi: a apresentação de um programa de mágica envolvendo o manuseio de fogo no próprio corpo fomenta ou desencadeia e mesma ação do telespectador? Causa dano físico ao telespectador? A resposta da Corte foi negativa, inclusive ao destacar que, segundo o voto do Relator, Min. Marco Buzzi, duas outras circunstâncias autônomas foram preponderantes e produziram o resultado lesivo, que foram a ausência de vigilância dos pais, pois as crianças encontravam-se sozinhas em casa (argumento este questionável pois a vigilância minuto a minuto é humanamente impossível) e a manutenção dos produtos inflamáveis ao alcance das crianças, pois foi a ação dos irmãos com o manuseio de produto inflamável que efetivamente causou o dano.[10]

10. Ementa: Recurso especial – Ação condenatória – Indenização por danos patrimoniais e extrapatrimoniais pleiteada pela vítima principal, seus irmãos e pais (vítimas por ricochete) – criança que, após assistir programa de televisão, notadamente um número de mágica, reproduzindo-o em sua residência, ateia fogo ao corpo de seu irmão mais novo, causando-lhe graves queimaduras – Responsabilidade civil da emissora de televisão corretamente afastada pela corte de origem, tendo em vista a ausência de nexo de causalidade, examinado à luz da teoria da causalidade adequada. Insurgência recursal dos autores. (...) 1. A conduta perpetrada pela criança, ao atear fogo em seu irmão, bem assim os danos daí decorrentes, não pode ser considerada desdobramento possível/previsível ou necessário da exibição de número de mágica em programa televisivo. A partir dos fatos delineados pelas instâncias ordinárias, observa-se que concretamente duas outras circunstâncias ensejaram a produção do resultado lesivo: (i) a ausência de vigilância dos pais, pois as crianças encontravam-se sozinhas em casa; (ii) a manutenção dos produtos inflamáveis ao alcance dos menores. (...) 4. À aferição do nexo de causalidade, à luz do ordenamento jurídico brasileiro (artigo 1.060 do Código Civil de 1916 e artigo 403 do Código Civil de 2002), destacam-se os desenvolvimentos doutrinários atinentes à teoria da causalidade adequada e àquela do dano direto e imediato. Considera-se, assim, existente o nexo causal quando o dano é efeito necessário e/ou adequado de determinada causa. 4.1 No caso concreto, a atração circense emitida pela emissora ré, durante um programa ao vivo, muito embora não possa ser considerada indiferente, não se constitui em sua causa. A partir dos elementos fáticos delineados pelas instâncias ordinárias, infere-se que duas outras circunstâncias, absolutamente preponderantes e suficientemente autônomas, ensejaram concretamente a produção do resultado lesivo: (i) a ausência de vigilância dos pais, pois as crianças encontravam-se sozinhas em casa; (ii) a manutenção dos produtos inflamáveis ao alcance dos menores. 4.2. Ausente o liame de causalidade jurídica entre a transmissão do número de mágica e os danos alegados pelos autores, não há falar em responsabilidade civil da emissora ré e, por conseguinte, em dever de indenizar. 5. Recurso especial parcialmente conhecido e, na extensão, não provido. STJ. 4ª Turma. REsp 1067332-RJ. Rel. Min. Marco Buzzi. J. em 05/11/2013. DJe 05/05/2014. Disponível em: www.stj.jus.br.

Ainda, o STJ julgou caso de consumidor cuja conta de e-mail foi invadida por um *hacker* que acessou a sua carteira de *bitcoins* e transferiu *criptomoedas* para a conta de terceiro, além de ter excluído todas as mensagens eletrônicas da caixa postal, as quais não puderam ser recuperadas após o ataque. O *hacker* conseguiu, por intermédio da conta de e-mail do consumidor, obter o *link* de confirmação (fator de autenticação) enviado pela gerenciadora das criptomoedas e, a seguir, acessou a carteira virtual do cliente, o que permitiu a subtração das criptomoedas deste.

A Corte excluiu a responsabilidade da demandada Google Brasil Internet Ltda., sob o argumento de que provedores de aplicações que oferecem serviços de e-mail não devem responder por danos decorrente da ação de *hacker*, porque não há nexo causal entre o serviço oferecido pelo provedor ao consumidor. Segundo o Tribunal de origem (Tribunal de Justiça de São Paulo), o mero acesso à conta de e-mail de alguém, por si, "não seria suficiente para possibilitar a subtração das criptomoedas, a menos que o sistema de segurança do site que as armazenava falhasse", tendo em vista que "o infortúnio teve relação direta com a falha de segurança da plataforma de negociação de criptomoedas".[11]

Em 2021, o Tribunal de Justiça de São Paulo apreciou demanda indenizatória proposta por uma paciente e por sua filha, sob a alegação de que o nosocômio no qual esteve hospitalizada teria falhado na obrigação de guarda e sigilo dos prontuários. Segundo afirmado na petição inicial, o acesso aos dados sensíveis teria sido determinante para que estelionatários fizessem contato telefônico com a filha da paciente e a convencessem a fazer um depósito bancário para supostamente pagar um procedimento de saúde da internada. Posteriormente ao depósito, a filha da paciente descobriu que havia sido vítima de uma fraude.

A pretensão indenizatória foi rejeitada, tendo em vista que, segundo consta no voto do relator, "na espécie não foi a falha quanto à guarda dos dados de paciente que causou danos às autoras, mas a manifesta falta de cuidado da promovente".[12]

O Tribunal não deixou de reconhecer que a falha na guarda de dados de paciente é um ato ilícito, mas não viu nisso conduta suficiente para gerar o dano experimentado pela filha da paciente, tendo em vista que o dano decorreria, sob um critério de imputação, da falha da própria depositante, que não desconfiou

---

11. Afirmou-se no acórdão: "Nesse contexto, como assentado na origem, é provável que o invasor tenha obtido a senha do recorrente, seja porque ele tinha armazenado-a no e-mail, forneceu a terceiro ou até mesmo em razão de eventual falha apresentada no sistema da gerenciadora. Nenhuma dessas circunstâncias guarda relação com a conduta da recorrida ou com o risco do serviço por ela desenvolvido, razão pela qual não está configurado o nexo de causalidade. Logo, é descabida a pretendida atribuição à recorrida da responsabilidade pelo prejuízo material experimentado pelo recorrente". STJ. REsp n. 1.885.201-SP. Rel. Min. Nancy Andrighi. J. em 23 nov. 2021. Disponível em: www.stj.jus.br.
12. TJSP. Apelação cível n. 1085328-71.2020.8.26.0100. J. em 19 abr. 2021. Rel. Des. Arantes Theodoro. Disponível em: www.tjsp.jus.br.

que não poderia ter sido solicitado pagamento, pois o atendimento era prestado por meio de plano de saúde, e que não seria crível que um hospital solicitasse um pagamento via depósito bancário de conta que não era da própria entidade. Ou seja, a questão posta foi a conduta da vítima como fator que elimina "a causalidade em relação ao terceiro interveniente no ato danoso".[13]

Por fim, é possível afirmar que, na jurisprudência, não há entendimento uniforme quanto à adoção de uma teoria do nexo causal, sendo possível afirmar que em vários casos são mencionadas as teorias do dano direto e imediato e a teoria da causalidade adequada, sem que, no entanto, sejam estabelecidos critérios objetivos de aferição. De fato, trata-se de um trabalho difícil, pois nenhuma das teorias do nexo causal apoia-se em critérios objetivos para definir a causa jurídica de um dano, conquanto se reconheça que a doutrina brasileira, no caminho da jurisprudência, costuma apontar a teoria da causalidade adequada e a teoria do dano direto e imediato amealham o maior número de adeptos à definição do nexo causal.

5. UM MODELO TRIFÁSICO DE AFERIÇÃO DO NEXO CAUSAL E SEUS DESAFIOS PRÁTICOS

O nexo causal é um pressuposto da responsabilidade civil, e a compreensão quanto ao sentido e alcance dessa afirmação depende da avaliação das funções do nexo causal, que são essencialmente duas, quais sejam, a *interna* e a *externa*.

A *interna*, designada como causalidade *natural* (também dita *material* ou *de fato*), diz respeito à causa no plano natural, formatada pelas regras da ciência da natureza[14], e a *externa*, intitulada causalidade *jurídica*, é a causalidade sob o critério da técnica do direito, ou seja, uma causa com veste jurídica, normativa, tida como "extensão da responsabilidade" e, consequentemente, das consequências cuja indenização se requer.[15]

Como a causalidade natural não responde aos casos de responsabilidade de terceiros (*v.g.*, dos pais pelos atos dos filhos, do empregador pelos atos dos empregados[16]).

---
13. DIAS, José de Aguiar. *Da responsabilidade civil*, vol. 2. 10. ed. Rio de Janeiro: Forense, 1995. p. 693.
14. "Assim como a lei natural é uma afirmação ou enunciado descritivo da natureza, e não o objeto a descrever, assim também a lei jurídica é um enunciado ou afirmação descritiva do Direito, a saber, da proposição jurídica formulada pela ciência do Direito, e não o objeto a descrever". KELSEN, Hans. *Teoria pura do direito*. 4. ed. Tradução de João Baptista Machado. Coimbra: Armênio Amado, 1976. p. 126.
15. BORDON, Raniero. *Il nesso di causalità*. Torino: UTET, 2006. p. 32; BERTI, Ludovico. *Il nesso di causalità in responsabilità civile*: nozione, onere di allegazione e onere della prova. Milano: Giuffrè, 2013. p. 30.
16. Veja-se como exemplo o seguinte julgado do STJ: Recurso especial. Direito civil e processual civil. Responsabilidade de condomínio edilício. Dano causado em automóvel de condômino por empregado do condomínio fora do horário de trabalho. 1. Demanda indenizatória movida por um condômino contra

Por isso, torna-se necessário a avaliação jurídica, e não naturalística, do nexo causal, tornando-se fundamental estabelecer o vínculo adequado, que é aquele que tem força jurídica suficiente para integrar o suporte fático e, a seguir, determinar *quem* indenizará (designação de quem é o responsável) e *pelo que* indenizará (definição do conteúdo e o alcance da obrigação de indenizar).[17]

Trata-se de um mecanismo destinado à verificação, à apuração, à definição da extensão e ao balizamento das consequências dos danos, que repercutirão tanto no nexo de imputação quanto na determinação da indenização, *quando* e *se* for cabível. Por meio desse expediente, parte-se para a individualização de causas e a imputação da responsabilidade.

Em geral, a determinação quanto ao conteúdo da obrigação de indenizar diz respeito ao que decorra direta e imediatamente da conduta lesiva, e este entendimento ressoa do texto do referido art. 403 do CC, segundo o qual as perdas e danos se resumem aos prejuízos efetivos e aos lucros cessantes, que decorrerem direta e imediatamente do evento lesivo, ainda que decorram do dolo do devedor.

Conquanto se trate de uma regra específica para o descumprimento de obrigações previsto em título específico do Código (Título IV, Capítulo III, "Das perdas e danos"), e que não está prevista no Título IX (Da Responsabilidade Civil), Capítulo II (Da indenização), não se pode negar a diretriz eleita pelo legislador na definição do dano indenizável, sempre referida na doutrina, quando menciona a teoria do dano direto e imediato.

---

o condomínio edilício para a reparação dos danos causados em seu veículo indevidamente conduzido por funcionário incumbido da faxina do prédio, que estava fora do seu horário normal de trabalho. 2. Controvérsia em torno da responsabilidade do condomínio edilício pelos danos causados por um de seus empregados fora do horário de trabalho. 3. A divergência entre julgados do mesmo Tribunal não enseja recurso especial, conforme o Enunciado n.º 13, da Súmula de Jurisprudência do Superior Tribunal de Justiça. 4. A doutrina e a jurisprudência oscilam entre as teorias da causalidade adequada e do dano direto e imediato (interrupção do nexo causal) para explicar a relação de causalidade na responsabilidade civil no Direito brasileiro. 5. O importante é que somente se estabelece o nexo causal entre o evento danoso e o fato imputado ao agente demandado, quando este surgir como causa adequada ou determinante para a ocorrência dos prejuízos sofridos pela vítima demandante. 6. A conduta do empregado do condomínio demandado que, mesmo fora do seu horário de expediente, mas em razão do seu trabalho, resolve dirigir o veículo de um dos condôminos, causando o evento danoso, constitui causa adequada ou determinante para a ocorrência dos prejuízos sofridos pela vítima demandante. 7. O empregador é responsável pelos atos ilícitos praticados por seus empregados ou prepostos no exercício do trabalho ou em razão dele, conforme o disposto no art. 932, inciso III, do Código Civil. 8. No Código Civil de 2002, em face do disposto no art. 933 do Código, não se cogita mais das figuras da culpa "in vigilando" ou da culpa "in eligendo", na responsabilidade do empregador, por ser esta objetiva (independente de culpa) pelos atos ilícitos praticados por seus empregados ou prepostos no exercício do trabalho ou em razão dele, 9. Procedência da demanda indenizatória, restabelecendo-se os comandos da sentença de primeiro grau. 10. Recurso especial conhecido em parte e, nesta extensão, provido. STJ. REsp n. 1.787.026. Rel. Min. Paulo de Tarso Sanseverino. DJe 05 nov. 2021. J. em 26 out. 2021. Disponível em: www.stj.jus.br.

17. COSTA, Mario Júlio de Almeida. *Direito das obrigações*. 12. ed. Coimbra: Almedina, 2009. p. 605.

A causalidade jurídica depende da seleção das consequências indenizáveis, a qual pode tomar como base um critério trifásico, no qual, em um primeiro momento, apura-se abstratamente qual seria o curso de um determinado descritivo de acontecimentos até chegar ao dano, de acordo com um padrão médio admissível de conduta, segundo o olhar de um "observador experiente"[18], consoante o desencadear ordinário (o que é razoavelmente esperado) de um fato ou evento (mantendo-se as condições juridicamente qualificadas e extraindo-se aquelas desprovidas de veste jurídica), pois "a repetição, a previsibilidade e a probabilidade" conferem "credibilidade ao processo causal".[19]

A figura do "observador experiente" permitirá que o raciocínio seja feito com o devido distanciamento e com bom senso, sem que ocorram fatores de distorção que poderiam decorrer de premissas equivocadas, aleatórias ou que deixassem de ser ordinárias ou razoáveis, afirmação esta assentada na regra disposta no art. 375 do Código de Processo Civil, segundo a qual o julgador deverá adotar, no que diz respeito às provas, "as regras de experiência comum subministradas pela observação do que ordinariamente acontece", além das "regras de experiência técnica, ressalvado, quanto a estas, o exame pericial".

Na segunda fase, proceder-se-á à recapitulação do evento ou dos eventos componentes do caso concreto, desencadeantes do dano e, na terceira e derradeira fase, ocorrerá uma transposição entre os elementos da primeira com a segunda fase, para verificar quais são os componentes causais comuns em ambas fases, que constituirão o resultado, e os distintivos, com a possibilidade de separação entre os que seriam determinantes e aqueles que poderiam excluir a responsabilidade.

Exemplifique-se com uma situação comum: acidente no qual um veículo atinge outro, estacionado em local proibido. A primeira fase demanda verificar que "se um veículo (A) injustificadamente atingir outro veículo (B), que está estacionado, poderá causar um dano".

A segunda fase apresenta-se com a asseveração previsível de que "um veículo cujo freio não funcionou adequadamente (veículo A), colidiu em outro (veículo B), estacionado em local proibido, causando um dano".

A terceira fase demandaria pinçar os elementos comuns, que se resumem a quatro palavras: abalroamento, dois veículos, dano. Os elementos distintivos são separados para avaliação da sua relevância ou dispensabilidade, seja para eliminar o nexo causal, seja para atuar como excludentes de responsabilidade,

---

18. A expressão "observador experiente" está em SAMPAIO DA CRUZ, Gisela. *O problema do nexo causal na responsabilidade civil*. Rio de Janeiro: Renovar, 2005. p. 70.
19. MAGADAN, Gabriel de Freitas Melro. *Responsabilidade civil extracontratual*: causalidade jurídica – seleção das consequências do dano. São Paulo: Editora dos Editores, 2019. p. 73.

que são: falta de funcionamento do freio (veículo A), estacionamento em local proibido (veículo B).

A falta de funcionamento do freio (veículo A) configura razoavelmente um fator desencadeante de acidente de trânsito e foi constatado no caso concreto, e o estacionamento em local proibido (veículo B), razoavelmente, não tem força, por si, de caracterizar fator decisivo à ocorrência de acidente de trânsito, uma vez que motoristas devem estar visualmente atentos quanto ao entorno, tampouco de se sobrepor ao elemento relevante "freio inoperante".

Ainda, verificar-se-á se a responsabilidade é imputada ao próprio causador direto do dano ou a terceiro que por ele responda (p. ex., a responsabilidade do empregador pelo ato do empregado) total ou parcialmente, se o critério de imputação é objetivo ou subjetivo (pois, sobretudo na responsabilidade subjetiva, a conduta culposa ou dolosa do agente deverá ser considerada[20]), ou ainda, se incidirá sobre alguém em razão de uma determinação legal ou negocial (a responsabilidade do financiador por danos ambientais em razão de uma obra ou atividade financiada que gerou prejuízos ao meio ambiente[21]).

Conforme destaca Noronha, ao se considerar um fato ou evento como causa adequada de um dano, o responsável terá o ônus de demonstrar que o dano estaria fora do "âmbito de proteção da norma que esteja em causa" ou que ele decorreu de um fato ou acontecimento "novo e independente, que sozinho foi a sua causa e, por isso, excludente da anterior relação de causalidade"[22], como são a conduta de terceiro, da própria vítima ou casos fortuitos (na responsabilidade objetiva apenas os fortuitos externos).

Definida a causa e, a seguir, a imputação, a última etapa diz respeito à delimitação do dano juridicamente qualificado que será indenizado pelo imputado.

Exposta essa aparente "equação", ressalta-se que ela não é capaz de solucionar todos os desafios da causalidade, porquanto nenhuma fórmula será capaz de fornecer uma solução universalizável para questões tão complexas, como as que

---

20. "O ato de menor gravidade cometido por determinado sujeito, no sentido de causar um dano menor, não pode abarcar os danos maiores, ainda que tenha criado as circunstâncias para que se deflagrem. As situações mais gravosas havidas pelas precondições estabelecidas não configuram o curso normal dos acontecimentos (exceto, como se disse, frente à prova da culpabilidade), e poderiam gerar a responsabilidade pelo improvável, imponderável, admitindo a aleatoriedade como regra para a reparação." MAGADAN, Gabriel de Freitas Melro. *Responsabilidade civil extracontratual*: causalidade jurídica – seleção das consequências do dano. São Paulo: Editora dos Editores, 2019. p. 93.
21. A respeito do tema: RASLAN, Alexandre Lima. *Responsabilidade civil ambiental do financiador*. Porto Alegre: Livraria do Advogado Editora, 2012, especialmente p. 211 e ss.; MACHADO, Paulo Affonso Leme. *Direito Ambiental brasileiro*. 25. ed. São Paulo: Malheiros, 2017. p. 397 e ss.; GRIZZI, Ana Luci Esteves, BERGAMO, Cintya Izilda, HUNGRIA, Cynthia Ferragi; CHEN, Josephine Eugenia. *Responsabilidade civil ambiental dos financiadores*. Rio de Janeiro: Lumen Juris, 2003. p. 31 e ss.
22. NORONHA, Fernando. *Direito das obrigações*. 4. ed. São Paulo: Saraiva, 2013. p. 639.

envolvem concausas ou os casos nos quais o nexo causal não seja apurável de uma maneira irrefutável, embora haja probabilidade de que um dano decorra de uma determinada conduta ou evento.

Trata-se de fenômeno conhecido como "flexibilização do nexo causal", mais adequadamente vislumbrado como prolongamento da causalidade jurídica, para responder às situações de danos por ricochete, responsabilidade pela perda de uma chance, responsabilidade de terceiros ou de danos cuja causa não seja conhecida com precisão, porque os elementos para este fim não são passíveis de confirmação absoluta.

Ademais, outro obstáculo reside no fato de que nenhum resultado é satisfatório sem considerar a questão processual que envolve a prova do nexo causal. Há situações nas quais a comprovação pode ser efetivada por registro fotográfico, por documento, por inspeção ou por perícia, isolada ou conjuntamente, e há outras em que a prova não será possível ou não será determinante ou efetiva para delinear o nexo causal.

Desafios envolvem especialmente acontecimentos que interferem suficientemente e rompem a cadeia causal, a concorrência de causas ou hipóteses cuja causa dificilmente será identificada com precisão, como em alguns desastres ambientais (por exemplo, poluição das águas por diferentes agentes e em épocas distintas), situações de agravamento de danos (v.g., empregado exposto a agentes causadores de doença ocupacional que se consolida pela soma do período de exposição em vários contratos de trabalho, decorrentes de distintos vínculos empregatícios ao longo do tempo), hipóteses de dificuldade de identificação do fornecedor (o fumante diagnosticado com câncer no pulmão, que no curso do vício fez uso de cigarros de diferentes fabricantes[23]).

Para o rompimento do nexo causal, a causa prevalente deve ter força jurídica suficiente não somente para suprimir a cogitada causa anterior, mas especialmente para sustentar esse novo liame entre fato e dano.

Por outro lado, na concausa concomitante ou posterior, sem modificação do dano experimentado, atrairá a solidariedade entre os concausadores (art. 942, parágrafo único do CC)[24]. Se elevar o dano, o concausador responderá solidariamente pelo dano e integralmente pelo seu acréscimo decorrente da concausa.

---

23. A respeito do tema, com profunda análise a respeito do nexo causal, veja-se: FACCHINI NETO, Eugênio. Há via do meio na responsabilidade civil pelos danos à saúde do fumante?. *Revista IBERC*, v. 2, n. 1, p. 1-27, 22 maio 2019.

24. Atente-se, porém, ao previsto no enunciado da Súmula n. 385 do STJ, como seguinte teor: "Da anotação irregular em cadastro de proteção ao crédito, não cabe indenização por dano moral, quando preexistente legítima inscrição, ressalvado o direito ao cancelamento".
No entanto, entende-se que esse enunciado deva ser revisto, pois anotações sucessivas podem afetar o *score* de crédito do indivíduo no mercado, conforme o seu perfil, que considera as anotações de débito

Se houver conduta concorrente da vítima, a responsabilidade deverá observar a gravidade de sua conduta em comparação com a do autor do dano, de acordo com o art. 945 do CC.

Havendo várias causas, sendo constatado que todas foram determinantes em conjunto para o dano, mas que cada uma, por si, igualmente poderia produzir o mesmo resultado, cada uma delas poderá ser considerada como causa do dano, atraindo a solidariedade entre os concausadores.

Se cada causa, separadamente, por si não poderia produzir o mesmo dano, o qual foi produzido somente em razão do concurso, igualmente pode ser invocada a regra do art. 942, parágrafo único do CC, de responsabilidade dos concausadores pela integralidade da indenização, não obstante a possibilidade de, em uma ação regressiva, ser especificada e dividido o montante correspondente à repercussão financeira da obrigação conforme a participação de cada concausador.[25]

Há ainda a possibilidade de causalidade incerta, na qual é possível que o dano tenha sido experimentado em decorrência de um fato que pode ter sido causado por mais de um fator, situação na qual se revela prudente que o imputado responda pelo prejuízo na medida correspondente à probabilidade de este ter sido causado por uma atividade, ocorrência ou qualquer outra circunstância que se situe no âmbito de sua própria esfera, incluindo eventos naturais.

Para alguns casos emblemáticos, a doutrina costuma indicar algumas soluções, como a teoria do critério probabilístico, segundo o qual a maior probabilidade estatística quanto a uma determinada causa deve ser considerada na definição do nexo causal, método este que se revela de necessário emprego, porque inúmeros casos não permitem estabelecer com certeza científica absoluta um liame causal entre fato ou evento e dano. Este critério serve especialmente para os casos de responsabilidade pela perda de uma chance (notadamente para os casos de responsabilidade profissional, ou mesmo na atualidade, nas causas de contaminações pelo vírus da Covid).

Na Itália, justificou-se a incidência do critério probabilístico quando não for possível estabelecer o nexo causal com precisão, diante de uma inexorável "mar-

---

em cadastros de pagadores. Para esse fim, portanto, haveria causalidade entre a nova anotação e o prejuízo àquele que tenha sido injustamente inscrito em cadastros de devedores.

25. Quanto a conduta da vítima, veja-se o que dispõe o Enunciado n. 630 CJF: "ENUNCIADO 630 – Art. 945: Culpas não se compensam. Para os efeitos do art. 945 do Código Civil, cabe observar os seguintes critérios: (I) há diminuição do *quantum* da reparação do dano causado quando, ao lado da conduta do lesante, verifica-se ação ou omissão do próprio lesado da qual resulta o dano, ou o seu agravamento, desde que (II) reportadas ambas as condutas a um mesmo fato, ou ao mesmo fundamento de imputação, conquanto possam ser simultâneas ou sucessivas, devendo-se considerar o percentual causal do agir de cada um".

gem de imponderabilidade", e quando o interesse jurídico tutelado for relevante, como é a integridade psicofísica da vítima.[26]

Segundo a doutrina, o evento pode ser imputado ao agente somente quando a afirmação relativa à existência do nexo de condicionamento satisfaça o requisito de elevado grau de confirmação ou de credibilidade, e este requisito pode ser considerado satisfeito em todas as hipóteses em que o juiz, depois de enunciar a regra ou o dado estatístico pertinente, com base nas evidências disponíveis, repute improvável que o evento ou a conduta tenha se concretizado em razão da intervenção de processos causais outros, estranhos ao que estatisticamente se revelar como o mais provável.[27]

Não há uma definição percentual quanto à probabilidade de um determinado resultado a partir de um evento ou conduta, e, para equacionar este ponto, é possível conjugar a teoria do "mais provável que não"[28], segundo a qual em casos de difícil verificação da causa, o que for mais provável que tenha ocorrido deverá prevalecer, desde que possa ser considerado um evento que normalmente possa

---

26. MANZON, Riccardo; NEGRO, Antonello; SELLA, Mauro; ZIVIZ, Patrizia (a cura di Paolo Cendon). *Trattario di diritto civile*. Illeciti. Danni. Risarcimento. Milano: Giuffrè, 2013. p. 110.
27. MANZON, Riccardo; NEGRO, Antonello; SELLA, Mauro; ZIVIZ, Patrizia (a cura di Paolo Cendon). *Trattario di diritto civile*. Illeciti. Danni. Risarcimento. Milano: Giuffrè, 2013. p. 115.
28. Exemplifique-se com a condenação da indústria do cigarro por doença pulmonar de fumante: "Apelação cível. Ação de reparação de danos. Tabagismo. Responsabilidade civil da indústria do fumo. Agravo retido da ré. Prescrição. Inocorrência. Agravo retido da autora. Provimento. Cerceamento de defesa. Necessidade de produção das provas requeridas. Nexo de causalidade. Multifatorialidade que não impede o acolhimento, em tese, da demanda. Livre-arbítrio. Limitação. Invocabilidade apenas parcial da ideia. Aplicabilidade do Código de Defesa do Consumidor. Inaplicabilidade da ideia de periculosidade inerente. (...) Nexo De Causalidade. O simples fato de a doença que acarretou a morte do marido da autora ser multifatorial (doença pulmonar obstrutiva crônica) não exclui a possibilidade de se evidenciar que a sua causa principal estivesse vinculada ao vício do tabagismo. O acolhimento irrestrito da tese ventilada na sentença e acolhida em muitos julgados leva, com a devida vênia, a um absurdo lógico. Deve-se levar a sério as conclusões da ciência médica que apontam, com dados cientificamente irrefutáveis e atualmente indiscutíveis, pois objeto de consenso médico universal, para o fato que determinadas doenças (especialmente as pulmonares) estão necessariamente vinculadas ao vício do fumo num percentual que por vezes se situa entre 80 e 90% dos casos. (...) Inequívoco, portanto, o nexo de causalidade científico e irrefutável entre a conduta (tabagismo) e o efeito (desenvolvimento da doença), dentro dos limites estatísticos. Todavia, se todas essas cem pessoas ajuizassem ações individuais, a invocação da tese sentencial faria com que todas as cem pretensões fossem desacolhidas, apesar da certeza científica e irrefutável de que entre 80 a 90% daqueles autores tinham inteira razão. (...) Nosso sistema probatório não exige uma prova uníssona e indiscutível, mas sim uma prova que possa convencer o juiz, dentro do princípio da persuasão racional. É verdade que há que se ter elementos que apontem para a existência dos fatos constitutivos do direito do autor. Mas não há necessidade de que tal prova seja incontroversa. (...) Lição doutrinária no sentido de que ainda que se aceite a impossibilidade de se aferir, com absoluta certeza, que o cigarro foi o causador ou teve participação preponderante no desenvolvimento da enfermidade ou na morte de um consumidor, é perfeitamente possível chegar-se, mediante a análise de todo o conjunto probatório, a um juízo de presunção (oriundo de provas indiciárias) sobre a relação que o tabagismo teve num determinado acidente de consumo." TJRS. Nona Câmara Cível. Apelação cível n. 70059502898. Rel. Des. Eugênio Facchini Neto. J. em 16 dez. 2015. Disponível em: www.tjrs.jus.br.

decorrer de um determinado ato ou evento, exceto se houver a intervenção de um outro fato ou evento suficientemente relevante a ponto de secundarizar o precedente (teoria do *novus actus interveniens*).

Expostos alguns dos desafios enfrentados em matéria de nexo causal, passar-se-á ao estudo da suficiência ou da insuficiência do texto normativo do Código Civil quanto ao tema.

6. O CÓDIGO CIVIL TRATA ADEQUADAMENTE O NEXO CAUSAL?

Neste texto, foram expostos os principais artigos do Código Civil que dizem respeito ao nexo causal. Como visto, a redação é singela e deixa de abordar questões complexas expostas no capítulo precedente, as quais, se tivessem sido tratadas, poderiam evitar inúmeras divergências tanto na doutrina quanto na jurisprudência.

Assim, este tópico do texto exporá alguns dos pontos que demandariam resposta legislativa, bem como apresentará sugestões de soluções[29], conquanto se admita que as respostas envolvem valorações a serem ponderadas pelo legislador, o qual permanentemente perfaz escolhas que repercutirão diretamente no texto legal.

Enunciada essa imprescindível ponderação, o primeiro aspecto a ressaltar é a necessidade de que o texto do Código Civil fosse claro na indicação dos critérios a adotar na determinação do nexo causal.

Igualmente seria importante tratar especificamente das causas concorrentes concomitantes, nas quais todos os fatores determinantes são em conjunto (por conjugação) considerados como causa de um determinado dano. Com isso, pode ser demandado somente um dos causadores que pagará a indenização e poderá voltar-se regressivamente quanto aos demais responsáveis ou todos podem ser demandados, com responsabilidade solidária. Sendo todos os solidários solventes, poderá haver divisão proporcional do prejuízo, e, não sendo, quem for solvente deverá efetuar o pagamento, assegurado o direito de regresso quanto aos demais.

Quando as causas concorrentes concomitantes não forem proporcionais, ou seja, quando uma causa for mais relevante que a outra na produção do resultado, e as outras forem decisivas, mas menos relevantes que a principal, seria possível pensar na divisão proporcional da responsabilidade, mas unicamente para fins de divisão da obrigação de pagamento entre os responsáveis, permanecendo o dever de indenizar solidário perante a vítima, desde que essa proporção não seja muito discrepante.

---

29. Com base em: *Principles of European Tort Law – Text and Commentary*, Sprinter, 2005.

Nas causas concorrentes sucessivas, seria necessário que o Código Civil deixasse claro que a causa sucessiva que seja suficiente a, por si, causar o dano e absolutamente desvinculada da causa anterior, exclui a responsabilidade quanto a esta. No entanto, se forem de algum modo vinculadas, seria admissível a responsabilização solidária dos responsáveis, com a admissão da possibilidade de divisão da obrigação de pagar a indenização caso todos sejam solventes e admitido o regresso caso um dos obrigados pague a sua quota e a cota que compete ao outro.

Na causalidade parcialmente incerta, na qual ocorreram vários eventos causadores do dano, mas nenhum deles causou o dano por inteiro ou uma parte determinável deste, é possível repartir proporcionalmente a obrigação de indenizar. Sendo determinável, a proporção entre os causadores pode não ser a mesma. Na causalidade com causa incerta, o ofensor responderá na medida correspondente à probabilidade de a sua conduta ter sido a causadora do dano. A vítima suportará o prejuízo na medida correspondente à probabilidade do dano ter sido causado por ocorrência ou circunstância que se situe no âmbito de sua própria esfera ou por força maior.

No tocante ao padrão de conduta exigível, deveria ser considerado a natureza e a importância do interesse protegido que foi atingido pela conduta, evento ou circunstância lesiva, no sentido de que, quanto maior a relevância do interesse envolvido, maior deverá ser o rigor na aferição da conduta cabível; a vulnerabilidade da parte ofendida, pois quanto mais vulnerável o ofendido, maior deverá ser o cuidado exigível de quem causou o dano; a periculosidade da atividade causadora do dano, porquanto a elevação do nível de periculosidade igualmente ascende o cuidado exigível por quem se conduz perigosamente, inclusive quanto a habilidade que se pode esperar da pessoa que a exerce; a possibilidade de o responsável criar ou controlar uma situação de risco e a previsibilidade do dano.

O Código poderia prever as hipóteses de responsabilidade passiva seria solidária, as quais abrangeriam situações como a possibilidade de imputar a duas ou mais pessoas a responsabilidade total ou parcial por um determinado dano ou as situações nas quais poderia ser considerada proporcional; as situações de responsabilidade quando uma pessoa participa conscientemente, instiga ou encoraja condutas lesivas, ou dos casos nos quais a responsabilidade por um dano puder ser imputado a duas ou mais pessoas.

O devedor sujeito à responsabilidade solidária deveria ter assegurado o direito de regresso contra quem responda face ao lesado pelo mesmo dano. A prestação dos codevedores deveria corresponder ao que fosse considerado justo em função da contribuição de cada um para os danos, tendo em conta a gravidade das condutas e outras circunstâncias que fossem consideradas relevantes para estabelecer ou reduzir a sua responsabilidade. Se não fosse possível determinar a responsabilidade relativa dos codevedores ou quaisquer destes fosse insolvente, os demais corresponsáveis deveriam ser considerados responsáveis por igual na quota do insolvente.

A obrigação de satisfazer a prestação de regresso seria inicialmente conjunta, mas proporcional, isto é, cada responsável responderia apenas pela sua quota-parte, mas se um dos codevedores não pudesse cumprir a prestação que lhe coubesse, essa quota-parte deveria ser repartida proporcionalmente entre os demais.

Ademais, o Código Civil poderia contar com um artigo prevendo a possibilidade de indenização a quem efetivou despesas razoáveis para prevenir um dano, desde que o responsável pelo dano não tivesse aproveitado uma oportunidade para fazê-lo diretamente. A razoabilidade da despesa diria respeito à adequação econômica, a sua plausibilidade e à sua eficiência para que um dano seja evitado ou minimizado.

Sabe-se que essas soluções são apenas sugestões e poderiam ser apresentadas em diversos formatos pois, como antes referido, essas soluções dependem de escolhas legislativas axiológicas, as quais são e podem ser mutáveis conforme a época da decisão e os interesses envolvidos. No entanto, ainda que não sejam construídas soluções perfeitas, essas tentativas são válidas justamente por tentar apaziguar divergências doutrinárias e jurisprudenciais que poderiam ser dissipadas caso a legislação fosse mais completa.

Apresentadas as principais questões que envolvem esse complexo tema, passar-se-á à exposição dos apontamentos finais, a título conclusivo.

7. CONCLUSÕES

Este texto apresentou as principais referências normativas acerca do nexo causal no Código Civil. Referiu as vertentes doutrinárias mais relevantes acerca do tema e explorou alguns julgados a respeito do nexo de causalidade jurídica. Verificou-se que, na jurisprudência, o resultado dos julgamentos se baseia mais em análises intuitivas e sob senso particularizado de justiça ao caso concreto do que propriamente adotando uma teoria do nexo causal. Isso parece se dever à própria hesitação doutrinária a respeito da matéria, que até o momento não conseguiu construir critérios objetivos a serem adotados.

Ademais, as teorias tradicionais do nexo causal e a própria responsabilidade civil não produzem resposta eficiente e suficientemente objetiva para os danos cujo causador seja desconhecido, incerto ou insolvente, as situações de perda da chance, de dificuldade de estabelecimento do nexo causal a não ser pelo critério da probabilidade e de conduta concorrente da vítima sendo que, para estes casos, fundos indenizatórios e seguros podem se apresentar como boas soluções.

Deve-se admitir a possibilidade de soluções construídas por aproximação, presunção e pelo critério probabilístico, abrindo-se mão de uma certeza que muitas vezes não é alcançável.

É preciso verificar imputação e dano para analisar o nexo causal, a partir da visão de um observador maduro e experiente, que, por probabilidade e regularidade, imagina hipoteticamente uma determinada situação, antevendo resultados possíveis quanto aos acontecimentos *a priori* e determinadas consequências, para verificar se estes acontecimentos se conformam com aqueles experimentados concretamente.

Igualmente, deve-se estabelecer uma seleção de desdobramentos suficiente, eficiente, necessária e juridicamente qualificada quanto ao dano experimentado. Sendo identificadas consequências imediatas hipotéticas coincidentes com as fáticas (assim consideradas as consequências ordinárias segundo o padrão do observador experiente), então a formação do nexo causal é facilitada, e, se forem consequências imediatas (as quais não decorrem de vínculos diretos entre causa e efeito), poderão formar nexo causal se forem previsíveis e provierem de uma conduta ilícita.

Por fim, foram apresentadas algumas proposições que aperfeiçoariam o texto do Código Civil, na parte do nexo causal.

No entanto, essas breves linhas devem ser consideradas como um convite à construção de solução ao problema apresentado e não uma proposição absoluta, pois nos limites de um artigo não é possível construir uma análise aprofundada a respeito do assunto, apenas traçar linhas gerais do tema, do problema e dos desafios a enfrentar.

8. REFERÊNCIAS

ALVIM, Agostinho. *Da inexecução das obrigações e suas consequências*. 4. ed. São Paulo: Saraiva, 1972.

BERTI, Ludovico. *Il nesso di causalità in responsabilità civile*: nozione, onere di allegazione e onere della prova. Milano: Giuffrè, 2013.

BORDON, Raniero. *Il nesso di causalità*. Torino: UTET, 2006.

COSTA, Mario Júlio de Almeida. *Direito das obrigações*. 12ª. Ed. Coimbra: Almedina, 2009.

DIAS, José de Aguiar. *Da responsabilidade civil*, vol. 2. 10. ed. Rio de Janeiro: Forense, 1995.

FACCHINI NETO, Eugênio. Há via do meio na responsabilidade civil pelos danos à saúde do fumante?. *Revista IBERC*, v. 2, n. 1, p.-27, 22 maio 2019.

GRIZZI, Ana Luci Esteves, BERGAMO, Cintya Izilda, HUNGRIA, Cynthia Ferragi; CHEN, Josephine Eugenia. *Responsabilidade civil ambiental dos financiadores*. Rio de Janeiro: Lumen Juris, 2003.

JORGE, Fernando Pessoa. *Ensaio sobre os pressupostos da responsabilidade civil*. Coimbra: Almedina, 1999.

KELSEN, Hans. *Teoria pura do direito*. 4. ed. Tradução de João Baptista Machado. Coimbra: Armênio Amado, 1976.

MACHADO, Paulo Affonso Leme. *Direito Ambiental brasileiro*. 25. ed. São Paulo: Malheiros, 2017.

MAGADAN, Gabriel de Freitas Melro. *Responsabilidade civil extracontratual*: causalidade jurídica – seleção das consequências do dano. São Paulo: Editora dos Editores, 2019.

MANZON, Riccardo; NEGRO, Antonello; SELLA, Mauro; ZIVIZ, Patrizia (a cura di Paolo Cendon). *Trattario di diritto civile*. Illeciti. Danni. Risarcimento. Milano: Giuffrè, 2013.

MIRAGEM, Bruno. *Direito civil. Responsabilidade civil*. São Paulo: Saraiva, 2015.

MULHOLLAND, Caitlin Sampaio, *A responsabilidade civil por presunção do nexo de causalidade*. Rio de Janeiro: GZ Editora, 2010.

NORONHA, Fernando. *Direito das obrigações*. 4. ed. São Paulo: Saraiva, 2013.

PASQUALOTTO, Adalberto. Causalidade e imputação na responsabilidade civil objetiva: uma reflexão sobre os assaltos em estacionamentos. *Revista de Direito Civil Contemporâneo*. Vol. 7/2016, p. 185-206. Abr.-jun./2016.

PERESTRELO DE OLIVEIRA, Ana. *Causalidade e imputação na responsabilidade ambiental*. Coimbra: Almedina, 2007.

PRINCIPLES of European Tort Law – Text and Commentary, Sprinter, 2005.

RASLAN, Alexandre Lima. *Responsabilidade civil ambiental do financiador*. Porto Alegre: Livraria do Advogado Editora, 2012.

SAMPAIO DA CRUZ, Gisela. *O problema do nexo causal na responsabilidade civil*. Rio de Janeiro: Renovar, 2005.

POTENCIALIDADES DA *COMPENSATIO LUCRI CUM DAMNO* NO CÓDIGO CIVIL BRASILEIRO

Gustavo Tepedino

Doutor em Direito Civil pela *Università degli Studi di Camerino* – Itália. Professor Titular de Direito Civil e Ex-Diretor da Faculdade de Direito da Universidade do Estado do Rio de Janeiro (UERJ). Livre-Docente pela mesma universidade. Sócio-Fundador do Escritório Gustavo Tepedino Advogados.

Jeniffer Gomes da Silva

Mestranda em Direito Civil na Faculdade de Direito da Universidade do Estado do Rio de Janeiro (UERJ). Pesquisadora Permanente da Clínica de Responsabilidade Civil da Faculdade de Direito da UERJ (UERJ resp). Sócia do Escritório Galdino e Coelho Advogados.

***

Sumário: 1. Introdução – 2. Breve panorama da legislação estrangeira, aplicabilidade e conceito da *compensatio lucri cum damno* – 3. Perfil funcional, requisitos e efeitos da *compensatio lucri cum damno* – 4. *Compensatio lucri cum damno* e o Código Civil brasileiro – 5. Considerações finais – 6. Referências bibliográficas.

1. INTRODUÇÃO

A responsabilidade civil possui como função precípua a reparação do dano. Uma leitura dessa disciplina, pela ótica do direito civil-constitucional e do princípio da reparação integral do dano, impõe que a atenção seja direcionada à vítima do dano injusto[1] e não ao agente ofensor, de modo a proporcionar àquela ampla

---

*** Os autores agradecem à Danielle Tavares Peçanha, Mestranda em Direito Civil na Faculdade de Direito da UERJ, pela arguta revisão dos originais.

1. Na doutrina brasileira, convém destacar o que Orlando Gomes denominou de "giro conceitual do ato ilícito para o dano injusto". Sobre o tema, confira-se GOMES, Orlando. *Tendências Modernas na Teoria da Responsabilidade Civil*. In: FRANCESCO, José Roberto Pacheco Di (Coord.). *Estudos em homenagem ao professor Silvio Rodrigues*. São Paulo: Saraiva, 1989, p. 296). Especificamente sobre a noção de dano injusto, que não se exaure na simples violação de interesse merecedor de tutela, mas exige a demonstração de ter sido o dano provocado por fato antijurídico, ou seja, valorado negativamente pelo direito, permita-se remeter a TEPEDINO, Gustavo. O art. 931 do Código Civil e a antijuridicidade do dano injusto. Editorial. In: *Revista Brasileira de Direito Civil – RBDCivil*, Belo Horizonte, vol. 22, out./dez. 2019, p. 11-13. Para uma abordagem acerca dos critérios de indenizabilidade do dano injusto na doutrina italiana, v. BIANCA, Cesare Massimo. Diritto Civile, vol. 5. Milano: Giuffrè, 1995, pp. 584- 585.

proteção, com o escopo de fazê-la retornar ao *status quo* anterior ao prejuízo – isto é, a situação em que estaria não fosse o dano injusto sofrido.[2] Tal reparação revela-se, a um só tempo, integral e circunscrita à extensão do dano[3] e, nesse ponto, insere-se a temática que se convencionou denominar de *compensatio lucri cum damno*.[4]

Com efeito, para que a *compensatio lucri cum damno* reste configurada, é essencial que exista "identidade do fato produtivo, não se admitindo quando são diversas as causas do dano e as do lucro".[5] Desse modo, essa figura jurídica é evidenciada na hipótese em que um mesmo ato antijurídico gera, simultaneamente, o dano e alguma vantagem à vítima. Isso, porque, pelo princípio da reparação integral do dano, fundamental ao estudo da responsabilidade civil, o lesado deve retornar à situação em que se encontrava antes do evento danoso, tornando-se necessária a compensação entre o valor da indenização reparatória – referente ao dano ressarcível – e o benefício auferido.[6] Assim, evita-se que o lesado seja "colocado em uma situação melhor do que aquela em que se encontrava antes da ocorrência do dano."[7]

Nesse cenário, o presente trabalho possui o escopo de analisar a *compensatio lucri cum damno*, especialmente à luz do Código Civil brasileiro, que, embora não a tenha previsto de modo expresso, permite, a partir de sua textura aberta, o seu reconhecimento mediante previsão de hipóteses concretas de sua incidência. Afinal, a atual leitura da codificação demanda o reconhecimento de uma normatividade que não se exaure na letra fria de enunciados normativos, mas se constitui no resultado de trabalho interpretativo intenso e ininterrupto, levado

---

2. SERPA LOPES, Miguel Maria de. *Curso de Direito Civil: Obrigações*, vol. II. Rio de Janeiro: Freitas Bastos, 1995, p. 400. Ainda sobre a matéria, confira-se: CAVALIERI FILHO, Sergio. *Programa de Responsabilidade Civil*. São Paulo: Atlas, 2015, p. 29. Sobre o princípio da reparação integral na doutrina francesa, v. CARBONNIER, Jean. *Droit civil: Les biens. Les obligations*, vol. 2. Paris: Quadrige, 2004, p. 2398.
3. "Art. 944. A indenização mede-se pela extensão do dano."
4. A *compensatio lucri cum damno* comporta uma pluralidade de nomenclaturas. Desde logo, contudo, põe-se em evidência a também utilizada expressão em doutrina "compensação de benefícios" (FISCHER, Hans Albrecht. *A Reparação dos Danos no Direito Civil*, trad. António de Arruda Ferrer Correia. São Paulo: Saraiva, 1938, p. 216).
5. GUEDES, Gisela Sampaio da Cruz. *Lucros Cessantes: Do Bom-senso ao Postulado Normativo da Razoabilidade*. São Paulo: Revista dos Tribunais, 2011, p. 311. Em sentido semelhante, PONTES DE MIRANDA, Francisco Cavalcanti. *Tratado de Direito Privado*, t. XXII. Rio de Janeiro: Borsoi, 1958, p. 220: "O que se exige para que a vantagem pré-diminua o dano é que ambos derivem do mesmo fato, ainda que só mediatamente causada a vantagem. (...) Dano e vantagem tem que surgir como unidade de efeito fático."
6. CUPIS, Adriano de. *Il danno: teoria generale della responsabilità civile*, vol. I. Milano: Giuffrè, 1979, p. 311.
7. CUPIS, Adriano de. *Il danno: teoria generale della responsabilità civile*, cit., p. 312. Também nessa direção, cf. PINTO, Paulo Mota. *Interesse contratual negativo e interesse contratual positivo*, vol. II. Coimbra: Coimbra editora, 2008, pp. 1003-1004.

a cabo pela doutrina e pela jurisprudência, com base nos valores e princípios da Constituição da República de 1988.[8]

Para isso, dividiu-se o desenvolvimento dessa empreitada em três itens, cujos aspectos gerais se passa a esboçar. Em primeiro momento, será identificado o estado atual da arte da *compensatio lucri cum damno* no direito brasileiro, com a identificação de casos práticos na jurisprudência, bem como previsão do Código de Defesa do Consumidor, da qual é possível extrair o fundamento da compensação de benefícios. Para isso, apresentam-se inicialmente notas sobre a evolução histórica dessa figura. Convém destacar, desde logo, que a apresentação de tal contextualização não possui pretensão comparatista. Busca-se, apenas, compreender melhor o desenvolvimento e o estado atual dessa temática.

Em seguida, procede-se ao exame do aspecto funcional da *compensatio lucri cum damno*. Objetiva-se, ainda, demonstrar os requisitos para a sua configuração, com especial atenção para a causalidade entre o dano e o lucro. Encerra-se esse tópico com a enunciação de seus efeitos. Finalmente, buscar-se-á indicar hipóteses de aplicação da *compensatio lucri cum damno* no direito brasileiro, à luz de previsões do Código Civil.

2. BREVE PANORAMA DA LEGISLAÇÃO ESTRANGEIRA, APLICABILIDADE E CONCEITO DA *COMPENSATIO LUCRI CUM DAMNO*

A despeito das dificuldades de apreensão da figura jurídica, que comporta uma série de sinônimos e traduções,[9] pode-se dizer que um dos requisitos para que a *compensatio lucri cum damno* se concretize é a conexão causal entre os ganhos e as desvantagens auferidos e sofridas pela vítima.[10] Questiona-se, contudo, se haveria a possibilidade de exceção a tal regra, isto é, se seria viável a compensação de vantagens e desvantagens ainda que tais fatores não possuam

---

8. TEPEDINO, Gustavo. Atividade interpretativa e o papel da doutrina e da jurisprudência, Editorial. In: *Revista Brasileira de Direito Civil - RBDCivil*, vol. 2, jul./set. 2014, p. 6-8.
9. MAGNUS, Ulrich. *"Vorteilsausgleichung" – a typical German institute of the law of damages?*. In: DIJK, Chris Van; MAGNUS, Ulrich. *Voordeelstoerekening naar Duits en Nederlands recht*. Alphen aan den Rijn: Wolters Kluwer Nederland, 2015, p. 1. A propósito, historicamente, as expressões *compensatio lucri cum damno, compensatio damni cum lucro* e *communicatio lucri cum damno* associam-se ao direito romano, tendo os juristas romanos tratado de modo embrionário dessa figura jurídica. Sobre a consagração da *compensatio lucri cum damno* no direito romano, v. PINTO, Paulo Mota. *Interesse contratual negativo e interesse contratual positivo*, vol. I. Coimbra: Coimbra editora, 2008, nota de rodapé n. 2042, p. 720. No mesmo sentido, v. FRANZONI, MASSIMO. *Trattato della responsabilità civile: Il danno risarcibile*, vol. II. Milano: Giuffrè, 2010, p. 40; e ALDAX, Martín. *Aplicación de la regla "compensatio lucri cum damno" en los supuestos de pérdida de la chance de ayuda económica futura*. In: *Lecciones y ensayos*, n. 90, 2012, p. 23.
10. A temática será analisada no item 2, *infra*.

a citada unidade causal. Neste ponto, torna-se pertinente a menção aos escritos da tradição jurídica romana. Apesar da inexistência de tratamento uniforme conferido à matéria nos textos romanos que fazem referência à compensação de benefícios, passagem frequentemente destacada é a de Ulpiano, segundo a qual um indivíduo que integre determinada sociedade fica impossibilitado de realizar o cômputo das vantagens geradas para o grupo social em face de outros negócios realizados por ele que se mostraram prejudiciais à coletividade. Isso porque, nessa hipótese, dano e lucro não possuem a mesma procedência, ou seja, não decorrem do mesmo ato.[11]

Desse modo, verifica-se que o autor se mostra contrário à admissão dessa compensação em hipóteses nas quais danos e benefícios não possuam a mesma origem, especificamente em matéria de sociedades.[12] O tema, todavia, parece mais controvertido quando se trata de gestão de negócios, sendo ressaltados pela doutrina os escritos de Pomponio.[13] Nesse cenário, pela literalidade de seu texto, a conclusão que se alcança é a de que o indivíduo que administra os negócios de um ausente pode ser responsabilizado pelos danos que venha a ocasionar, se realizar atividades que o ausente não possuía o hábito de fazer. Ressalva-se, contudo, que os eventuais danos causados podem ser compensados com os benefícios gerados por meio dos negócios realizados pelo gestor.

Ao tratar da matéria, Hans Albrecht Fischer destaca que não é pacífico o entendimento acerca desse trecho romano entre os juristas alemães. Parte da doutrina defende que se trata de expressão de uma opinião particular de Pomponio. Outro segmento doutrinário, ao seu turno, interpreta o fragmento de modo a considerar que dano e benefício resultam de um fato único, razão pela qual poderiam, de fato, ser compensados.[14] Nesse contexto, a partir da primeira passagem romana mencionada – referente à temática de sociedade –, é possível vislumbrar algumas repercussões do tema no âmbito não só da experiência jurídica estrangeira, como também da brasileira. Seguindo exatamente o entendimento da tradição jurídica romana, o artigo 1.850 do *Code Napoléon* estabelecia que "cada sócio é responsável perante a sociedade pelos danos que causou por sua culpa, sem poder compensar com tais danos os lucros que sua atividade teria gerado em outros negócios." Em sentido semelhante, o artigo 1.714 do Código Civil italiano de 1865 previa que "cada um dos sócios é obrigado à sociedade por danos causados a ela por sua

---

11. FISCHER, Hans Albrecht. *A Reparação dos Danos no Direito Civil*, trad. António de Arruda Ferrer Correia. São Paulo: Saraiva, 1938, pp. 203-204.
12. FISCHER, Hans Albrecht. *A Reparação dos Danos no Direito Civil*, cit., p. 208.
13. ALDAX, Martín. *Aplicación de la regla "compensatio lucri cum damno" en los supuestos de pérdida de la chance de ayuda económica futura*, cit., p. 22.
14. FISCHER, Hans Albrecht. *A Reparação dos Danos no Direito Civil*, cit., p. 22.

própria culpa, sem poder compensá-los com os lucros gerados por sua atividade em outros negócios."[15]

Ainda sob a perspectiva do direito civil italiano, chega-se a utilizar, na seara doutrinária, a expressão *latinismo di ritorno* associada à *compensatio lucri cum damno*, com o escopo de demonstrar o fenômeno da importação de expressões latinas no vocabulário jurídico italiano por meio de experiências jurídicas estrangeiras na era moderna.[16] Invoca-se, ainda em associação à compensação de vantagens, o atual artigo 1.223[17] daquela codificação civil, nas circunstâncias em que se discute a quantificação do dano. Nessa sede, costuma-se relacionar, a despeito de críticas doutrinárias, a teoria da diferença à *compensatio lucri cum damno* nas hipóteses em que o ato ilícito pode vir a gerar eventuais vantagens para a vítima.[18]

A matéria é também reconhecida pela civilística portuguesa. Não existe no Código Civil português uma previsão expressa que contemple a regra da *compensatio lucri cum damno*. Entretanto, a temática não passou despercebida quando da elaboração dos trabalhos preparatórios da codificação civil. Paulo Mota Pinto destaca que, de acordo com Adriano Vaz Serra – um dos autores da parte do projeto referente ao direito das obrigações –, uma norma específica sobre a compensação de vantagens seria dispensável, tendo em vista que já resultava das regras gerais.[19]

Não obstante, a temática é objeto de análise recente pela doutrina portuguesa. De forma semelhante ao que se verificou na experiência italiana, também existe o entendimento de que a *compensatio lucri cum damno* consiste em corolário da teoria da diferença,[20] essa última consagrada no art. 566, n. 2 do Código Civil

---

15. Tradução livre de: "Ciascuno de' soci è obbligato verso la società pe' danni cagionati alla medesima per sua colpa, senza che possa compensarli cogli utili procacciati colla sua industria in altri affari." Convém destacar outros exemplos no mesmo sentido citados por FISCHER, Hans Albrecht. *A Reparação dos Danos no Direito Civil*, trad. António de Arruda Ferrer Correia, São Paulo: Saraiva, 1938, p. 209: "As modernas legislações anteriores ao código civil alemão não se afastam dos princípios romanistas. A inoponibilidade dos benefícios a perdas derivadas doutros negócios é expressamente proclamada, em matéria de sociedades, pelo cód. ger. Prussiano (I, 17, 215), cód. civil francês (art. 1850), antigo cód. comercial alemão (art. 94) e, com certas modificações, pelo cód. civil austríaco (§ 1191)."
16. IZZO, Umberto. *La giustizia del beneficio: Fra responsabilità civile e welfare del danneggiato*. Trento: Università degli Studi di Trento, 2018, pp. 85-86.
17. "Art. 1223. Il risarcimento del danno per l'inadempimento o per il ritardo deve comprendere così la perdita subita dal creditore come il mancato guadagno, in quanto ne siano conseguenza immediata e diretta (1382, 1479, 2056 e seguenti)."
18. CIAN, Giorgio; TRABUCCHI, Alberto. *Commentario breve al Codice Civile*, Padova: Cedam, 1988, p. 880. Acerca da ausência de norma jurídica expressa sobre a *compensatio lucri cum damno* no ordenamento jurídico italiano, veja-se FERRARI, Mariangela. *La compensatio lucri cum damno come utile strumento di equa riparazione del danno*. Milano: Giuffrè, 2008, p. 21.
19. PINTO, Paulo Mota. *Interesse contratual negativo e interesse contratual positivo*, vol. II, cit., nota de rodapé n. 2024, p. 713.
20. SILVA, Margarida Laires Cortes Figueiredo da. *Compensatio lucri cum damno*: uma apreciação da jurisprudência portuguesa. Dissertação de Mestrado. Lisboa: Universidade Católica Portuguesa, 2019, p. 10.

português.[21] Ademais, a despeito da ausência de previsão expressa da compensação de benefícios na codificação civil portuguesa, essa noção não só é extraída de diversos dispositivos do Código Civil[22], como também é reconhecida na seara jurisprudencial, especialmente em matéria de resolução de contratos de empreitada e indenizações por lucros cessantes.[23]

No direito civil alemão, por sua vez, é comum que a doutrina recorra ao § 255 para afirmar o reconhecimento da *compensatio lucri cum damno*.[24] O dispositivo estabelece que aquele que causar a perda de um bem ou de um direito a outrem pode exigir da vítima a cessão da possibilidade de propor ações perante terceiros na qualidade de titular do direito ou proprietário do bem.[25-26] Quanto ao fundamento, a doutrina atribui à vedação ao enriquecimento sem justa causa a razão de ser do dispositivo.[27] Nesse cenário de desenvolvimento doutrinário, o ordenamento jurídico holandês, ao seu turno, estabeleceu expressamente na codificação civil a *compensatio lucri cum damno* em seu artigo 100, o qual estabelece que "se um mesmo acontecimento tiver causado além do dano alguma vantagem

---

21. "2. Sem prejuízo do preceituado noutras disposições, a indemnização em dinheiro tem como medida a diferença entre a situação patrimonial do lesado, na data mais recente que puder ser atendida pelo tribunal, e a que teria nessa data se não existissem danos."
22. Sobre o tema, confira-se SILVA, Margarida Laires Cortes Figueiredo da. *Compensatio lucri cum damno*: uma apreciação da jurisprudência portuguesa. Dissertação de Mestrado. Lisboa: Universidade Católica Portuguesa, 2019, pp. 24-25.
23. Esses e outros exemplos são desenvolvidos por SILVA, Margarida Laires Cortes Figueiredo da. *Compensatio lucri cum damno*: uma apreciação da jurisprudência portuguesa. Dissertação de Mestrado. Lisboa: Universidade Católica Portuguesa, 2019, pp. 31-51.
24. LARENZ, Karl. *Derecho de Obligaciones*, t. I. Madrid: Revista de Derecho Privado, 1958, p. 206.
25. "§ 255. O obrigado a indenizar os danos causados pela perda de uma coisa ou de um direito pode exigir que em troca lhe sejam cedidas as ações que possuir o lesado contra terceiros, na sua qualidade de titular do direito ou proprietário da coisa."
26. Na doutrina brasileira, o dispositivo é analisado por SANSEVERINO, Paulo de Tarso Vieira. *Princípio da reparação integral: indenização no Código Civil*. São Paulo: Saraiva, 2010, p. 64. Além disso, sobre uma comparação entre o § 255 do BGB e o art. 568 do Código Civil português, cf. MONTENEGRO, Antonio Lindbergh C. *Ressarcimento de danos*. Rio de Janeiro: Lumen Juris, 2005, p. 245.
27. Em relação à doutrina germânica, afirma-se: "Por outro lado, o § 255 confirma que a existência de um pedido de indenização em face de um terceiro não leva a uma negação da responsabilidade de indenizar, por parte do autor do dano, apenas porque outros pedidos de indenização compensam a perda de propriedade sofrida pela parte lesada. Além disso, o § 255 foi concebido para evitar que a vítima receba uma compensação dupla, enriquecendo em relação à situação em que se encontrava antes do evento danoso" (KRÜGER, Wolfgang (Org.). *Münchener Kommentar zum Bürgerlichen Gesetzbuch*. München: C. H. Beck, 2012, p. 579. Tradução livre). Em sentido semelhante: "O dispositivo [§ 255] é – bem como a *compensatio lucri cum damno* – uma expressão da proibição do enriquecimento sem justa causa" (WEIDLICH, Dietmar (Org.). *Beck'sche Kurz-Kommentare Palandt Bürgerliches Gesetzbuch*. München: C. H. Beck, 2013, p. 334. Tradução livre). Sustenta-se, ainda, que: "As melhores razões argumentam no sentido de um retorno da reparação recebida; na coisa em si, o responsável não possui, regularmente, nenhum interesse, e o § 255 regula 'apenas' um ajustamento de benefícios às custas da parte lesada, sem que se queira fundamentalmente alterar a situação de propriedade" (PRÜTTING, Hanns; WEGEN, Gerhard; WEINREICH, Gerd (Orgs.). *BGB Kommentar*. Köln: Luchterhand, 2013, p. 406. Tradução livre).

ao lesado, esta deve ser considerada na avaliação do dano a ressarcir, desde que tal seja equitativo."[28]

Após essa breve análise do desenvolvimento da regra da *compensatio lucri cum damno* na experiência jurídica estrangeira, faz-se necessário o paralelo com o direito brasileiro. Partindo dos exemplos romanos, quais sejam, a responsabilidade do sócio e a gestão de negócios, é possível cogitar dos artigos 1.380[29] do Código Civil de 1916 e 863[30] da codificação civil atual.

O artigo 1.380 do Código Civil de 1916 não possui correspondente no Código de 2002. O preceito legal é similar aos supramencionados dispositivos do *Code Napoléon* e da codificação italiana de 1865. Apesar da similitude entre os preceitos e da já conhecida origem embrionária romana da compensação de benefícios, a doutrina brasileira considerava que as vantagens proporcionadas à sociedade nada mais seriam do que *dever* do sócio, sendo descabida, portanto, a compensação com os prejuízos.[31]

O artigo 863 do Código Civil de 2002, por outro lado, possui conteúdo mais complexo. O dispositivo regula a hipótese em que o gestor de negócios age contra a vontade manifesta ou presumível do dono do negócio e, com isso, gera para esse mais prejuízos que vantagens. Nessa hipótese, resta para o dono do negócio a alternativa entre: (i) exigir que o gestor restabeleça o cenário anterior à celebração do negócio ou, caso essa possibilidade reste impossível, (ii) exigir indenização, cujo "*quantum* será medido pela diferença entre os prejuízos e o proveito."[32]

Não parece claro no dispositivo se os prejuízos e vantagens advêm da celebração do mesmo negócio jurídico, isto é, do mesmo ato; o que dificulta a avaliação da qualificação do respectivo suporte fático como *compensatio lucri cum damno*. Porém, a previsão legal direciona-se ao abatimento do *quantum* indenizatório das vantagens auferidas por meio da gestão de negócios, o que demonstra a preocupação do legislador em limitar a extensão do dano do dono do negócio. Tal previsão torna-se problematizada quando as vantagens revelam-se superiores em relação aos prejuízos. A partir de interpretação *a contrario sensu* do artigo 863, conclui-se que o dono do negócio não poderia exigir do gestor indenização caso os benefícios fossem superiores às perdas. Sustenta-se em doutrina que a acumulação

---

28. Tradução livre de: "When the injured person has not only suffered damage from an event, but also a benefit, then, this benefit has to be subtracted, as far as this is reasonable, from the damage that has to be compensated to him."
29. "Art. 1.380. À sociedade indenizará cada sócio os prejuízos, que por sua culpa ela sofrer, e não poderá compensá-los com os proveitos, que lhe houver granjeado."
30. "Art. 863. No caso do artigo antecedente, se os prejuízos da gestão excederem o seu proveito, poderá o dono do negócio exigir que o gestor restitua as coisas ao estado anterior, ou o indenize da diferença."
31. BEVILÁQUA, Clóvis. *Direito das Obrigações*. Rio de Janeiro: Freitas Bastos, 1940, p. 368.
32. RIZZARDO, Arnoldo. *Contratos*. Rio de Janeiro: Forense, 2015, p. 681.

da indenização com a totalidade dos lucros constituiria enriquecimento indevido pelo dono do negócio em face do gestor.[33] Não se pode perder de vista, entretanto, que a atuação do gestor se deu em oposição à vontade expressa ou presumível do dono do negócio, consubstanciando-se, assim, em interferência indevida na esfera jurídica alheia, ainda que com a geração de resultados positivos.

Em cenário mais recente e prático, verifica-se, na seara jurisprudencial, a hipótese do salvado em acidentes de trânsito.[34] Nesse caso, os tribunais brasileiros consideram, para fins de quantificação do dano, os valores obtidos pela vítima com a venda do salvado.[35-36] Em outros termos, entende-se que se a vítima do acidente automobilístico ajuíza ação indenizatória em face do autor do dano e, paralelamente, vende a sucata, essa quantia deve ser abatida do *quantum* indenizatório sob o fundamento da *compensatio lucri cum damno*.[37]

Ainda quanto à aplicabilidade da *compensatio lucri cum damno* no direito brasileiro, vale destacar a redação do art. 18, § 4º, do Código de Defesa do Consumidor, o qual possibilita ao consumidor a "substituição por outro [bem] de espécie, marca ou modelo diversos, mediante complementação ou *restituição* de eventual diferença de preço",[38] na hipótese de responsabilidade por vício do produto e do

---

33. Seja consentido remeter a TEPEDINO, Gustavo (Coord.) et al. *Código Civil Interpretado: conforme a Constituição da República*, vol. II. Rio de Janeiro: Renovar, 2012, p. 716.
34. Para uma análise detida do tema, especialmente à luz do Tribunal de Justiça do Estado de Santa Catarina, confira-se: SILVA, Rafael Petefi da; LUIZ, Fernando Vieira. A *compensatio lucri cum damno*: contornos essenciais do instituto e a necessidade de sua revisão nos casos de benefícios previdenciários. In: *Revista de Direito Civil contemporâneo*, vol. 13, a. 4, pp. 281-312, out.-dez./2017, p. 298.
35. Nessa direção, confira-se: (i) TJSP. AC 9147409-51.2005.8.26.00002. Relator: Des. Enéas Costa Garcia. 5ª Câmara Cível. Julgamento em 09.06.2006; e (ii) TJSC. AC 0001287-58.2005.8.24.0008. Relator: Des. João Batista Góes Ulysséa. 2ª Câmara Cível. Julgamento em 20.11.2012.
36. Acerca da relação entre os destroços da coisa destruída e a *compensatio lucri cum damno*, confira-se na doutrina: (i) GUEDES, Gisela Sampaio da Cruz. *Lucros Cessantes: Do Bom-senso ao Postulado Normativo da Razoabilidade*. São Paulo: Revista dos Tribunais, 2011, p. 311, nota de rodapé 213; e (ii) SILVA, Rodrigo da Guia. A regra de compensação de vantagens com prejuízos (*compensatio lucri cum damno*) no direito brasileiro. In: SOUZA, Eduardo Nunes de; SILVA, Rodrigo da Guia (Orgs.). *Controvérsias atuais em responsabilidade civil*: estudos de direito civil-constitucional. São Paulo: Almedina, 2018, p. 509.
37. Em linha com esse entendimento, o STJ entendeu que a quantia referente ao seguro obrigatório DPVAT deve ser abatida do montante indenizatório devido à vítima de acidente automobilístico pela transportadora, independentemente de comprovação de seu recebimento ou mesmo de seu requerimento pela vítima. (STJ, EResp n. 1.191.598/DF. Relator: Min. Marco Aurélio Bellizze. 2ª Seção. Julgamento em 26.4.2017). Tal conclusão foi enunciada também pelo Enunciado 246 da Súmula do STJ, editado em 2001, que assim dispõe: "O valor do seguro obrigatório deve ser deduzido da indenização judicialmente fixada". Para análise da matéria, v. SILVA, Rodrigo da Guia. *Compensatio lucri cum damno* no direito brasileiro: estudo a partir da jurisprudência do Superior Tribunal de Justiça sobre o pagamento do DPVAT. In: *Revista Brasileira de Direito Civil – RBDCivil*, Belo Horizonte, vol. 16, abr./jun. 2018, p. 139-165.
38. O STJ corrobora esse entendimento: STJ. REsp 1.016.519/PR. Relator: Min. Raul Araújo. 4ª Turma. Julgamento em 11.10.2011. DJ em 25.05.2012.

serviço. Ainda que de forma escassa, reconhece a doutrina a relação entre essa previsão normativa e a figura da *compensatio lucri cum damno*.[39]

Percebe-se, de forma geral, em todas as hipóteses mencionadas, a ideia matriz segundo a qual o mesmo fato danoso pode ocasionar não só efeitos negativos, mas também *benefícios* ao lesado, seja por meio de acréscimo patrimonial, seja pelo impedimento da diminuição de seu patrimônio.[40] Dito de outro modo, os benefícios provenientes do evento danoso devem ser abatidos quando da quantificação da indenização.[41] Nesse contexto, suspeita-se que a expressão *compensatio lucri cum damno* não seja talvez a mais adequada, assim como os termos "compensação de vantagens"[42], "compensação de benefícios"[43] e "compensação de lucros".[44] Com efeito, a adoção da expressão "compensação" implica confusões conceituais, sendo cogitada como alternativa a expressão "imputação de benefícios".[45]

A supramencionada denominação comporta, ainda, outra crítica. Abrange-se apenas a imputação direta dos benefícios no dano, de modo a não considerar outras possibilidades, tais como a entrega da vantagem auferida em troca da indenização ou até mesmo a cessão de direitos por parte do lesado ao autor do evento danoso – hipótese dos já tratados § 255 do BGB e artigo 568 do Código Civil Português.[46] A despeito dessas críticas, fato é que a expressão latina *compensatio lucri cum damno* acabou sendo consolidada em doutrina e jurisprudência. Especificamente quanto ao seu conceito, pode-se concluir que a *compensatio lucri cum damno* consiste em instrumento de realização do princípio da reparação integral, atuando nas hipóteses em que o ato causador do dano injusto gera também determinado benefício, sendo necessário, conseguintemente, o cômputo de ambos

---

39. MARINONI, Luiz Guilherme. Tutela ressarcitória na forma específica. In: *Revista Ius Dictum*, jan.-maio/2020, p. 96, nota de rodapé 37.
40. PINTO, Paulo Mota. *Interesse contratual negativo e interesse contratual positivo*, vol. II, cit., p. 710. Em sentido similar, confira-se TRIMARCHI, Pietro. *La responsabilità civile: atti illeciti, rischio, danno*. Milano: Giuffrè, 2017, p. 603.
41. VILLA, Gianroberto. *Danno e ressarcimento contrattuale*. Milano: Giuffrè, 2014, p. 161. Tradução livre). Na linha do texto, afirma-se que a compensação de vantagens consiste na "diminuição proporcional do montante da indenização na hipótese de obtenção pelo lesado de vantagens derivadas do mesmo fato" (SANSEVERINO, Paulo de Tarso Vieira *Princípio da Reparação Integral*, cit., p. 63). Na dourina clássica, cf. DEMOGUE, René. *Traité des obligations en general: sources des obligations*, vol. I, t. IV. Paris: Librairie Arthur Rousseau, 1924, p. 132. Em sentido contrário, v. MAZEAUD, Henri, MAZEAUD, Léon e TUNC, André. *Traité Théorique et Pratique de la Responsabilité Civile: délictuelle et contractuelle*, t. III. Paris: Montchrestien, 1960, p. 536.
42. LARENZ, Karl. *Derecho de Obligaciones*, cit., p. 204.
43. ORGAZ, Alfredo. *El daño resarcible (actos ilícitos)*. Buenos Aires: Editorial Bibliografica Argentina, 1952, p. 199.
44. PONTES DE MIRANDA, Francisco Cavalcanti. *Tratado de Direito Privado: Direito das Obrigações*, t. XXVI. São Paulo: Revista dos Tribunais, 2012, p. 134.
45. TUHR, Andreas von. *Tratado de las obligaciones*, Trad. W. Roces. Granada: Comares, 2007, p. 59.
46. PINTO, Paulo Mota. *Interesse contratual negativo e interesse contratual positivo*, vol. II, cit., nota de rodapé n. 2013, p. 710.

os vetores para que o lesado seja restabelecido à situação em que se encontrava em momento pretérito ao evento danoso.

3. PERFIL FUNCIONAL, REQUISITOS E EFEITOS DA *COMPENSATIO LUCRI CUM DAMNO*

Uma das premissas metodológicas do direito civil constitucional constitui-se na funcionalização das relações patrimoniais às existenciais, de acordo com os valores e princípios constitucionais.[47] Tal perspectiva tem por pressuposto, de forma mais ampla, o estudo das categorias jurídicas em sua dupla vertente, funcional e estrutural, para compreendê-las em sua integridade. Nesse particular, convém destacar os conceitos de função e estrutura especificamente associados aos temas da responsabilidade civil e do enriquecimento sem causa.[48]

Como anota Pietro Perlingieri, estrutura e função enunciam dois questionamentos em relação ao fato jurídico. "O 'como é?' evidencia a estrutura, o 'para que serve?' evidencia a função."[49] Desse modo, a estrutura objetiva descrever a composição dos elementos de determinado objeto, ao passo que a função indica a forma pela qual esses elementos atuam, isto é, o que eles fazem.[50] Deve-se destacar, ainda, que "a função do fato determina a estrutura"[51], ou seja, existe precedência do aspecto funcional dos institutos em face do estrutural. Afinal, "todo e qualquer negócio jurídico tem uma estrutura e uma função. A identificação da função que se pretende alcançar e sua compatibilidade com os valores constitucionais precedem e definem a estrutura a ser utilizada".[52]

---

47. PERLINGIERI, Pietro, *O direito civil na legalidade constitucional*, Rio de Janeiro: Renovar, 2008, p. 672-673. No direito brasileiro, TEPEDINO, Gustavo. A perseverante construção da legalidade constitucional. In: TEPEDINO, Gustavo; SANTOS, Deborah Pereira Pinto dos; PEREIRA, Paula Moura Francesconi de Lemos (Coords.). *Direito Civil Constitucional*: a construção da legalidade constitucional nas relações privadas - Anais do VII Congresso do IBDCivil, São Paulo: Editora Foco, 2021, p. 3-12. Cfr., também KONDER, Carlos Nelson. *Para além da 'principialização' da função social do contrato*. In: *Revista Brasileira de Direito Civil – RBDCivil*, vol. 13, 2017, p. 42, para quem os "institutos, os quais "devem ser compreendidos como instrumentos de realização do projeto constitucional, ou seja, funcionalizados à satisfação dos princípios constitucionais".

48. Sobre o tema, de modo abrangente, remete-se à obra seminal de BOBBIO, Norberto, *Da Estrutura à Função – Novos Estudos de Teoria do Direito* (trad brasileira de Daniela Versiani), São Paulo: Manole, 2007.

49. PERLINGIERI, Pietro. *Perfis do Direito Civil: Introdução ao Direito Civil Constitucional*. Trad. Maria Cristina De Cicco. Rio de Janeiro: Renovar, 1999, p. 94.

50. KONDER, Carlos Nelson. *Para além da 'principialização' da função social do contrato*, cit., p. 40.

51. PERLINGIERI, Pietro. *Manuale di diritto civile*. Napoli: Edizioni Scientifiche Italiane, 2003, p. 74.

52. TEPEDINO, Gustavo, A Perseverante Construção da Legalidade Constitucional. In: TEPEDINO, Gustavo; SANTOS, Deborah; PEREIRA, Paula (Coords.). *Direito Civil Constitucional*: a construção da legalidade constitucional nas relações privadas - Anais do VII Congresso do IBDCivil, São Paulo: Editora Foco, 2022, p. 3, onde se lê ainda: "Servem, assim, a estrutura e a função que lhe justifica, de ponto de partida para a construção da legalidade constitucional. Não será, pois, a estrutura do negócio, ou seja, o *modus operandi* (os dispositivos do Código Civil previstos para determinada tipologia ou

Nesse contexto, costuma-se afirmar que a responsabilidade civil e o enriquecimento sem causa possuem semelhanças quanto às suas respectivas estruturas, tendo em vista que "ambos visam repor um equilíbrio que se rompeu e, nesse sentido, aproximam-se por estarem ligados pela ideia geral de 'reparação', aqui referida em sentido amplo."[53] Tais institutos jurídicos, contudo, comportam distintas funções. A responsabilidade civil se direciona à vítima do dano injusto, com a finalidade de restabelecer a situação em que o lesado se encontrava no momento anterior ao evento danoso, possuindo, portanto, função *reparatória* ou *compensatória*.[54]

Essa função reparatória da responsabilidade civil pode ser diretamente associada ao princípio da reparação integral,[55] expresso no artigo 944 do Código Civil, segundo o qual "a indenização mede-se pela extensão do dano". Afasta-se, assim, da responsabilidade civil qualquer viés punitivo, pois essa figura visa apenas a reparação do dano causado a outrem.[56]

A vedação ao enriquecimento sem causa, ao seu turno, direciona-se à eliminação do acréscimo patrimonial injustificado pelo qual o agente obtém benefícios. Nesse caso, alude-se à função *restitutória*, sendo irrelevante para sua determinação a ocorrência de ato ilícito por parte do que se enriqueceu de forma injusta.[57] Constata-se, assim, que a responsabilidade civil e a vedação ao enriquecimento sem causa possuem diferentes funções.[58]

---

modelo de ato), que definirá a função a ser desempenhada, mas, ao contrário, é a função que se pretende desempenhar que indicará a estrutura a ser utilizada diante de determinado arranjo negocial". Na mesma direção, KONDER, Carlos Nelson. *Para além da 'principialização' da função social do contrato*, cit., p. 42.

53. SAVI, Sérgio. *Responsabilidade civil e enriquecimento sem causa: o lucro da intervenção*. São Paulo: Atlas, 2012, p. 50.
54. Nesse sentido: (i) DIAS, José de Aguiar. *Da responsabilidade civil*. Rio de Janeiro: Renovar, 2006, p. 25; e (ii) SAVI, Sérgio. *Responsabilidade civil e enriquecimento sem causa: o lucro da intervenção*. São Paulo: Atlas, 2012, p. 45.
55. Seja consentido remeter a TEPEDINO, Gustavo. *Princípio da reparação integral e quantificação das perdas e danos derivadas da violação do acordo de acionistas*. In: TEPEDINO, Gustavo. *Soluções práticas*, vol. I. São Paulo: Revista dos Tribunais, 2011, p. 316.
56. TEPEDINO, Gustavo (Coord.) et al. *Código Civil Interpretado: conforme a Constituição da República*, cit., p. 861.
57. GOMES, Júlio Manuel Vieira. *O conceito de enriquecimento, o enriquecimento forçado e os vários paradigmas do enriquecimento sem causa*. Porto: Universidade Católica Portuguesa, 1998, p. 223. Para uma análise contemporânea no direito brasileiro acerca da função restitutória da vedação ao enriquecimento sem causa, v. SILVA, Rodrigo da Guia. *Enriquecimento sem causa: as obrigações restitutórias no direito civil*. São Paulo: Thomson Reuters Brasil, 2018, pp. 102-117; e TERRA, Aline de Miranda Valverde, GUEDES, Gisela Sampaio da Cruz. Revisitando o lucro da intervenção: novas reflexões para antigos problemas. In: *Revista Brasileira de Direito Civil – RBDCivil*, Belo Horizonte, vol. 29, jul./set. 2021, p. 281-305.
58. GUEDES, Gisela Sampaio da Cruz. *Lucros cessantes: do bom-senso ao postulado normativo da razoabilidade*, cit., pp. 203-204. Ainda sobre a distinção funcional entre responsabilidade civil e enriquecimento sem causa, v. também: TERRA, Aline de Miranda Valverde; GUEDES, Gisela Sampaio da Cruz. Considerações acerca da exclusão do lucro ilícito do patrimônio do agente ofensor. In: *Revista da Faculdade de Direito – RFD – UERJ*, n. 28, 2015, pp. 6-7.

Em tal cenário, verifica-se na doutrina o entendimento de que a *compensatio lucri cum damno*, a um só tempo, consistiria em mecanismo com o escopo de "evitar que a vítima enriqueça sem causa" e "efetivar o cumprimento ao comando do princípio da reparação integral".[59] Embora em uma primeira leitura tal conjugação de ideias possa parecer contraditória, por relacionar consequências vinculadas a figuras jurídicas distintas, nada impede que em uma mesma situação fática coexistam pretensões reparatórias e restitutórias. O que leva à reflexão se, ao fim e ao cabo, seria necessário enquadrar a *compensatio lucri cum damno* em uma única categoria, seja na do enriquecimento sem justa causa, seja na responsabilidade civil.

De todo modo, a temática da compensação de vantagens concentra-se prevalentemente na extensão do dano, na dogmática da responsabilidade civil. Busca-se, em geral, restabelecer a vítima à situação em que se encontrava antes da ocorrência do evento danoso e, para isso, computam-se as vantagens auferidas para que a indenização corresponda ao dano efetivo. Isso, porque o artigo 944 do Código Civil não permite que a indenização seja superior ao valor correspondente ao dano. Assim, o princípio da reparação integral não só exige que o dano seja integralmente reparado, como também impede que seja reparado para além da sua extensão.

Para que se configure a *compensatio lucri cum damno* costumam-se enumerar três requisitos, quais sejam: (i) os lucros e os prejuízos devem provir do mesmo fato gerador, (ii) o fato gerador deve ser a causa e não mera ocasião dos benefícios e das desvantagens e (iii) a compensação de vantagens não pode ser excluída por algum princípio determinado.[60]

O primeiro requisito, já mencionado algumas vezes nesse trabalho, exige que os lucros e os prejuízos que repercutem sobre a vítima sejam provenientes do mesmo ato.[61-62] Em outras palavras, é necessário que exista nexo de causalidade entre o

---

59. Nesse sentido, (i) ALDAX, Martín. *Aplicación de la regla "compensatio lucri cum damno" en los supuestos de pérdida de la chance de ayuda económica futura*, in *Lecciones y ensayos*, n. 90, 2012, p. 26; (ii) FERRARI, Mariangela. *La compensatio lucri cum damno come utile strumento di equa riparazione del danno*, cit., p. 32; e (iii) NANNI, Giovanni Ettore. Desconto de proveitos ("compensatio lucri cum damno"). In: PIRES, Fernanda Ivo (Org.). Da estrutura à função da responsabilidade civil: Uma homenagem do Instituto Brasileiro de Estudos de Responsabilidade Civil (IBERC) ao professor Renan Lotufo. São Paulo: Foco, 2021, p. 286.
60. SERPA LOPES, Miguel Maria de. *Curso de Direito Civil: Obrigações*, vol. II, cit., p. 430.
61. Nesse sentido, v. CAVALIERI FILHO, Sergio. *Programa de Responsabilidade Civil*, cit., p. 187; SANSEVERINO, Paulo de Tarso Vieira. *Princípio da Reparação Integral*, cit., p. 49; ORGAZ, Alfredo. *El daño resarcible (actos ilícitos)*, cit., p. 293; LARENZ, Karl. *Derecho de Obligaciones*, cit., p. 204.
62. No TJRJ, entende-se que a *compensatio lucri cum damno* "só é admissível quando, tanto o dano, quanto a vantagem promanam da mesma causa comum" (TJRJ. AC 0000843-45.2005.8.19.0208. Relator: Des. Jose Carlos de Figueiredo. 11ª Câmara Cível. Julgamento em 27.06.2007). Nesse mesmo sentido: (i) TJRJ. AC 0002101-63.2001.8.19.0036. Relator: Des. José Carlos de Figueiredo. 11ª Câmara Cível. Julgamento em 09.03.2006; (ii) TJRJ. AC 0009998-90.2001.8.19.0021. Relator: Des. José Carlos de Figueiredo. 11ª

evento danoso ou a perda patrimonial e os benefícios e as desvantagens; a origem causal deve ser uma, ao passo que dano e vantagem são elementos distintos.[63]

Neste ponto, vale destacar entendimento consolidado no Superior Tribunal de Justiça, segundo o qual não é possível compensar o benefício previdenciário recebido pela vítima com o pensionamento, uma vez que a diferença entre as causas de concessão de cada uma das pensões afasta a incidência da *compensatio lucri cum damno*.[64] No âmbito do Tribunal de Justiça do Estado do Rio de Janeiro, o mesmo raciocínio é utilizado não só em matéria de benefício previdenciário, como também de seguros pessoais, aposentadorias e outros rendimentos da vítima.[65]

Ainda sobre a necessidade de relação causal, destaca-se que "quem alega que há pré-diminuição a ser atendida no cômputo do dano, tem de provar que houve a vantagem e que é o caso para se considerar elemento negativo do cálculo".[66] Dessa forma, quanto ao ônus da prova, incumbe ao réu "comprovar o fato impeditivo, modificativo ou extintivo do pleito perseguido pelo autor, a fim de descontar do montante indenizatório o proveito por ele auferido".[67]

O segundo requisito, por sua vez, implica a necessidade de que o mesmo fato gerador seja a *causa* dos prejuízos e das vantagens que deverão ser computadas, e não apenas a *ocasião* em que surgem.[68] Para ilustrar esse requisito, imagine-se a seguinte situação: uma pessoa é vítima de determinado evento lesivo e, enquanto aguarda a resposta do Poder Judiciário, vem recebendo de instituições filantrópicas auxílio com doações e donativos. Percebe-se que, nessa hipótese, o evento danoso foi a ocasião em que tais vantagens surgiram para a vítima, não se consubstanciando, entretanto, na causa, no fato gerador dos benefícios.[69] Por

---

Câmara Cível. Julgamento em 26.05.2004; e (iii) TJRJ. AC 0126189-55.1999.8.19.0001. Relator: Des. José Carlos de Figueiredo. 11ª Câmara Cível. Julgamento em 21.01.2004.

63. A ressalva foi feita por PONTES DE MIRANDA, Francisco Cavalcanti. *Tratado de Direito Privado: Direito das Obrigações*, t. XXVI, cit., p. 136: "Unidade há, porém no fato ilícito; as consequências, dano e vantagem, são distintos."
64. Nesse sentido: (i) STJ. REsp 373.843/RJ. Relator: Min. Aldir Passarinho Junior. 4ª Turma. Julgamento em 07.11.2006. DJ em 11.12.2006; (ii) STJ. AgRg no AREsp 541.568/RS. Relator: Min. Ricardo Villas Bôas Cueva. 3ª Turma. Julgamento em 22.09.2015. DJ em 30.09.2015; (iii) STJ. REsp 1.525.356/RJ. Relator: Min. Raul Araújo. 4ª Turma. Julgamento em 17.09.2015. DJ em 02.12.2015; e (iv) STJ. AgRg no REsp 1.389.254/ES. Relator: Min. Paulo de Tarso Sanseverino. 3ª Turma. Julgamento em 14.04.2015. DJ em 17.04.2015. Do mesmo modo, no TJRJ: (i) TJRJ. AR 0013406-45.2007.8.19.0000. Relator: Des. Nametala Machado. Órgão Especial. Julgamento em 22.11.2010; e (ii) TJRJ. AC 0010568-71.2004.8.19.0021. Relatora: Des. Nametala Machado Jorge. 13ª Câmara Cível. Julgamento em 12.03.2008.
65. Nessa direção: (i) TJRJ. AC 0001123-88.2006.8.19.0205. Relator: Des. Sergio Cavalieri Filho. 13ª Câmara Cível. Julgamento em 29.04.2009; e (ii) TJRJ. AC 0003004-13.2000.8.19.0205. Relator: Des. Henrique Alberto Magalhaes de Almeida Neto. 3ª Câmara Cível. Julgamento em 15.03.2005
66. NANNI, Giovanni Ettore. *Desconto de proveitos ("compensatio lucri cum damno")*, cit., p. 288.
67. NANNI, Giovanni Ettore. *Desconto de proveitos ("compensatio lucri cum damno")*, cit., p. 288.
68. SERPA LOPES, Miguel Maria de. *Curso de Direito Civil: Obrigações*, vol. II, cit., p. 430.
69. MESQUITA, Euclides de. A compensação e a responsabilidade extracontratual. In: *Revista da Faculdade de Direito UFPR*, vol. 13, pp. 145-153, 1970, p. 150.

isso, não se justificaria a imputação das vantagens para a apuração dos prejuízos gerados pelo evento danoso.[70]

Quanto ao terceiro requisito, pode-se cogitar do princípio *propriam turpitudinem allegans non est audiendus*, pelo qual "ninguém pode aproveitar-se do próprio dolo por não se compadecer com o direito e a equidade a intenção de lesar alguém."[71] Imagine-se a seguinte situação: o vendedor de pão contrata panificador, fornece-lhe determinada quantidade de massa de trigo para a confecção de pães e combina a contraprestação. O panificador, porém, pouco a pouco, vai subtraindo pequenas quantidades da massa, até alcançar o montante de cinco quilos.

Após descobrir o ato, o vendedor de pão recorre ao poder judiciário com o propósito de ser ressarcido pela massa furtada. O panificador, ao seu turno, argumenta que o vendedor de pão não sofrera dano algum, pois vendeu os pães pelo preço normal, independentemente da massa furtada. Nota-se que não houve, quantitativamente, prejuízo para o vendedor de pão. Contudo, devido a essa intervenção indevida em seu patrimônio, a solução do caso foi no sentido de que o panificador deveria pagar a indenização.[72]

Configurados, assim, os requisitos de ocorrência da *compensatio lucri cum damno* restará como efeito, a fim de concretizar o princípio da reparação integral ou da vedação do enriquecimentos sem causa, o cômputo das vantagens auferidas *vis à vis* do prejuízo sofrido pela vítima em decorrência do mesmo evento danoso ou intervenção patrimonial.[73] Dessa forma, no momento de definição do *quantum indenizatório* deverá ser levado em consideração o benefício que a vítima venha a obter, em decorrência do mesmo fato gerador.

4. *COMPENSATIO LUCRI CUM DAMNO* E O CÓDIGO CIVIL BRASILEIRO

Diversos exemplos acadêmicos ilustram a *compensatio lucri cum damno*. "Uma pessoa destrói a casa de outrem e o proprietário encontra numa parede um tesouro", "uma obra prejudica ilicitamente o acesso e a utilização de um estabelecimento comercial, mas aumenta a clientela de outra loja do mesmo proprietário" ou, dentre outros, "um rebanho pasta ilicitamente num terreno alheio, destruindo arbustos, mas deixa nele estrume que o fertiliza."[74]

---

70. ORGAZ, Alfredo. *El daño resarcible (actos ilícitos)*, cit., p. 204.
71. MESQUITA, Euclides de. *A compensação e a responsabilidade extracontratual*, cit., p. 151.
72. MESQUITA, Euclides de. *A compensação e a responsabilidade extracontratual*, cit., p. 151 e pp. 152-153.
73. PONTES DE MIRANDA, Francisco Cavalcanti *Tratado de Direito Privado: Direito das Obrigações*, cit., p. 136.
74. Esses e outros exemplos são elencados por PINTO, Paulo Mota. *Interesse contratual negativo e interesse contratual positivo*, vol. I, cit., p. 710. Para a análise de outras hipóteses teóricas, v. TUHR, Andreas von. *Tratado de las obligaciones*, cit., pp. 59-60.

Para além de questões teóricas, há que se perquirir, especificamente no âmbito do Código Civil brasileiro, aplicações da *compensatio lucri cum damno*, que permitam construir a disciplina atual de tal categoria. Diferentemente do Código Civil holandês, a codificação brasileira não conta com previsão legal expressa que reconheça a *compensatio lucri cum damno*. Tal circunstância não exclui, contudo, a possibilidade de se identificar no ordenamento jurídico pátrio dispositivos que não só se enquadram nos requisitos da compensação de benefícios, como permitem obter a adoção de sua construção teórica.

Para isso, mostra-se útil invocar os artigos 1.289 e 1.292 codificados.[75] O artigo 1.289 dispõe: "[q]*uando as águas, artificialmente levadas ao prédio superior, ou aí colhidas, correrem dele para o inferior, poderá o dono deste reclamar que se desviem, ou se lhe indenize o prejuízo que sofrer.*" E seu parágrafo único ressalta que da indenização "*será deduzido o valor do benefício obtido.*"

Esse dispositivo, que reproduz preceito contido no art. 564 do Código Civil de 1916, trata das hipóteses em que as águas são "artificialmente levadas ao prédio superior", ou seja, "não teriam ido parar no terreno superior se não fosse a intervenção do homem, se não fosse obra sua, buscando-as *aliunde* ou haurindo-se no próprio subsolo de seu terreno, visando naturalmente algum fim industrial ou útil."[76] Desse modo, tendo em vista que a ação humana ocasiona a depreciação do prédio inferior, não seria razoável imaginar que o dano não pudesse ser ressarcido.[77] A dicção do parágrafo único, entretanto, mostra-se relevante para o presente estudo, por estabelecer que "da indenização será deduzido o valor do *benefício* obtido". É sabido que a água é bem de estimado valor. Por isso, não é difícil cogitar de hipóteses nas quais, apesar dos danos gerados pelo escoamento da água do prédio superior, o prédio inferior seja beneficiado com mais uma fonte de água.[78] Sendo assim, esses proveitos e danos, "uns e outros se compensam até o limite do benefício, sem afetar o dever da reparação."[79]

Não há fundamento uno invocado pela doutrina com o escopo de justificar essa previsão do parágrafo único do artigo 1.289 do Código Civil. Alude-se a

---

75. Sobre a análise desses dispositivos à luz da regra da *compensatio lucri cum damno*, seja consentido remeter a SILVA, Jeniffer Gomes. *Compensatio lucri cum damno*: qualificação e aplicabilidade no direito brasileiro. In: *Revista de direito da responsabilidade*, a. 2, 2020, p. 714-716.
76. SANTOS, J. M. de Carvalhos. *Código Civil Brasileiro Interpretado: principalmente sob o ponto de vista prático*, vol. VIII, Rio de Janeiro: Freitas Bastos, 1950, p. 62.
77. BEVILAQUA, Clovis. *Código Civil dos Estados Unidos do Brasil Comentado*, vol. III. Rio de Janeiro: Editora Paulo de Azevedo, 1950, p. 106.
78. VIANA, Marco Aurelio da Silva. *Comentários ao novo código civil: dos direitos reais*. In: TEIXEIRA, Sálvio de Figueiredo (Org.). *Comentários ao novo Código Civil*, vol. XVI. Rio de Janeiro: Forense, 2004, pp. 260-261.
79. FACHIN, Luiz Edson. *Comentários ao Código Civil: Do Direito das Coisa*. In: AZEVEDO, Antônio Junqueira de (Coord.). *Comentários ao Código Civil*, vol. 15. São Paulo: Saraiva, 2003, p. 104.

possível tentativa de evitar "enriquecimento ilícito"[80] por parte do dono do prédio inferior, bem como ao atendimento de questão de "justiça" e "equidade", "compensando-se os ônus e as vantagens advindos da nova situação artificialmente criada pelas águas remanescentes do prédio superior."[81] Destaca-se, ainda, que eventual benefício deve ser comprovado[82] e que essa vantagem pode até mesmo superar quantitativamente os prejuízos.[83]

Nesse contexto, o artigo 1.292 do Código Civil segue lógica semelhante ao dispor que o proprietário *"tem direito de construir barragens, açudes ou outras obras para represamento de água em seu prédio; se as águas represadas invadirem prédio alheio, será o seu proprietário indenizado pelo dano sofrido, deduzido o valor do benefício obtido."* Esse dispositivo não encontra correspondente na codificação civil de 1916 e visa esclarecer que, em que pese a existência do direito de construção de barragens, dentre outros, para o represamento de água, não se exclui o dever reparatório proveniente de danos na hipótese em que as águas represadas invadem prédio vizinho.[84] O artigo também conta com a expressão "dedução do *benefício* obtido", com cuja análise de fundamento jurídico não se preocupou a doutrina.

Como já demonstrado nesse trabalho, a *compensatio lucri cum damno* atua, preponderantemente, no âmbito da responsabilidade civil, justamente como instrumento de realização da reparação integral, pois nos casos em que o evento danoso gera, ao lado dos prejuízos, vantagens para a vítima, esse benefício deve ser computado para que se alcance o princípio da reparação integral. Já na ampliação do espectro da vedação do enriquecimento sem causa, autoriza a dedução dos benefícios auferidos à vítima pela intervenção patrimonial que lhe foi imputada, destituída de título justificativo. Diante disso, os artigos 1.289 e 1.292 do Código Civil representam hipóteses em que o mesmo evento – no primeiro caso o transporte artificial de águas e no segundo, a construção de barragens – gera para o vizinho alguma vantagem. Esse benefício, portanto, deve ser abatido, como estabelecem os dispositivos, e sua fundamentação teórica se encontra respaldada na compensação de vantagens. Com efeito, verifica-se o enorme potencial interpretativo oferecido pelos dispositivos. Tratando-se de responsabilidade civil, notadamente no plano da liquidação de danos, pode-se considerar incorporado à codificação civil

---

80. VIANA, Marco Aurelio da Silva. *Comentários ao novo código civil: dos direitos reais*, cit., p. 261.
81. MEIRELES, Hely Lopes. *Direito de construir*, São Paulo: Malheiros, 2011, p. 71.
82. VENOSA, Sílvio de Salvo. *Código Civil Comentado*. In: AZEVEDO, Álvaro Villaça (Coord.). *Código Civil Comentado*, vol. XII. São Paulo: Atlas, 2003, p. 368.
83. GERAIGE NETO, Zaiden. *Comentários ao Código Civil Brasileiro: da propriedade, da superfície e da servidão*. In: ALVIM, Arruda; THEREZA, Alvim. *Comentários ao Código Civil Brasileiro*, Rio de Janeiro: Forense, 2004, p. 43.
84. Seja consentido remeter a TEPEDINO, Gustavo (Coord.) et al. *Código Civil Interpretado: conforme a Constituição da República*, cit., p. 625.

brasileira esse relevante aspecto do princípio da reparação integral que, ao exigir que todo dano injusto seja reparado, pretende ao mesmo tempo circunscrevê-lo à função que lhe é própria, visando ao retorno do *status quo* anterior ao evento danoso. Além disso, projeta-se também no espectro de incidência do princípio da proibição do enriquecimento sem causa, fiel à sua função de impedir transferências ou intervenções patrimoniais sem título justificativo, seja do patrimônio da vítima ao interventor, seja deste para aquele.

5. CONSIDERAÇÕES FINAIS

Como se viu, o direito brasileiro absorveu o adágio latino representado pela *compensatio lucri cum damno*, aplicado às hipóteses em que a vítima aufere lucro em razão do mesmo evento que lhe ocasionou o dano, ou lhe extraiu valor patrimonial, sendo necessário o abatimento do benefício para fins de quantificação da indenização.

Nesse contexto, procurou-se delimitar o espectro de incidência da compensação de benefícios, buscando-se compreender seu conceito e seu enquadramento dogmático no direito brasileiro, a partir de sua contextualização histórica e nas experiências jurídicas estrangeiras.

Mediante a análise de seu perfil funcional, distinguiram-se os institutos da responsabilidade civil e da vedação ao enriquecimento sem causa, com o escopo de esclarecer que, no âmbito da *compensatio lucri cum damno*, torna-se possível invocar tal figura em uma mesma situação fática, em que coexistam pretensões reparatórias e restitutórias. Percebe-se, nessa esteira, que a problemática da compensação de vantagens, na temática da responsabilidade civil, circunscreve-se à extensão do dano, com a busca do restabelecimento da vítima à situação em que se encontrava antes da ocorrência do evento danoso, sendo necessário computar as vantagens auferidas para que a indenização corresponda ao dano efetivo. Por isso mesmo, os requisitos de aplicabilidade da compensação de vantagens convergem para o mesmo efeito, qual seja, o cômputo das vantagens auferidas pela vítima em decorrência do evento lesivo no momento da determinação do *quantum* indenizatório.

Estabelecidos os contornos e requisitos, bem como sua absorção no direito brasileiro, procurou-se demonstrar como o Código Civil abriga a *compensatio lucri cum damno*, mediante hipóteses concretas de sua incidência. Destacam-se, nesta direção, os artigos 1.289 e 1.292 do Código Civil, que abrem caminho, do ponto de vista principiológico, para a ampliação de sua utilização nas doutrinas da responsabilidade civil e da proibição do enriquecimento sem causa, examinadas de forma harmônica e sistemática na legalidade constitucional.

6. REFERÊNCIAS BIBLIOGRÁFICAS

ALDAX, Martín. Aplicación de la regla "compensatio lucri cum damno" en los supuestos de pérdida de la chance de ayuda económica futura. In: *Lecciones y ensayos*, n. 90, 2012.

BEVILÁQUA, Clóvis. *Direito das Obrigações*. Rio de Janeiro: Freitas Bastos, 1940.

BEVILÁQUA, Clóvis. *Código Civil dos Estados Unidos do Brasil Comentado*, vol. III. Rio de Janeiro: Editora Paulo de Azevedo, 1950.

BIANCA, Cesare Massimo. *Diritto Civile*, vol. 5. Milano: Giuffrè, 1995.

CARBONNIER, Jean. *Droit civil: Les biens. Les obligations*, vol. 2. Paris: Quadrige, 2004.

CAVALIERI FILHO, Sergio. *Programa de Responsabilidade Civil*. São Paulo: Atlas, 2015.

CIAN, Giorgio; TRABUCCHI, Alberto. *Commentario breve al Codice Civile*, Padova: Cedam, 1988.

CUPIS, Adriano de. *Il danno*: teoria generale della responsabilità civile, vol. I. Milano: Giuffrè, 1979.

DEMOGUE, René. *Traité des obligations en general*: sources des obligations, vol. I, t. IV. Paris: Librairie Arthur Rousseau, 1924.

DIAS, José de Aguiar. *Da responsabilidade civil*. Rio de Janeiro: Renovar, 2006.

FACHIN, Luiz Edson. Comentários ao Código Civil: do direito das coisas. In: AZEVEDO, Antônio Junqueira de (Coord.). *Comentários ao Código Civil*, vol. 15. São Paulo: Saraiva, 2003.

FERRARI, Mariangela. *La compensatio lucri cum damno come utile strumento di equa riparazione del danno*. Milano: Giuffrè, 2008.

FISCHER, Hans Albrecht. *A reparação dos danos no Direito Civil*, trad. António de Arruda Ferrer Correia. São Paulo: Saraiva, 1938.

FRANZONI, MASSIMO. *Trattato della responsabilità civile: Il danno rissarcibile*, vol. II. Milano: Giuffrè, 2010.

GERAIGE NETO, Zaiden. Comentários ao Código Civil Brasileiro: da propriedade, da superfície e da servidão. In: ALVIM, Arruda; THEREZA, Alvim. *Comentários ao Código Civil Brasileiro*, Rio de Janeiro: Forense, 2004.

GOMES, Júlio Manuel Vieira. *O conceito de enriquecimento, o enriquecimento forçado e os vários paradigmas do enriquecimento sem causa*. Porto: Universidade Católica Portuguesa, 1998.

GOMES, Orlando. Tendências modernas na teoria da responsabilidade civil. In: FRANCESCO, José Roberto Pacheco Di (Coord.). *Estudos em homenagem ao professor Silvio Rodrigues*. São Paulo: Saraiva, 1989.

GUEDES, Gisela Sampaio da Cruz. *Lucros Cessantes: Do Bom-senso ao Postulado Normativo da Razoabilidade*. São Paulo: Revista dos Tribunais, 2011.

IZZO, Umberto. *La giustizia del beneficio*: Fra responsabilità civile e welfare del danneggiato. Trento: Università degli Studi di Trento, 2018.

KONDER, Carlos Nelson. Para além da 'principialização' da função social do contrato. In: *Revista Brasileira de Direito Civil – RBDCivil*, vol. 13, 2017.

KRÜGER, Wolfgang (Org.). *Münchener Kommentar zum Bürgerlichen Gesetzbuch*. München: C. H. Beck, 2012.

LARENZ, Karl. *Derecho de Obligaciones*, t. I. Madrid: Revista de Derecho Privado, 1958.

MAGNUS, Ulrich. "Vorteilsausgleichung" – a typical German institute of the law of damages?. In: DIJK, Chris Van; MAGNUS, Ulrich. *Voordeelstoerekening naar Duits en Nederlands recht*. Alphen aan den Rijn: Wolters Kluwer Nederland, 2015.

MARINONI, Luiz Guilherme. Tutela ressarcitória na forma específica. In: *Revista Ius Dictum*, jan.-maio/2020.

MAZEAUD, Henri; MAZEAUD, Léon e TUNC, André. *Traité Théorique et Pratique de la Responsabilité Civile: délictuelle et contractuelle*, t. III. Paris: Montchrestien, 1960.

MEIRELES, Hely Lopes. *Direito de construir*, São Paulo: Malheiros, 2011.

MONTEIRO FILHO, Carlos Edison do Rêgo. Limites ao princípio da reparação integral no direito brasileiro. In: *Civilistica.com*, a. 7, n. 1, 2018.

MONTENEGRO, Antonio Lindbergh C. *Ressarcimento de danos*. Rio de Janeiro: Lumen Juris, 2005.

NANNI, Giovanni Ettore. Desconto de proveitos ("compensatio lucri cum damno"). In: PIRES, Fernanda Ivo (Org.). *Da estrutura à função da responsabilidade civil*: Uma homenagem do Instituto Brasileiro de Estudos de Responsabilidade Civil (IBERC) ao professor Renan Lotufo. São Paulo: Foco, 2021.

ORGAZ, Alfredo. *El daño resarcible (actos ilícitos)*. Buenos Aires: Editorial Bibliografica Argentina, 1952.

PERLINGIERI, Pietro. *Perfis do Direito Civil: Introdução ao Direito Civil Constitucional*. Trad. Maria Cristina De Cicco. Rio de Janeiro: Renovar, 1999.

PERLINGIERI, Pietro. *Manuale di diritto civile*. Napoli: Edizioni Scientifiche Italiane, 2003.

PERLINGIERI, Pietro. *O direito civil na legalidade constitucional*. Rio de Janeiro: Renovar, 2008.

PINTO, Paulo Mota. *Interesse contratual negativo e interesse contratual positivo*, vol. II. Coimbra: Coimbra editora, 2008.

PONTES DE MIRANDA, Francisco Cavalcanti. *Tratado de Direito Privado*, t. XXII. Rio de Janeiro: Borsoi, 1958.

PONTES DE MIRANDA, Francisco Cavalcanti. *Tratado de Direito Privado: Direito das Obrigações*, t. XXVI. São Paulo: Revista dos Tribunais, 2012.

PRÜTTING, Hanns; WEGEN, Gerhard; WEINREICH, Gerd (Orgs.). *BGB Kommentar*. Köln: Luchterhand, 2013.

RIZZARDO, Arnoldo. *Contratos*. Rio de Janeiro: Forense, 2015.

SANSEVERINO, Paulo de Tarso Vieira. *Princípio da reparação integral*: indenização no Código Civil. São Paulo: Saraiva, 2010.

SANTOS, J. M. de Carvalhos. *Código Civil Brasileiro Interpretado*: principalmente sob o ponto de vista prático, vol. VIII, Rio de Janeiro: Freitas Bastos, 1950.

SAVI, Sérgio. *Responsabilidade civil e enriquecimento sem causa*: o lucro da intervenção. São Paulo: Atlas, 2012.

SERPA LOPES, Miguel Maria de. *Curso de Direito Civil*: Obrigações, vol. II. Rio de Janeiro: Freitas Bastos, 1995.

SILVA, Jeniffer Gomes. Compensatio lucri cum damno: qualificação e aplicabilidade no direito brasileiro. In: *Revista de direito da responsabilidade*, a. 2, 2020.

SILVA, Margarida Laires Cortes Figueiredo da. *Compensatio lucri cum damno*: uma apreciação da jurisprudência portuguesa. Dissertação de Mestrado. Lisboa: Universidade Católica Portuguesa, 2019.

SILVA, Rafael Petefi da; LUIZ, Fernando Vieira. A compensatio lucri cum damno: contornos essenciais do instituto e a necessidade de sua revisão nos casos de benefícios previdenciários. In: *Revista de Direito Civil contemporâneo*, vol. 13, a. 4, pp. 281-312, out.-dez./2017.

SILVA, Rodrigo da Guia. A regra de compensação de vantagens com prejuízos (compensatio lucri cum damno) no direito brasileiro. In: SOUZA, Eduardo Nunes de; SILVA, Rodrigo da Guia (Orgs.). *Controvérsias atuais em responsabilidade civil*: estudos de direito civil-constitucional. São Paulo: Almedina, 2018.

SILVA, Rodrigo da Guia (Orgs.). *Compensatio lucri cum damno* no direito brasileiro: estudo a partir da jurisprudência do Superior Tribunal de Justiça sobre o pagamento do DPVAT. In: *Revista Brasileira de Direito Civil – RBDCivil*, Belo Horizonte, vol. 16, abr./jun. 2018.

SILVA, Rodrigo da Guia (Orgs.). *Enriquecimento sem causa: as obrigações restitutórias no direito civil*. São Paulo: Thomson Reuters Brasil, 2018.

TEPEDINO, Gustavo. *Princípio da reparação integral e quantificação das perdas e danos derivados da violação do acordo de acionistas*. In: TEPEDINO, Gustavo. *Soluções práticas*, vol. I. São Paulo: Revista dos Tribunais, 2011.

TEPEDINO, Gustavo et al. *Código Civil Interpretado: conforme a Constituição da República*, vol. II. Rio de Janeiro: Renovar, 2012.

TEPEDINO, Gustavo. Atividade interpretativa e o papel da doutrina e da jurisprudência, Editorial. In: *Revista Brasileira de Direito Civil – RBDCivil*, vol. 2, jul./set. 2014.

TEPEDINO, Gustavo. O art. 931 do Código Civil e a antijuridicidade do dano injusto. Editorial. In: *Revista Brasileira de Direito Civil – RBDCivil*, Belo Horizonte, vol. 22, out./dez. 2019.

TEPEDINO, Gustavo. A perseverante construção da legalidade constitucional. In: TEPEDINO, Gustavo; SANTOS, Deborah Pereira Pinto dos; PEREIRA, Paula Moura Francesconi de Lemos (Coords.). *Direito Civil Constitucional*: a construção da legalidade constitucional nas relações privadas – Anais do VII Congresso do IBDCivil, São Paulo: Editora Foco, 2021.

TERRA, Aline de Miranda Valverde; GUEDES, Gisela Sampaio da Cruz. *Considerações acerca da exclusão do lucro ilícito do patrimônio do agente ofensor*. In: *Revista da Faculdade de Direito – RFD – UERJ*, n. 28, 2015.

TERRA, Aline de Miranda Valverde, GUEDES, Gisela Sampaio da Cruz. Revisitando o lucro da intervenção: novas reflexões para antigos problemas. In: *Revista Brasileira de Direito Civil – RBDCivil*, Belo Horizonte, vol. 29, jul./set. 2021.

TRIMARCHI, Pietro. *La responsabilità civile*: atti illeciti, rischio, danno. Milano: Giuffrè, 2017.

TUHR, Andreas von. *Tratado de las obligaciones*, Trad. W. Roces. Granada: Comares, 2007.

VENOSA, Sílvio de Salvo. Código Civil Comentado. In: AZEVEDO, Álvaro Villaça (Coord.). *Código Civil Comentado*, vol. XII. São Paulo: Atlas, 2003.

VIANA, Marco Aurelio da Silva. Comentários ao novo código civil: dos direitos reais. In: TEIXEIRA, Sálvio de Figueiredo (Org.). *Comentários ao novo Código Civil*, vol. XVI. Rio de Janeiro: Forense, 2004.

VILLA, Gianroberto. *Danno e ressarcimento contrattuale*. Milano: Giuffrè, 2014.

WEIDLICH, Dietmar (Org.). *Beck'sche Kurz-Kommentare Palandt Bürgerliches Gesetzbuch*. München: C. H. Beck, 2013.

LIBERDADE TESTAMENTÁRIA E MANIFESTAÇÃO DE VONTADE EM MEIO ELETRÔNICO: NOVOS CONTORNOS 20 ANOS DEPOIS DA PROMULGAÇÃO DO CÓDIGO CIVIL DE 2002

José Luiz de Moura Faleiros Júnior

Doutorando em Direito Civil pela Universidade de São Paulo – USP/Largo de São Francisco. Doutorando em Direito, na área de estudo 'Direito, Tecnologia e Inovação', pela Universidade Federal de Minas Gerais – UFMG. Mestre e Bacharel em Direito pela Universidade Federal de Uberlândia – UFU. Especialista em Direito Digital, em Direito Civil e Empresarial. Associado do Instituto Avançado de Proteção de Dados – IAPD. Membro do Instituto Brasileiro de Estudos de Responsabilidade Civil – IBERC. Advogado e Professor.

Sumário: 1. Introdução – 2. Novas tecnologias, fluxos informacionais incessantes e a vontade – 3. A manifestação de vontade em meio eletrônico: é necessária uma reforma? – 4. Uma proposta de revisão pontual: a segurança jurídica e as assinaturas eletrônicas – 5. Considerações finais – 6. Referências.

1. INTRODUÇÃO

O paradigma do papel, há tempos debatido pela doutrina especializada como um desafio a ser superado na evolução da transformação digital rumo a uma sociedade *paperless*, atingiu novo patamar de repercussão, no Brasil, entre os anos de 2020 e 2021. Em termos estatísticos, já se constatou o crescimento exponencial da prática de atos notariais eletrônicos, especialmente testamentos, por sistemas tecnológicos que se valem da Internet, de comunicação audiovisual e de criptografia para instrumentalizar a manifestação de vontade, expressada pelo cidadão, até o tabelião ou registrador – que goza de fé pública –, para que o ato notarial respectivo, ao invés de ser lavrado nos moldes tradicionais, o seja em meio eletrônico. Esse fenômeno transformador vem sendo atribuído às consequências da pandemia de SARS-CoV-2 (Covid-19), que eclodiu no ano de 2020.

Como forma de garantir o atendimento a demandas variadas e, ainda, para viabilizar a continuidade do atendimento ao público pelas serventias extrajudiciais, com a esperada segurança jurídica, o Conselho Nacional de Justiça editou, em 26 de maio de 2020, seu Provimento 100, que implementou o sistema "e-Notariado" no Brasil. A partir dele, várias mudanças estruturais passaram a nortear a célere transformação digital de cartórios e tabelionatos brasileiros, sem que houvesse, contudo, efetiva reforma do Código Civil.

Partindo dessa justificativa, o presente estudo explorará o tema-problema narrado, considerando a necessidade ou não de reforma legislativa específica, para que alguns dos implementos desvelados pelo inovador sistema "e-Notariado" não padeçam de eventual nulidade de forma, em decorrência do meio adotado para a instrumentalização da vontade.

A hipótese versada é a de que, embora desejável, uma reforma legislativa específica aos dispositivos do Código Civil não é indispensável para a continuidade das atividades já iniciadas pelo sistema "e-Notariado", com segurança e eficiência, ainda que seja evidente a possibilidade de aprimorá-lo.

A pesquisa, em termos metodológicos, se baseará no método indutivo, partindo de averiguação específica de nuances estruturais do referido sistema, para atingir o plano mais abstrato da própria lei e de uma possível reforma. Ao final, uma conclusão será apresentada, no intuito de indicar os resultados obtidos com a pesquisa, e uma proposta de revisão específica será exposta, com o objetivo de recrudescer o modelo já existente e em operação no país para lavratura de atos notariais eletrônicos.

2. NOVAS TECNOLOGIAS, FLUXOS INFORMACIONAIS INCESSANTES E A VONTADE

As Tecnologias da Informação e Comunicação (TICs) já provocaram uma revolução: "não há dúvida de que informações estão sendo geradas agora, mais do que nunca. Não há dúvida também de que o mecanismo para gerar essas informações, armazená-las, recuperá-las, processá-las e divulgá-las é de qualidade e caráter nunca antes disponíveis".[1] Insofismavelmente, a Internet propiciou a exploração das estruturas sociais emergentes nos domínios da atividade e da experiência humanas[2] e a liberdade testamentária tem sido diretamente impactada pela pujança da transformação digital, inclusive pelo fato de ser o testamento, essencialmente, um instrumento de comunicação entre a pessoa falecida e as que ficaram.[3]

Se, no Brasil, a doutrina aponta fatores que causam verdadeira 'fuga dos testamentos', como os custos tributários e a ampla oferta de instrumentos alternativos para o planejamento sucessório, a exemplo dos seguros de vida, dos *trusts*

---

1. SCHILLER, Herbert I. The communications revolution: who benefits? *Media Development*, Nova York, v. 30, n. 4, 1983. p. 18-20.
2. BERNERS-LEE, Tim. Long live the web. *Scientific American*, Nova York, v. 303, n. 6, p. 80-85, 2010. p. 80.
3. ANDRADE, Gustavo Henrique Baptista. *O direito de herança e a liberdade de testar*: um estudo comparado entre os sistemas jurídicos brasileiro e inglês. Belo Horizonte: Fórum, 2019. p. 75.

e *holdings*[4], nos Estados Unidos da América, pela maior abertura à lavratura de testamentos particulares, há tempos já se tem notícias de iniciativas tecnológicas, como o sistema *Willing.com*, que se propõe a viabilizar a lavratura de testamento particular eletrônico (inclusive o *living will*) em poucos minutos, de forma virtual.[5]

Outras iniciativas semelhantes, como *Quicken WillMaker & Trust, Rocket Lawyer, LawDepot, LegalZoom, Do Your Own Will, TotalLegal* e *US Legal Wills* são exemplos de outros competidores que passaram a explorar esse novo mercado, oferecendo opções, como alterações simplificadas dos termos, suporte advocatício virtual, compatibilidade com *smartphones* e até gratuidade.[6]

Nos sistemas jurídicos europeus e sul-americanos, não se nota tamanha abertura, quiçá pela maior propensão cultural à lavratura de testamentos públicos. No Brasil, o testamento é, em linhas gerais, ato formal, porquanto sua validade depende da adoção de forma prevista em lei. Também é negócio jurídico gratuito e que configura uma liberalidade, não sendo possível combinar requisitos de diversas formas testamentárias, embora se saiba, há tempos, que não há hierarquia entre as formas testamentárias previstas na lei [7], de modo que cada espécie tem igual valor.[7]

O testamento público é o que se celebra perante tabelião de notas, na presença de duas testemunhas (artigo 1.864 e seguintes do Código Civil), e, uma vez celebrado, lavra-se escritura pública, que é inscrita no livro respectivo do Cartório de Notas. Aberta a sucessão, qualquer interessado, exibindo o traslado ou a certidão de testamento público, pode querer ao juiz que ordene seu cumprimento (artigo 736 do Código de Processo Civil).

Por sua vez, o testamento cerrado é ato jurídico complexo, que pressupõe dois momentos: primeiramente, o testador elabora a cédula testamentária; posteriormente, o tabelião aprova dita cédula em momento solene, que deve contar com a presença de duas testemunhas (artigos 1.868 e seguintes do CC); isso feito, é lançado no Livro de Notas um auto de aprovação do testamento; e, com o falecimento do testador, designa-se audiência para sua abertura, cabendo ao juiz

---

4. RIBAS, Felipe; SCHREIBER, Anderson. A fuga do testamento. In: TEIXEIRA, Ana Carolina Brochado; NEVARES, Ana Luiza Maia (Coord.). *Direito das sucessões*: problemas e tendências. Indaiatuba: Foco, 2022. p. 271-282.
5. LALLEY, Colin. Willing.com review: Should you write your will online? *Policy Genius*, 2 dez. 2015. Disponível em: https://www.policygenius.com/blog/willing-review-should-you-write-your-will-online/. Acesso em: 15 maio 2022.
6. LAKE, Rebecca. The 8 Best Online Will Makers of 2020: Creating a will online isn't as difficult as you might think. *TheBalance.com*, 21 maio 2020. Disponível em: https://www.thebalance.com/best-online-will-makers-4580500. Acesso em: 15 maio 2022.
7. MALUF, Carlos Alberto Dabus; MALUF, Adriana Caldas do Rego Freitas Dabus. *Curso de direito das sucessões*. São Paulo: Saraiva, 2013. p. 75.

determinar-lhe o cumprimento, caso não haja vícios externos (artigo 1.875 do CC; artigo 735 do CPC).

Enfim, o testamento particular é aquele escrito de próprio punho ou mediante processo mecânico, com papel e caneta. É feito pelo próprio testador, na presença de, ao menos, três testemunhas, que assinam o testamento com o testador (artigos 1.876 e seguintes do CC). Em caso de óbito, exige-se das testemunhas a confirmação, em juízo, da lavratura do ato (artigos 1.880, 1.877 e 1.878 do CC).

De se destacar, nesse contexto, que o Colégio Notarial do Brasil já adota, há anos, um sistema cadastral centralizado para o armazenamento dessa espécie de ato notarial, chamado Registro Central de Testamentos On-Line – RCT-O.[8]

Com a eclosão da pandemia desencadeada pela Covid-19, no Brasil, várias reformas estruturais passaram a ser almejadas[9], e o ano de 2020 foi de muita movimentação em torno da viabilização de mecanismos tecnológicos voltados à facilitação de acesso do cidadão não somente ao acervo de documentos mantidos em cartórios e tabelionatos, mas também à própria lavratura de atos notariais eletrônicos.[10]

Esse fenômeno evidenciou uma necessidade já antiga de implementação de modelos digitais nas estruturas das serventias brasileiras. E, considerando que os primeiros impactos diretos relacionados à imposição do distanciamento social (por meio da decretação de quarentenas e *lockdowns* nos municípios brasileiros) foram sentidos já no primeiro semestre de 2020, o Conselho Nacional de Justiça – CNJ, por sua Corregedoria, publicou o Provimento 100[11], no dia 26 de maio de 2020, que "dispõe sobre a prática de atos notariais eletrônicos utilizando o sistema 'e-Notariado', cria a Matrícula Notarial Eletrônica-MNE e dá outras providências". Em termos estratégicos, a atuação direta do CNJ antecedeu o usual trâmite de processo legislativo que se poderia esperar para uma medida desse jaez. Finalmente, com a implementação do "e-Notariado", foi consolidado o debate acerca da criação de um sistema tecnológico de ponta, que fosse capaz de atender a essa

---

8. COLÉGIO NOTARIAL DO BRASIL. Testamentos públicos atingem número recorde no Estado de São Paulo. Registro Central de Testamentos On-Line (RCT-O) mantida pelo CNB-SP registra, em 2009, o maior número de atos praticados na década. *Informativo do Colégio Notarial do Brasil*, seção São Paulo, ano XII, n. 134, fev. 2010, p. 18-22. Disponível em: http://www.cnbsp.org.br/arquivos/Jornal/web-nt-0210.pdf. Acesso em: 15 maio 2022.
9. NEVARES, Ana Luiza Maia. Como testar em momento de pandemia e isolamento social? In: NEVARES, Ana Luiza Maia; XAVIER, Marília Pedroso; MARZAGÃO, Silvia Felipe (Coord.). *Coronavírus*: impactos no direito de família e sucessões. Indaiatuba: Foco, 2020. p. 356.
10. BUCKLAND, Michael. *Information and society*. Cambridge: The MIT Press, 2017. p. 25-26.
11. CONSELHO NACIONAL DE JUSTIÇA. Provimento n. 100, de 26 de maio de 2020. *Dispõe sobre a prática de atos notariais eletrônicos utilizando o sistema e-Notariado, cria a Matrícula Notarial Eletrônica-MNE e dá outras providências*. Disponível em: https://atos.cnj.jus.br/atos/detalhar/3334. Acesso em: 15 maio 2022.

demanda social, fomentada em um contexto no qual se desejava viabilizar a emanação de atos de vontade, por meio eletrônico[12], com a garantia de fé pública que as autoridades notariais possuem e em observância aos regulamentos expedidos pelo Poder Judiciário, por força do disposto nos arts. 37 e 38 da Lei 8.935, de 18 de novembro de 1994.

Em síntese, recorrendo ao art. 2º-A, § 8º, da Lei 12.682/2012, que cuida do arquivamento de documentos, em meio eletrônico, sob a chancela de segurança dos certificados digitais baseados na infraestrutura de Chaves Públicas Brasileira (ICP-Brasil), e invocando a Orientação 9[13], de 13 de março de 2020, da Corregedoria Nacional de Justiça, que dispõe sobre a necessidade de observância às medidas temporárias de prevenção ao contágio pela Covid-19, o Provimento descreve que: "Art. 4º. Para a lavratura do ato notarial eletrônico, o notário utilizará a plataforma e-Notariado, por meio do *link* www.enotariado.org.br, com a realização da videoconferência notarial para captação da vontade das partes e coleta das assinaturas digitais".

Aqui, evidencia-se a adoção de uma medida paliativa: tendo em vista a fé pública de que goza o notário, deve ele se valer de sistema de videoconferência, para captar a manifestação de vontade do cidadão em vídeo, arquivá-la e, em seguida, lavrar o ato. A interação não se dá de forma automatizada, por mecanismo de autosserviço, com parametrização prévia e consolidação por assinatura eletrônica qualificada, de padrão ICP Brasil (para referenciar a nova categorização definida pelo artigo 4º, inciso III, da lei 14.063/2020), baseada em criptografia assimétrica.

De fato – e o tópico seguinte explorará melhor isso –, não há condições para que o Estado garanta a todo cidadão brasileiro o acesso imediato a *tokens* de assinatura eletrônica, que poderiam ser utilizados para suprir, com elevado grau de segurança e suporte jurídico adequado (Medida Provisória 2.200-2/2001 e Leis 12.682/2012 e 14.063/2020), a antiga aposição da firma no papel.

É preciso destacar, de todo modo, que o delicado momento da pandemia, a despeito da desigualdade de acesso a tecnologias importantes, como os *tokens* de assinatura eletrônica criptográfica, avultou a necessidade de facilitação do acesso aos serviços notariais e registrais, em especial aos documentos de manifestação

---

12. MENKE, Fabiano. A criptografia e a Infraestrutura de Chaves Públicas Brasileira (ICP-Brasil). In: DONEDA, Danilo; MACHADO, Diego (Coord.). *A criptografia no direito brasileiro*. São Paulo: Revista dos Tribunais, 2019. p. 123 *et seq*.
13. CONSELHO NACIONAL DE JUSTIÇA. Orientação n. 9, de 13 de março de 2020. *Dispõe sobre a necessidade de as corregedorias-gerais dos ramos do Poder Judiciário nacional observarem medidas temporárias de prevenção ao contágio pelo novo Coronavírus (COVID-19) e dá outras orientações*. Disponível em: https://atos.cnj.jus.br/atos/detalhar/3236. Acesso em: 15 maio 2022.

de vontade, usualmente desejados para a estruturação patrimonial em tempos de grande risco e de propagação do medo.[14]

Evidentemente, a oferta de meios eletrônicos para a lavratura de atos notariais, com menção destacada aos testamentos, adquire contornos ainda mais interessantes e propicia importantes reflexões sobre a transformação digital e seus desdobramentos.

Também não se pode deixar de registrar que as Diretivas Antecipadas de Vontade (DAV), embora repercutam na esfera existencial do indivíduo (e não em seu patrimônio), são documentos de manifestação de vontade, que, pelo fato de envolverem a preocupação com cuidados de saúde, têm uma tendência natural de aumento de procura em tempos de aguda crise sanitária.

O tema tem gênese norte-americana e sua normatização se deu, primeiramente, em 1990, a partir de previsão expressa do *Patient Self Determination Act*, que descreveu duas espécies: o *living will*, traduzido para o português como testamento vital, e o *durable power of attorney*, traduzido como procuração para cuidados de saúde.

Atualmente, os Estados Unidos da América já reconhecem a legitimidade de outras espécies de DAV, como as diretivas antecipadas psiquiátricas[15], ordens de não reanimação, o plano de parto e as diretivas antecipadas para demência.[16]

De todo modo, o assim denominado "testamento vital", entendido no Brasil como um negócio jurídico de cariz existencial, é o ato pelo qual uma pessoa juridicamente capaz manifesta sua vontade sobre os tratamentos, procedimentos e cuidados médicos, aos quais deseja ou não se submeter, em caso de diagnóstico de doença incurável e terminal, e, uma vez que inexiste legislação específica sobre o tema no país, prevalece o entendimento de que sua forma é livre.[17]

A diferenciação entre as situações jurídicas patrimoniais e as existenciais é, portanto, um dos elementos fundamentais para a compreensão de qualquer intuito de implementação de uma nova tecnologia voltada à operacionalização dos testamentos, pois "requer estruturas complexas de confiança e segurança, no centro

---

14. DADALTO, Luciana. Responsabilidade civil pelo descumprimento do testamento vital no contexto da Covid-19. In: MONTEIRO FILHO, Carlos Edison do Rêgo; ROSENVALD, Nelson; DENSA, Roberta (Coord.). *Coronavírus e responsabilidade civil*: impactos contratuais e extracontratuais. Indaiatuba: Foco, 2020. p. 347.
15. ZELLE, Heather; KEMP, Kathleen; BONNIE, Richard J. Advance directives in mental health care: evidence, challenges and promise. *World Psychiatry*, [S.l], v. 14, n. 3, out. 2015. p. 278-280.
16. ZELLE, Heather; KEMP, Kathleen; BONNIE, Richard J. Advance directives in mental health care: evidence, challenges and promise. *World Psychiatry*, [S.l], v. 14, n. 3, out. 2015. p. 278-280.
17. TEIXEIRA, Ana Carolina Brochado. Autonomia existencial. *Revista Brasileira de Direito Civil*, Belo Horizonte, v. 16, p. 75-104, abr./jun. 2018. p. 104.

das quais está a questão de compartilhar ou não o acesso aos dados com terceiros (inclusive herdeiros) para a preservação de situações jurídicas existenciais".[18]

Noutros dizeres, trabalhar com a ideia de facilitação de meios para o exercício da autonomia existencial, como se faz com a difusão do testamento vital, significa atribuir importante realce às potencialidades da adoção de instrumentos adequadamente previstos pelo ordenamento para a tutela de novos interesses e direitos.[19]

Na Itália, o chamado *Codice Privacy* (Decreto Legislativo 196/2003) – importante marco legislativo para a tutela dos dados na Internet – recebeu importante atualização pelo Decreto Legislativo 101, de 10 agosto de 2018, que entrou em vigor em 19 de setembro de 2018, contendo dispositivos muito alinhados aos do Regulamento Geral de Proteção de Dados (RGPD) europeu. O art. 2 – *terdecies* –, do regulamento italiano, tratou, com certo pioneirismo, do "*diritto all'eredità del dato*", base essencial para a discussão da sucessão de bens digitais de natureza patrimonial, mas, com curiosa aplicação às situações existenciais, contemplou também os "motivos familiares dignos de proteção".[20]

No Brasil, com a publicação do mencionado Provimento 100 do CNJ, essa mesma discussão passou a permear o contexto da emanação de atos de vontade por meio eletrônico, em razão da total dependência da fé pública das autoridades notariais para, em observância aos regulamentos expedidos pelo Poder Judiciário, por força do disposto nos arts. 37 e 38 da Lei 8.935, de 18 de novembro de 1994, garantir-se não apenas existência a esses documentos, mas validade e eficácia.

Sem dúvidas, o tema é desafiador e desperta inquietações, pois reconfigura a tradição e representa uma transformação mais duradoura e que não se restringirá ao período pandêmico. É necessário, nesse novo contexto, examinar, de forma bastante consequente, as nuances que envolvem a vontade, enquanto elemento jurídico, e a lavratura de atos notariais eletrônicos.

3. A MANIFESTAÇÃO DE VONTADE EM MEIO ELETRÔNICO: É NECESSÁRIA UMA REFORMA?

Dados apresentados pelo Colégio Notarial do Brasil demonstram que, entre abril e junho de 2020 – primeiro semestre marcado pela pandemia da Covid-19

---

18. MARTINS, Guilherme Magalhães; FALEIROS JÚNIOR, José Luiz de Moura. O planejamento sucessório da herança digital. In: TEIXEIRA, Daniele Chaves (Coord.). *Arquitetura do planejamento sucessório*. 2. ed. Belo Horizonte: Fórum, 2019. p. 470.
19. RAAD, Daniela Russowsky. *O exercício da autonomia privada no direito sucessório*. Rio de Janeiro: Lumen Juris, 2018. p. 21.
20. AUSTERBERRY, David. *Digital asset management*. Oxford: Focal Press, 2012. p. 5; MARINO, Giuseppe. La "successione digitale". *Rivista dell'Osservatorio del Diritto Civile e Commerciale*, Bologna: Il Mulino, p. 167-204, jan. 2018. p. 201.

–, houve um crescimento de 134% no número de testamentos concretizados em cartórios. Ao mesmo tempo, com o distanciamento social, foi necessário o aprimoramento dos atos notariais pela via eletrônica, a fim de garantir a segurança jurídica esperada dos serviços extrajudiciais.

Foram estabelecidas normas gerais, pelo sistema "e-Notariado", para a prática de atos notariais eletrônicos, cujo conteúdo, entre outras providências, viabilizou a lavratura das citadas videoconferências notariais, mas é fato que seus desdobramentos vão muito além.

De fato, o principal impacto desse novo modelo de exteriorização da vontade última – agora por meio da tecnologia – revela verdadeira flexibilização do modelo do testamento público, agora apto a atender aos reclames oriundos de um período extremo. Se, de um lado, o medo da morte se avizinhava, provocando maior interesse pelo planejamento sucessório, de outro, políticas sanitárias determinavam o isolamento e privilegiavam os atos que pudessem ser praticados a distância.

Assim, a partir do sistema "e-Notariado", notários, de todo o Brasil, passaram a se valer das videoconferências notariais para lavrar testamentos públicos por meio eletrônico[21], desde que o testador e as testemunhas apresentem certificação digital, isto é, estejam habilitados a assinar o documento eletronicamente.

Nesse aspecto, uma importante questão se apresenta: não há necessidade de utilização de chave de criptografia assimétrica para a prática do ato em questão, ou seja, de assinatura eletrônica qualificada (pela terminologia definida no artigo 4º, III, da recente Lei 14.063, de 23 de setembro de 2020), expedida em conformidade com os padrões ICP-Brasil.[22]

---

21. COLÉGIO NOTARIAL DO BRASIL. *Metrópoles*: formalização de testamentos aumenta 134% durante a pandemia de coronavírus. Dados mostram que o crescimento começou um mês após o início da pandemia, em março, e alta segue desde então a cada mês em diversos estados. Disponível em: https://www.cnbsp.org.br/?url_amigavel=1&url_source=noticias&id_noticia=20080 Acesso em: 15 maio 2022. Conceituada pelo Provimento n. 100 de 2020, do Conselho Nacional de Justiça como "ato realizado pelo notário para verificação da livre manifestação da vontade das partes em relação ao ato notarial lavrado eletronicamente".

22. Convém indicar os requisitos da prática do ato notarial eletrônico, previstos no artigo 3º do Provimento 100/2020, que são: I – videoconferência notarial para captação do consentimento das partes sobre os termos do ato jurídico; II – concordância expressada pelas partes com os termos do ato notarial eletrônico; III – assinatura digital pelas partes, exclusivamente através do e-Notariado; IV – assinatura do Tabelião de Notas com a utilização de certificado digital ICP-Brasil; IV – uso de formatos de documentos de longa duração com assinatura digital; MENKE, Fabiano. A alocação dos riscos na utilização da assinatura digital. *Migalhas de Responsabilidade Civil*, 02 jun. 2020. Disponível em: https://www.migalhas.com.br/coluna/migalhas-de-responsabilidade civil/328076/a-alocacao-dos-riscos-na-utilizacao-da-assinatura-digital. Acesso em: 15 maio 2022. Comenta: "Quanto ao segundo aspecto, a criptografia assimétrica agrega algo que implica em verdadeira guinada no que diz respeito à lógica das ferramentas de identificação, uma vez que segrega, o que poderia ser chamado de senha, em chave pública e chave privada. A chave pública, como a denominação indica, é de conhecimento e acesso geral. Mas a chave privada é armazenada em dispositivos seguros como *tokens* e cartões inteligentes,

O Provimento 100 do CNJ, até mesmo de forma inovadora, definiu uma nova figura, em seu artigo 2º, I, que chamou de "assinatura eletrônica notarizada", definida como "qualquer forma de verificação de autoria, integridade e autenticidade de um documento eletrônico realizada por um notário, atribuindo fé pública". Em tese, supriu-se um problema de gravidade mais ampla e, há tempos, diagnosticado na realidade brasileira: a falta de acesso universal da população às assinaturas eletrônicas mais seguras (baseadas em criptografia assimétrica). Sem dúvidas, os populares *tokens* ou cartões, que usualmente instrumentalizam as chaves respectivas, ainda são restritos a advogados, juízes, membros da Defensoria Pública e do Ministério Público, contadores, médicos, empresários e alguns outros.

Com o "e-Notariado" e suas videoconferências, delegou-se ao tabelião (que tem fé pública) a responsabilidade de tomar conhecimento da vontade manifestada pelo cidadão em meio audiovisual, para, em seguida, lavrar o ato. Não se nega ser fundamental a presença de evidências claras e absolutamente convincentes de que o testador pretendia mesmo lavrar um testamento, mas a pergunta que ecoa é: o ambiente virtual utilizado para a lavratura de um negócio jurídico tradicionalmente solene, como resposta a uma realidade que se impôs, coaduna-se com os rigores definidos pela legislação, particularmente nos artigos 1.864 e seguintes do Código Civil, para os testamentos públicos?[23]

É sintomática, portanto, a flexibilização do rigor formal, típico das modalidades testamentárias, justificado para assegurar a autenticidade do documento, a livre manifestação de vontade do testador e, por fim, a executividade da cédula, uma vez que a produção de efeitos dar-se-á *post mortem*. Daí porque se reconhece, na doutrina, a chamada tríplice função da solenidade do testamento: função probante, função preventiva e função executiva.[24]

Assim, a característica *ad solemnitatem* paira no plano da validade da escada ponteana, cuja interpretação restritiva também se relaciona à alteração do destino natural da herança e ao afastamento da ordem de vocação hereditária. Culmina na nulidade de cláusula ou de todo o testamento a inobservância do rigor formal, uma vez que, no ordenamento jurídico brasileiro, não é admitida a plena autonomia privada para testar, limitando-se o testador às formas ordinárias (testamento

---

de onde não é exportada. Novamente, calha a comparação com *login* e senha, porquanto estes, além de serem conhecidos do titular que os criou, ficam armazenados nos bancos de dados dos fornecedores, de modo que, para efeitos de imputação jurídica ambos podem ser considerados, tanto titular quanto fornecedor. O compartilhamento da senha que existe no mecanismo de *login* e senha não se faz presente no emprego do certificado digital com criptografia assimétrica e chave privada". Cf. MENKE, Fabiano. A criptografia e a Infraestrutura de Chaves Públicas Brasileira (ICP-Brasil). In: DONEDA, Danilo; MACHADO, Diego (Coord.). *A criptografia no direito brasileiro*. São Paulo: Revista dos Tribunais, 2019.

23. BEYER, Gerry. *Wills, trusts and estates*. Nova York: Wolters Kluwer, 2019. p. 73.
24. MEIRELES, Rose Melo Venceslau; NEVARES, Ana Luiza Maia; TEPEDINO, Gustavo. *Fundamentos do direito civil*: direito das sucessões. Rio de Janeiro: Forense, 2020, v. 7. p. 128.

público, testamento cerrado e testamento particular) ou especiais (marítimo, aeronáutico e militar), conforme artigos 1.862 a 1.896 do Código Civil.

Todavia, a virtualização proposta no campo do testamento público é apenas mais um sinal da mitigação à exigência de certas formalidades, cuja interpretação do Superior Tribunal de Justiça, sempre que possível, tem dado prevalência à manifestação de vontade do autor da herança, em detrimento do rigor formal na sucessão testamentária.

É preciso dar um passo à frente. Se, nos testamentos públicos virtuais, há um conteúdo de lisura típico dos serviços notariais, o mesmo não ocorre, *v.g.*, com os testamentos particulares, hipótese em que há sincera preocupação em garantir a manifestação hígida da vontade do testador. Os requisitos formais essenciais do testamento particular decorrem dessa inquietação e constam do artigo 1.876 do Código Civil, incluindo a possibilidade de o ato de vontade ser instrumentalizado mediante processo mecânico, com a posterior impressão daquilo que a máquina captou.

Nos dizeres de Fabiano Menke, "agora se vive a realidade de (...) ter de diminuir bastante a necessidade de utilização das assinaturas manuscritas. E isto se deve justamente ao desenvolvimento da criptografia assimétrica, e, com ela, a criação das assinaturas digitais".[25]

A impressão do arquivo contendo o testamento particular se revela indispensável, malgrado esta exigência não conste da norma, afigurando-se decorrente da interpretação lógica de que as assinaturas, tanto do testador, quanto das testemunhas, deveriam ser apostas manualmente. Contudo, há que se considerar uma mudança importante de comportamento, com redução expressiva do uso de papel – em consolidação ao modelo de sociedade *paperless* – e migração de diversos negócios jurídicos para ambiente virtual. Isso posto, é preciso entender os limites do protagonismo da forma à luz de sua função, visto que, ao determinar uma solenidade relativa a um negócio jurídico, o legislador o faz com um *porquê*. O desafio é buscar nestes "porquês" do ato solene um novo espaço para incorporar a realidade virtual, inclusive a partir da complexidade das assinaturas eletrônicas e da garantia de higidez dos documentos existentes apenas no ambiente digital. Ao trabalhar a variabilidade das formas e seu juízo de valor, Pietro Perlingieri[26] sugere

---

25. MENKE, Fabiano. *Assinatura eletrônica no direito brasileiro*. São Paulo: Revista dos Tribunais, 2005. p. 30. O autor ainda explica: "As assinaturas eletrônicas, e a espécie assinatura digital, surgem justamente como auxiliar na tarefa de sanar uma imperfeição ínsita das comunicações veiculadas no meio digital, qual seja a de não se ter certeza da identidade da pessoa com a qual se está falando. Enquanto que, no mundo físico, no mais das vezes, se trava contato presencial com a pessoa com quem se contratará ou se entabulará algum tipo de comunicação, no mundo virtual essa já não é a regra".
26. PERLINGIERI, Pietro. *Perfis do direito civil*: introdução ao direito civil constitucional. Tradução de Maria Cristina De Cicco. 3. ed. Rio de Janeiro: Renovar, 2007. p. 296.

que a análise estrutural da forma demanda necessariamente uma avaliação à luz da Constituição, isto é, a solenidade deve cumprir uma função, e não apenas existir em razão da sanção que dela decorre. Em outras palavras, "O porquê (a função) extrai-se não da previsão da 'sanção' nulidade, mas do necessário fundamento da previsão normativa".[27]

Tendo em vista a função da solenidade, indaga-se: estaria eivada de vício a confecção de cédula de testamento particular totalmente em meio eletrônico, isto é, produzida mecanicamente e assinada digitalmente, quando cumpridos os demais requisitos do § 2º, do artigo 1.876, do Código Civil?

Em outras palavras, quando o legislador determina que o testamento, elaborado por processo mecânico, sem rasuras ou espaços em branco, deve ser assinado pelo testador e subscrito por testemunhas, também estaria admitindo a utilização de assinatura eletrônica? Seria, em última análise, equivalente à digitalização descrita no artigo 2º-A da Lei 12.682/2012?

4. UMA PROPOSTA DE REVISÃO PONTUAL: A SEGURANÇA JURÍDICA E AS ASSINATURAS ELETRÔNICAS

Quanto ao tema, cumpre registrar que, se a forma precisa atender a uma função, é necessário refletir, portanto, sobre a autonomia testamentária, que tem valor promocional e instrumentaliza valores constitucionais, e sobre a possibilidade de estar relativizada ou submetida a espaços de insegurança jurídica, quando desenvolvida integralmente no ambiente virtual, para além da já citada hipótese do testamento público eletrônico.

Ademais, parece relevante limitar quais assinaturas eletrônicas seriam viáveis nesse contexto (tendo em vista a classificação tripartite definida no artigo 4º da Lei 14.063/2020), qual é o nível de insegurança que podem gerar e como se encontra o atual panorama legislativo quanto aos seus critérios valorativos.

Nos dizeres de Fabiano Menke, "agora se vive a realidade de (...) ter de diminuir bastante a necessidade de utilização das assinaturas manuscritas. E isto se deve justamente ao desenvolvimento da criptografia assimétrica, e, com ela, a criação das assinaturas digitais".[28]

Ainda sobre esse aspecto, o art. 9º, §§ 3º a 5º, traz as seguintes previsões:

---

27. O conceito foi originalmente apresentado por LANCASTER, Frederick. *Toward paperless information systems*. Nova York: Academic Press, 1978.
28. MENKE, Fabiano. *Assinatura eletrônica no direito brasileiro*. São Paulo: Revista dos Tribunais, 2005. p. 30.

Art. 9º. O acesso ao e-Notariado será feito com assinatura digital, por certificado digital notarizado, nos termos da MP n. 2.200-2/2001 ou, quando possível, por biometria.
(...)
§ 3º Para a assinatura de atos notariais eletrônicos é imprescindível a realização de videoconferência notarial para captação do consentimento das partes sobre os termos do ato jurídico, a concordância com o ato notarial, a utilização da assinatura digital e a assinatura do Tabelião de Notas com o uso de certificado digital, segundo a Infraestrutura de Chaves Públicas Brasileira – ICP.
§ 4º O notário fornecerá, gratuitamente, aos clientes do serviço notarial certificado digital notarizado, para uso exclusivo e por tempo determinado, na plataforma e Notariado e demais plataformas autorizadas pelo Colégio Notarial Brasil-CF.
§ 5º Os notários poderão operar na Infraestrutura de Chaves Públicas Brasileira – ICP Brasil ou utilizar e oferecer outros meios de comprovação da autoria e integridade de documentos em forma eletrônica, sob sua fé pública, desde que operados e regulados pelo Colégio Notarial do Brasil – Conselho Federal.[29]

Com o claro intuito de prevenir fraudes, exigiu-se o contato por videoconferência entre o notário e as partes – reflexo claro da inviabilidade de se exigir que todo cidadão brasileiro possua certificado digital (o popular '*token*'), para promover, com assinatura digital criptografada, manifestação de vontade fidedigna.

Outra evidência disso aparece no art. 9º, § 1º, do Provimento que garante o acesso dos usuários externos ao sistema e-Notariado "mediante cadastro prévio, sem assinatura eletrônica, para conferir a autenticidade de ato em que tenham interesse"[30], o que indica o papel proeminente do notário na aferição da veracidade das informações que serão levadas a efeito para a lavratura do ato notarial eletrônico e, especialmente, para que possa atestar o teor da vontade manifestada durante o contato por "videoconferência notarial" (que ficará arquivada, segundo consta do art. 23, § 2º), além das assinaturas notariais e, se aplicável, até mesmo da biometria (art. 17, parágrafo único).

O art. 17, *caput*, prevê que "os atos notariais celebrados por meio eletrônico produzirão os efeitos previstos no ordenamento jurídico quando observarem os requisitos necessários para a sua validade, estabelecidos em lei e neste provimento".[31] Sendo o caso, não se nota óbice à sua operacionalização, inclusive com

---

29. CONSELHO NACIONAL DE JUSTIÇA. Provimento 100, de 26 de maio de 2020. *Dispõe sobre a prática de atos notariais eletrônicos utilizando o sistema e-Notariado, cria a Matrícula Notarial Eletrônica-MNE e dá outras providências*. Disponível em: https://atos.cnj.jus.br/atos/detalhar/3334. Acesso em: 15 maio 2022.
30. CONSELHO NACIONAL DE JUSTIÇA. Provimento n. 100, de 26 de maio de 2020. *Dispõe sobre a prática de atos notariais eletrônicos utilizando o sistema e-Notariado, cria a Matrícula Notarial Eletrônica-MNE e dá outras providências*. Disponível em: https://atos.cnj.jus.br/atos/detalhar/3334. Acesso em: 15 maio 2022.
31. CONSELHO NACIONAL DE JUSTIÇA. Provimento n. 100, de 26 de maio de 2020. *Dispõe sobre a prática de atos notariais eletrônicos utilizando o sistema e-Notariado, cria a Matrícula Notarial Eletrô-*

a garantia de sigilo sobre seu conteúdo – ao menos enquanto o testador tiver discernimento decisório –, tendo em vista que o Provimento especifica que o acesso deverá ser assegurado "por meio de conexão segura HTTPS, e os servidores de rede deverão possuir certificados digitais adequados para essa finalidade"[32] (art. 14, § 3º), e também define, em seu artigo 33, que "os dados das partes poderão ser compartilhados somente entre notários e, exclusivamente, para a prática de atos notariais, em estrito cumprimento à Lei n. 13.709/2018 (Lei Geral de Proteção de Dados Pessoais)".[33] Importante ressaltar, ademais, que cartórios e tabelionatos estão vinculados à realização de tratamento público de dados pessoais, por força do que prevê o art. 23, § 4º, da LGPD, o que lhes impõe, além dos requisitos descritos nos artigos 7º e 11 da lei, o cumprimento de finalidade pública e o atendimento do interesse público nessas atividades.

Em linhas gerais, quando foi publicada a Lei da Digitalização (Lei 12.682/2012), seu intuito se mostrou bastante alinhado à tendência à conversão do vasto acervo de processos judiciais – usualmente instrumentalizados em meio físico – à Internet. Porém, seu campo de aplicação é mais largo e, hoje, em razão de reforma realizada pela Lei 13.874/2019, cogita-se sua aplicação a outras situações.

Segundo Newton De Lucca:

> Digitalizar significa converter em números o que se quer transmitir. A digitalização permite que distintos tipos de dados e de informação, como textos, voz e imagens possam converter-se em números, ser tratados do mesmo modo e transmitidos pelas mesmas linhas. O fenômeno multimídia, ou hipermídia é resultado da digitalização de todos os tipos de sinais.

Surgem, então, duas figuras diversas a serem consideradas para responder às indagações lançadas: (i) o testamento particular eletrônico digitalizado e assinado eletronicamente; (ii) o testamento particular nato-digital.[34]

Quanto ao primeiro, o artigo 3º da Lei 12.682/2012 define que "o processo de digitalização deverá ser realizado de forma a manter a integridade, a autenticidade e, se necessário, a confidencialidade do documento digital, com o emprego de certificado digital emitido no âmbito da Infraestrutura de Chaves Públicas Brasi-

---

nica-MNE e dá outras providências. Disponível em: https://atos.cnj.jus.br/atos/detalhar/3334. Acesso em: 15 maio 2022.

32. CONSELHO NACIONAL DE JUSTIÇA. Provimento n. 100, de 26 de maio de 2020. *Dispõe sobre a prática de atos notariais eletrônicos utilizando o sistema e-Notariado, cria a Matrícula Notarial Eletrônica-MNE e dá outras providências.* Disponível em: https://atos.cnj.jus.br/atos/detalhar/3334. Acesso em: 15 maio 2022.
33. CONSELHO NACIONAL DE JUSTIÇA. Provimento n. 100, de 26 de maio de 2020. *Dispõe sobre a prática de atos notariais eletrônicos utilizando o sistema e-Notariado, cria a Matrícula Notarial Eletrônica-MNE e dá outras providências.* Disponível em: https://atos.cnj.jus.br/atos/detalhar/3334. Acesso em: 15 maio 2022.
34. DE LUCCA, Newton. *Aspectos jurídicos da contratação informática e telemática.* São Paulo: Saraiva, 2003. p. 131.

leira – ICP – Brasil"[35]. Tal exigência, compatibilizada com o conceito de assinatura eletrônica qualificada (art. 4º, III, da Lei 14.063/2020), já afastaria a viabilidade do testamento particular eletrônico digitalizado que não fosse assinado por chave dotada de criptografia assimétrica.

Quanto ao segundo, em tese, não haveria impedimento à sua lavratura, desde que respeitados os requisitos dos artigos 2º-A, § 8º, e 3º da Lei 12.682/2012 e do artigo 1.876, § 2º, do Código Civil. Entretanto, o imperativo de segurança volta a representar limitação para isso, na medida em que não há acesso universal da população a *tokens* ou cartões com chaves identitárias de assinatura eletrônica. Se, para o testamento público, é possível contar com a fé pública do tabelião, no caso do testamento particular, a situação é diversa, e a flexibilização extremada dos requisitos legais dessa figura poderia abrir margem a zonas cinzentas de verdadeira insegurança jurídica, pela dificuldade probatória, no período *post mortem*, quanto à higidez do testamento particular nato-digital não concluído por assinatura eletrônica qualificada.

Chega-se, enfim, a uma possível solução: a instrumentalização de testamentos particulares pela rede *blockchain*, embora esse debate ainda seja incipiente no Brasil e esbarre na própria dificuldade de compreensão teórica dos modelos existentes (*blockchain* pública, privada, híbrida e *sidechain*) e de seus potenciais e riscos.[36] Para o atual estado da técnica, embora não se negue a possibilidade de lavratura do testamento público eletrônico, até mesmo pela sistemática paliativa do "e-Notariado" e de suas "videoconferências notariais", ainda há percalços para a lavratura de testamentos particulares eletrônicos; quanto aos digitalizados e quanto aos nato-digitais, há limitações sobre o tipo de assinatura eletrônica empregada em sua lavratura. Deve-se compreender a abertura conferida à lavratura dos testamentos públicos, mas, quanto aos particulares, até que haja universalização do padrão ICP-Brasil, elastecer os requisitos formais dessa espécie testamentária parecem implicar mais perigos do que soluções.

5. CONSIDERAÇÕES FINAIS

Em linhas finais, ressalta-se que o debate em torno do futuro dos testamentos ainda desafiará complexos estudos sobre sua compatibilização com estruturas tecnológicas complexas e igualmente inovadoras (até mesmo para o Direito).

---

35. BRASIL. Lei 12.682, de 9 de julho de 2012. *Dispõe sobre a elaboração e o arquivamento de documentos em meios eletromagnéticos*. Disponível em: http://www.planalto.gov.br/ccivil_03/_Ato2011-2014/2012/Lei/L12682.htm. Acesso em: 15 maio 2022.
36. MATTOS, Eleonora G. Saltão de Q.; MARZAGÃO, Silvia Felipe. Testamento e suas formalidades: o hoje e o amanhã. In: TEIXEIRA, Ana Carolina Brochado; NEVARES, Ana Luiza Maia (Coord.). *Direito das sucessões*: problemas e tendências. Indaiatuba: Foco, 2022. p. 312.

O Provimento 100 do CNJ foi necessário para atender às contingências de um período peculiar e difícil. Com a pandemia de Covid-19, acelerou-se o processo de transformação digital no país, o que impôs certa flexibilização da resistência à adoção de aparato tecnológico para a concretização de atos solenes.

O exemplo dos testamentos é muito marcante, pois as estatísticas revelam como um fato social (a pandemia e o consequente acirramento do medo diante de uma doença pouco conhecida) elevou a procura pelo planejamento sucessório patrimonial e reavivou o interesse pelas Diretivas Antecipadas de Vontade. Sem dúvidas, há longo percurso a se explorar sobre o tema e, embora o "e-Notariado" funcione bem, carece de regulamentação em lei, o que abre margem a questionamentos quando analisado sob as lentes mais cuidadosas, em contraste com os rigores de cada espécie testamentária.

Como se salientou nas linhas finais do tópico precedente, um caminho salutar para o aprimoramento do sistema – que tem seus méritos – seria a implementação de verdadeira estrutura baseada na rede *blockchain*, que elevaria o grau de segurança. Ademais, a distinção entre os documentos digitalizados e os nato-digitais parece crucial para o debate, assim como a necessidade de recrudescimento de políticas públicas que garantam o acesso do cidadão a *tokens* de assinatura eletrônica com criptografia assimétrica (de padrão ICP-Brasil).

6. REFERÊNCIAS

ANDRADE, Gustavo Henrique Baptista. *O direito de herança e a liberdade de testar*: um estudo comparado entre os sistemas jurídicos brasileiro e inglês. Belo Horizonte: Fórum, 2019.

AUSTERBERRY, David. *Digital asset management*. Oxford: Focal Press, 2012.

BERNERS-LEE, Tim. Long live the web. *Scientific American*, Nova York, v. 303, n. 6, p. 80-85, 2010.

BEVILÁQUA, Clóvis. *Código Civil dos Estados Unidos do Brasil commentado*. 5. ed. Rio de Janeiro: Livraria Francisco Alves, 1944, v. VI.

BEYER, Gerry. *Wills, trusts and estates*. Nova York: Wolters Kluwer, 2019.

BUCKLAND, Michael. *Information and society*. Cambridge: The MIT Press, 2017.

COLÉGIO NOTARIAL DO BRASIL. *Metrópoles*: formalização de testamentos aumenta 134% durante a pandemia de coronavírus. Dados mostram que o crescimento começou um mês após o início da pandemia, em março, e alta segue desde então a cada mês em diversos estados. Disponível em: https://www.cnbsp.org.br/?url_amigavel=1&url_source=noticias&id_noticia=20080 Acesso em: 15 maio 2022.

COLÉGIO NOTARIAL DO BRASIL. Testamentos públicos atingem número recorde no Estado de São Paulo. Registro Central de Testamentos On-Line (RCT-O) mantido pelo CNB SP registra, em 2009, o maior número de atos praticados na década. *Informativo do Colégio Notarial do Brasil*, seção São Paulo, ano XII, n. 134, fev. 2010, p. 18-22. Disponível em: http://www.cnbsp. org.br/arquivos/Jornal/web-nt-0210.pdf. Acesso em: 15 maio 2022.

DADALTO, Luciana. Responsabilidade civil pelo descumprimento do testamento vital no contexto da Covid-19. In: MONTEIRO FILHO, Carlos Edison do Rêgo; ROSENVALD, Nelson; DENSA,

Roberta (Coord.). *Coronavírus e responsabilidade civil*: impactos contratuais e extracontratuais. Indaiatuba: Foco, 2020.

DE LUCCA, Newton. *Aspectos jurídicos da contratação informática e telemática*. São Paulo: Saraiva, 2003.

FALEIROS JÚNIOR, José Luiz de Moura; DADALTO, Luciana. A efetivação do "testamento vital eletrônico" no Brasil: considerações sobre o uso da tecnologia para a instrumentalização da manifestação de vontade do paciente em fim de vida durante a pandemia da Covid-19. In: KFOURI NETO, Miguel; NOGAROLI, Rafaella (Coord.). *Debates contemporâneos em direito médico e da saúde*. São Paulo: Thomson Reuters Brasil, 2020.

GASTER, Barak; LARSON, Eric B.; CURTIS, J. Randall. Advance Directives for dementia: meeting a unique challenge. *Journal of the American Medical Association*, v. 318, n. 22, p. 2175- 2176, dez. 2017.

LAKE, Rebecca. The 8 Best Online Will Makers of 2020: Creating a will online isn't as difficult as you might think. *TheBalance.com*, 21 maio 2020. Disponível em: https://www.thebalance.com/best-online-will-makers-4580500. Acesso em: 15 maio 2022.

LALLEY, Colin. Willing.com review: Should you write your will online? *PolicyGenius*, 2 dez. 2015. Disponível em: https://www.policygenius.com/blog/willing-review-should-you write-your--will-online/. Acesso em: 15 maio 2022.

LANCASTER, Frederick. *Toward paperless information systems*. Nova York: Academic Press, 1978.

MALUF, Carlos Alberto Dabus; MALUF, Adriana Caldas do Rego Freitas Dabus. *Curso de direito das sucessões*. São Paulo: Saraiva, 2013.

MARINO, Giuseppe. La "successione digitale". *Rivista dell'Osservatorio del Diritto Civile e Commerciale*, Bologna: Il Mulino, p. 167-204, jan. 2018.

MARTINS, Guilherme Magalhães; FALEIROS JÚNIOR, José Luiz de Moura. O planejamento sucessório da herança digital. In: TEIXEIRA, Daniele Chaves (Coord.). *Arquitetura do planejamento sucessório*. 2. ed. Belo Horizonte: Fórum, 2019.

MATTOS, Eleonora G. Saltão de Q.; MARZAGÃO, Silvia Felipe. Testamento e suas formalidades: o hoje e o amanhã. In: TEIXEIRA, Ana Carolina Brochado; NEVARES, Ana Luiza Maia (Coord.). *Direito das sucessões*: problemas e tendências. Indaiatuba: Foco, 2022.

MEIRELES, Rose Melo Venceslau; NEVARES, Ana Luiza Maia; TEPEDINO, Gustavo. *Fundamentos do direito civil*: direito das sucessões. Rio de Janeiro: Forense, 2020, v. 7.

MENKE, Fabiano. *Assinatura eletrônica no direito brasileiro*. São Paulo: Revista dos Tribunais, 2005.

MENKE, Fabiano. A criptografia e a Infraestrutura de Chaves Públicas Brasileira (ICP Brasil). In: DONEDA, Danilo; MACHADO, Diego (Coord.). *A criptografia no direito brasileiro*. São Paulo: Revista dos Tribunais, 2019.

MENKE, Fabiano. A alocação dos riscos na utilização da assinatura digital. *Migalhas de Responsabilidade Civil*, 02 jun. 2020. Disponível em: https://www.migalhas.com.br/coluna/migalhas--de-responsabilidade-civil/328076/a-alocacao dos-riscos-na-utilizacao-da-assinatura-digital. Acesso em: 15 maio 2022.

MORRELL, E. D.; BROWN, B. P.; QI, R.; DRABIAK, K.; HELFT, P. R. The do-not resuscitate order: associations with advance directives, physician specialty and documentation of discussion 15 years after the Patient Self-Determination Act. *Journal of Medical Ethics*, v. 34, n. 9, p. 642-7, set. 2008.

NEVARES, Ana Luiza Maia. Como testar em momento de pandemia e isolamento social? In: NEVARES, Ana Luiza Maia; XAVIER, Marília Pedroso; MARZAGÃO, Silvia Felipe (Coord.). *Coranavírus*: impactos no direito de família e sucessões. Indaiatuba: Foco, 2020.

PERLINGIERI, Pietro. *Perfis do direito civil*: introdução ao direito civil constitucional. Tradução de Maria Cristina De Cicco. 3. ed. Rio de Janeiro: Renovar, 2007.

PHILIPSEN, Nayna C.; HAYNES, Dorothy, R. The similarities between birth plans and living wills. *Journal of Perinatal Education*, v. 14, n. 4, p. 46-48, set./dez. 2005.

RAAD, Daniela Russowsky. *O exercício da autonomia privada no direito sucessório*. Rio de Janeiro: Lumen Juris, 2018.

RIBAS, Felipe; SCHREIBER, Anderson. A fuga do testamento. In: TEIXEIRA, Ana Carolina Brochado; NEVARES, Ana Luiza Maia (Coord.). *Direito das sucessões*: problemas e tendências. Indaiatuba: Foco, 2022.

SCHILLER, Herbert I. The communications revolution: who benefits? *Media Development*, Nova York, v. 30, n. 4, 1983.

TEIXEIRA, Ana Carolina Brochado. Autonomia existencial. *Revista Brasileira de Direito Civil*, Belo Horizonte, v. 16, p. 75-104, abr./jun. 2018.

ZELLE, Heather; KEMP, Kathleen; BONNIE, Richard J. Advance directives in mental health care: evidence, challenges and promise. *World Psychiatry*, [S.l], v. 14, n. 3, out. 2015.

Legislação

BRASIL. Lei 12.682, de 9 de julho de 2012. *Dispõe sobre a elaboração e o arquivamento de documentos em meios eletromagnéticos*. Disponível em: http://www.planalto.gov.br/ccivil_03/_Ato2011-2014/2012/Lei/L12682.htm. Acesso em: 15 maio 2022.

CONSELHO NACIONAL DE JUSTIÇA. Provimento 100, de 26 de maio de 2020. *Dispõe sobre a prática de atos notariais eletrônicos utilizando o sistema e-Notariado, cria a Matrícula Notarial Eletrônica-MNE e dá outras providências*. Disponível em: https://atos.cnj.jus.br/atos/detalhar/3334. Acesso em: 15 maio 2022.

CONSELHO NACIONAL DE JUSTIÇA. Orientação n. 9, de 13 de março de 2020. *Dispõe sobre a necessidade de as corregedorias-gerais dos ramos do Poder Judiciário nacional observarem medidas temporárias de prevenção ao contágio pelo novo Coronavírus (Covid-19) e dá outras orientações*. Disponível em: https://atos.cnj.jus.br/atos/detalhar/3236. Acesso em: 15 maio 2022.

ITÁLIA. *Decreto Legislativo 10 agosto 2018*, n. 101. Disposizioni per l'adeguamento della normativa nazionale alle disposizioni del regolamento (UE) 2016/679 del Parlamento europeo e del Consiglio, del 27 aprile 2016, relativo alla protezione delle persone fisiche con riguardo al trattamento dei dati personali, nonche' alla libera circolazione di tali dati e che abroga la direttiva 95/46/CE (regolamento generale sulla protezione dei dati). Disponível em: https://www.gazzettaufficiale.it/eli/id/2018/09/04/18G00129/sg. Acesso em: 15 maio 2022.

20 ANOS DO CÓDIGO CIVIL BRASILEIRO: O CONCUBINATO E SUA ATUAL INTERPRETAÇÃO JURÍDICA

Luciana Brasileiro

Mestre e Doutora em direito civil pela UFPE. Professora universitária. Advogada.
E-mail: lucianabrasileiroadv@gmail.com

Sumário: 1. Introdução – 2. O entendimento do STF sobre famílias simultâneas – 3. Conclusões – 4. Referências.

1. INTRODUÇÃO

O Código Civil Brasileiro vigente completa duas décadas e com esse período é forçoso buscar refletir sobre as mudanças proporcionadas pela legislação atualmente em vigor.

O PL 634/1975 foi atravessado por muitas mudanças em matéria de direitos das famílias, talvez a mais importante delas a EC 09/77, que introduziu o Divórcio na nossa legislação, seguida da promulgação da Constituição Federal de 1988, que proporcionou a ampliação do conceito de entidades familiares, trazendo um modelo exemplificativo e, sobretudo, inclusivo, de famílias.

A introdução do divórcio trouxe, dentre outros grandes avanços, uma inserção da união estável como modelo de família brasileira, abolindo de vez o uso da expressão concubinato para aquela. Melhor, afastou o uso de nomenclaturas como desquite e concubinato "puro" e "impuro".

As três expressões, sem dúvidas, foram responsáveis por uma abordagem preconceituosa de temas que hoje, podemos afirmar, sempre pertenceram à esfera privada.

O que parecia, então, caminhar para a ampliação de direitos, à exemplo das mulheres, que buscaram ver seus direitos contemplados em movimentos como o lobby do batom, no período da Constituinte, não avançou muito em relação ao que antes se denominou de "concubinato impuro".

Se antes não havia espaço sequer para sua conceituação no Código Civil de 1916 e, só contemplava a figura da mulher concubina (arts. 248, 363 e 1.719 daquele Código), no Código atual ele ganhou espaço no Livro específico das Famílias, um artigo para lhe conceituar (1.727) e outros cinco artigos (550, 1.642, 1.708, 1.801 e 1.803) que tratam de alimentos, doação e deixa testamentária.

O Código Civil atual, por sua vez, em consonância com o que determina a Constituição Federal, deixou de destinar o tratamento do concubinato apenas às mulheres, ampliando para os dois gêneros, muito embora ainda haja a tendência a interpretá-los como se aplicados apenas à punição das mulheres.

Isto porque, historicamente os artigos relacionados ao concubinato tinham por função ordenar o comportamento social de modo que as mulheres "amasiadas" não tivessem qualquer sorte de direitos, num sistema protetivo do casamento, blindando "a família" de qualquer "ameaça".

Muito embora do ponto de vista legal, a linguagem utilizada tenha se adequado ao padrão de tratamento igualitário, o fato é que culturalmente ainda há uma forte tendência ao tratamento do concubinato como um instituto exclusivo das mulheres.

Mais do que isto, o Código parece não ter alçado avanços no sentido de estabelecer obrigações a ambas as partes no exercício dos deveres familiares.

A filiação decorrente de relacionamentos extraconjugais, por exemplo, alcançou importante patamar de tratamento igualitário, quando a constituição Federal vedou o tratamento discriminatório entre filhos, tendo o Código que se adequar, portanto, a ideia de assegurar os mesmos direitos aos filhos, independentemente de sua origem.

O mesmo não ocorreu com as relações conjugais, no entanto.

As mulheres, que alcançaram igualdade de direitos e deveres em relação aos homens, parece que terminaram por acumular deveres, sem ver a seu favor a tutela de determinados direitos.

Ao manter as sanções previstas para a separação judicial litigiosa, por exemplo, não é difícil reconhecer que são regras voltadas para a punição da mulher. Ora, se há perda do direito ao uso do sobrenome adotado por ocasião do casamento, ou a perda do direito a alimentos, sabe-se que este é um fator que afeta predominantemente as mulheres que, costumeiramente, adotam os sobrenomes dos cônjuges e recorrem a alimentos por serem, culturalmente, as pessoas que terminam tendo menos acesso ao mercado de trabalho.

Na divisão das atividades domésticas, a mulher ainda lidera o número de horas acumuladas com esta atividade não remunerada e nada valorizada. O trabalho doméstico é diminuído e não traz qualquer retorno financeiro direto para o lar. Desde sempre, permanece sendo *função* feminina, sempre articulada com o fato de que só à mulher é possível exercer a maternidade.

Então, enquanto os homens deixaram de assumir de forma solitária determinadas funções, compartilhando, por exemplo, a responsabilidade pela economia doméstica, a mulher parece ter acumulado mais funções, com responsabilidades dentro e fora de casa.

Esta realidade precisa ser encarada, para que as reflexões sobre o Código Civil de 2002, sobretudo com as lentes dignificantes da Constituição de 88 potencializem os efeitos da lei. Para que ela seja aplicada de forma justa, sem a frieza da norma, que reflete uma sociedade pautada por um legislativo masculino, branco e heteronormativo.

Não interessa ao homem branco ver, por exemplo, a ampliação de direitos das mulheres, em um tema sensível como o do concubinato. E não é recente o interesse por esta blindagem.

Marcos Alves chama atenção para o fato de que as relações concubinárias mantidas entre colonizadores e escravas, indígenas ou mulheres brancas pobres eram protegidas pela legislação, que proibia atribuição de efeitos jurídicos positivos e censurava o comportamento feminino, alçando o homem à categoria intangível de dominador.[1]

É interessante observar como o concubinato foi historicamente tratado no Brasil. Inicialmente, num Brasil colonizado, além de criminalizado, estava completamente à margem da lei. Posteriormente, com o advento do Código Civil de 1916, o concubinato passou a ter novos contornos, desta vez através da jurisprudência.

Quando se abriu o debate sobre conformações familiares outras, para além do casamento, as relações fáticas ganharam um importante aliado, o Senador Nelson Carneiro, que chegou a registrar sua preocupação com a realidade vivenciada num Brasil múltiplo, formado por comunidades de imigrantes que muitas vezes não formalizavam os casamentos, mas formavam famílias:

> Num país de imigração, a lei não impede que aqui cheguem, em busca de fortuna, estrangeiros casados e sem família, ensejando-lhes a organização de novos lares com modestas brasileiras, que os servem, assistem e auxiliam, e com êles repartem leitos e trabalhos, ambições e esperanças, até que, enriquecidos e conceituados, partilhem a fartura e o prestígio com a espôsa e os filhos legítimos, enquanto nossas patrícias humildes carpem, com os meninos sem proteção, o abandono a que as condena a insensibilidade legal. Foram os tribunais que se apiedaram das italianas que, por vêzes, acompanhavam os maridos na aventurosa conquista do Brasil, e, casadas pelo regime da separação, nada podiam reclamar dos bens deixados por seus maridos. Foram os juízes que deram a essas devotadas estrangeiras a meiação nos resultados do trabalho comum. Abriram-se, assim, algumas clareiras às nacionais. Julgados

---

1. O que justifica a proliferação do concubinato entre desiguais é exatamente a possibilidade do estabelecimento de vínculos sem eliminação da desigualdade. SILVA, Marcos Alves da. *Da monogamia*: a sua superação como princípio estruturante do direito de família. Curitiba: Juruá, 2013. p. 100.

esparsos lhes reconhecem, em certas circunstâncias, uma espécie de sociedade de fato, que se dissolve pela morte de um dos sócios. A tendencia ainda vitoriosa, entretanto, é para conferir à companheira indenisação por serviços domésticos. Com êsse eufemismo, palmilham as sentenças os atalhos em que, entre nós, se hão de refugiar, tanta vez, o bom senso e a realidade.[2]

A discussão girava em torno de relações fáticas, mas desde que houvesse singularidade, ou seja, o que antes se chamava concubinato, passou a se chamar união estável, com o advento da Constituição Federal de 1988, fruto de longos debates na Constituinte.

Ocorre, que a concubinato, que chegou a ser chamado de "impuro", este sempre esteve na ambiência da ilegalidade. O adultério, por exemplo, era crime previsto no Código Penal, mas foi descriminalizado:

> O principal, em verdade, é a superação da cultura machista. Isso porque o adultério foi, originalmente, um crime que punia exclusivamente as mulheres, mantido pelas legislações penais até o atual Código, que excluiu a denotação machista. Para além dessa exclusão, importa perceber que a destipificação do adultério é também o reconhecimento de que a lei penal não pune a prática de ato que atente contra a fidelidade (...). Atualmente, o adultério não resistiu ao Código Penal, nem é mais utilizado como elemento para atribuição de culpa pelo fim do casamento. Muito embora esteja prevista no art. 1.573, inciso I, do Código Civil, a primeira das hipóteses de atribuição de culpa pelo fim da relação, o fato é que a culpa não é mais objeto de análise no Judiciário, uma vez que se tornou despicienda sua valoração, especialmente depois que a Emenda Constitucional 66/2010 retirou o termo *separação judicial* da Constituição Federal.[3]

Avanços como este, que reconhecem que a intervenção estatal deve se dar em situações realmente pontuais e para proteção de vulneráveis, por exemplo, fazem com que o direito brasileiro se destaque em seu protagonismo de proteção das pessoas.

Contudo, este exercício depende muitas vezes de iniciativas da doutrina e da jurisprudência, como ocorreu quando o STF reconheceu como entidades familiares as famílias homoafetivas, ou ainda, a consagração da filiação socioafetiva.

Ocorre, que no sentido contrário destes avanços, o Supremo Tribunal Federal julgou entre 2020 e 2021 dois temas de Repercussão Geral, de números 526 e 529, provocado pelas relações simultâneas, chamadas pelo Supremo de concubinato de longa duração.

E estas decisões, de cunho cível e previdenciário, sepultaram o que a jurisprudência vinha, com arrimo no próprio entendimento do STF, – de que o art. 226 é inclusivo e deve respeitar as liberdades –, de que é possível atribuir efeitos jurídicos positivos às famílias simultâneas.

---

2. CARNEIRO, Nelson. *Aspétos da crise da família*. Curitiba: Biblioteca da Faculdade de Direito de Curitiba, 1959. p. 14.
3. BRASILEIRO, Luciana. *As famílias simultâneas e seu regime jurídico*. Belo Horizonte: Ed. Fórum. 3 ed. 2021, p. 139-140.

2. O ENTENDIMENTO DO STF SOBRE FAMÍLIAS SIMULTÂNEAS

O Supremo Tribunal Federal reconheceu a Repercussão Geral dos Temas 526 e 529, fixando-os da seguinte forma:

> Tema 526 – Possibilidade de concubinato de longa duração gerar efeitos previdenciários. Recurso extraordinário em que se discute, à luz dos artigos 201, V, e 226, § 3º, da Constituição Federal, a possibilidade, ou não, de reconhecimento de direitos previdenciários (pensão por morte) à pessoa que manteve, durante longo período e com aparência familiar, união com outra casada.
>
> Tema 529 – Possibilidade de reconhecimento jurídico de união estável e de relação homoafetiva concomitantes, com o consequente rateio de pensão por morte. Recurso extraordinário com agravo em que se discute, à luz dos artigos 1º, III; 3º, IV; 5º, I, da Constituição Federal, a possibilidade, ou não, de reconhecimento jurídico de união estável e de relação homoafetiva concomitantes, com o consequente rateio de pensão por morte.[4]

Nos dois temas, havia a concomitância de relacionamentos e a necessidade de uma posição pontual a respeito do tema que, recorrentemente, chega aos tribunais. Esperava-se, no entanto, que a discussão fosse aprofundada, haja vista as teses anteriormente fixadas pelo Supremo, de que dignidade humana, afetividade, solidariedade e liberdade, são princípios, dotados de valor jurídico, que se sobrepõem aos interesses de determinadas instituições.

Afastar a ideia de que a família é uma instituição, colocando-a como *locus* de realização pessoal, respeitada a diversidade, foi uma bandeira defendida pelo STF, em uma postura pedagógica, de respeito às pessoas.

Surpreendentemente, ao enfrentar os dois temas relacionados ao concubinato, o STF invocou o princípio da monogamia como regra absoluta referendando decisão de 2008 no RE 397.762-8/BA, que ficou conhecida pelo voto divergente do Min. Ayres Britto, que àquela época já chamava a atenção para a afetividade como elemento estruturante da família:

> Atento aos limites materiais da controvérsia, pergunto: qual o sentido do fraseado "união estável", ali no peregrino texto da Lei Republicana? Convivência duradoura do homem e da mulher, expressiva de uma identidade de propósitos afetivo-ético-espirituais que resiste às intempéries do humor e da vida? Um perdurável tempo de vida em comum, então, a comparecer como elemento objetivo do tipo, bastando, por si mesmo, para deflagrar a incidência do comando constitucional? Esse tempo ou alongado período de coalescência que amalgama caracteres e comprova a firmeza dos originários laços de personalíssima atração do casal? Tempo que cimenta ou consolida a mais delicada e difícil relação de alteridade por parte de quem se dispôs ao sempre arriscado, sempre corajoso projeto de uma busca de felicidade amorosa (coragem, em francês, é courage, termo que se compõe do substantivo coeur e do sufixo age, para significar, exatamente, "o agir do coração")? Sabido que, nos insondáveis

---

4. BRASIL. Supremo Tribunal Federal. *Pesquisa avançada de Repercussão Geral*. Disponível em: http://www.stf.jus.br/portal/jurisprudenciaRepercussao/pesquisarProcesso.asp. Acesso em: 19 junho 2022.

domínios do amor, ou a gente se entrega a ele de vista fechada ou já não tem olhos abertos para mais nada? Pouco importando se os protagonistas desse incomparável projeto de felicidade a dois sejam ou não, concretamente, desimpedidos para o casamento civil? Tenham ou não uma vida sentimental paralela, inclusive sob a roupagem de um casamento de papel passado? (vida sentimental paralela que, tal como a preferência sexual, somente diz respeito aos respectivos agentes)? Pois que, se desimpedidos forem, a lei facilitará a conversão do seu companheirismo em casamento civil, mas, ainda que não haja tal desimpedimento, nem por isso o par de amantes deixa de constituir essa por si mesma valiosa comunidade familiar? Uma comunidade que, além de complementadora dos sexos e viabilizadora do amor, o mais das vezes se faz acompanhar de toda uma prole? E que se caracteriza pelo financiamento material do lar com receitas e despesas em comunhão? Quando não a formação de um patrimônio igualmente comum, por menor ou por maior que ele seja? Comunidade, enfim, que, por modo quase invariável, se consolida por obra e graça de um investimento físico-sentimental tão sem fronteiras, tão sem limites que a eventual perda do parceiro sobrevém como vital desfalque econômico e a mais pesada carga de viuvez? Pra não dizer a mais dolorosa das sensações de que a melhor parte de si mesmo já foi arrancada com o óbito do companheiro? Um sentimento de perda que não guarda a menor proporcionalidade com o modo formal, ou não, de constituição do vínculo familiar?[5]

Muito embora o voto acima tenha sido vencido, o fato é que posteriormente parece ter sido a tônica da decisão na ADI 4277, que reconheceu as famílias homoafetivas como entidades familiares.

Ou seja, esperando-se que o STF mantivesse a postura democrática de interpretação inclusiva da norma constitucional, a lógica seria afastar a monogamia do centro da discussão e refletir, verdadeiramente, sobre o sentido da família.

Reinou, no entanto, o posicionamento conservador de entender a monogamia como princípio absoluto, como já mencionado, para discriminar os tipos familiares possíveis e os tipos familiares não sujeitos a proteção.

Isto porque, não havia como não reconhecer no concubinato o preenchimento dos requisitos objetivos de uma entidade familiar: afetividade, ostensibilidade e durabilidade.

Porém, ainda assim, esbarrando na monogamia, tendo esta a condição de freio, de fator moral, foram fixadas as seguintes teses:

Tema 529: "A preexistência de casamento ou de união estável de um dos conviventes, ressalvada a exceção do artigo 1.723, § 1º, do Código Civil, impede o reconhecimento de **novo vínculo** referente ao mesmo período, inclusive para fins previdenciários, em virtude da consagração do dever de fidelidade e da monogamia pelo ordenamento jurídico-constitucional brasileiro"

---

5. BRITTO, Carlos Ayres. *Voto vista no Recurso Extraordinário 397.762-8/BA, Supremo Tribunal Federal.* Disponível em: http://www.stf.jus.br/arquivo/cms/noticiaNoticiaStf/anexo/ RE397762CB.pdf. Acesso em: 19 junho 2022.

Tema 526: "É incompatível com a Constituição Federal o reconhecimento de direitos previdenciários (pensão por morte) à pessoa que manteve, **durante longo período e com aparência familiar**, união com outra casada, porquanto o concubinato não se equipara, para fins de proteção estatal, às uniões afetivas resultantes do casamento e da união estável".

É perceptível que não foi possível fugir do reconhecimento das relações como familiares. Nem poderia ser diferente, haja vista que o concubinato está previsto e conceituado no Livro das Famílias do Código Civil Brasileiro. Ao mencionar "um novo vínculo", ou ainda um relacionamento "com aparência familiar", há o claro reconhecimento da dificuldade de categorizar como qualquer outro instituto.

Contudo, a vedação à atribuição de direitos, ou de efeitos jurídicos familiares, blinda os relacionamentos **anteriores,** preservando a singularidade de relações.

Os julgamentos, portanto, criaram uma situação inédita, de reconhecer famílias, sem efeitos jurídicos. Nem o casamento putativo está livre de efeitos jurídicos próprios, apenas o concubinato.

Esta colocação da monogamia como uma regra intangível, relembra o Código Civil de 1916, que reconhecia o casamento como única hipótese de família. Como bem pondera Rodrigo da Cunha Pereira, para que não haja exclusão ou tratamento discriminatório àquelas relações que existem ainda que sem observância à monogamia, num conflito de direitos deverá prevalecer o interesse das pessoas e não dos institutos. Segundo ele, a monogamia não pode funcionar como uma mera orientação cultural (moral), porque a monogamia orienta, inclusive juridicamente, as relações conjugais: "é um sistema organizador das formas de constituição de famílias, que se polariza com o sistema poligâmico".[6] Mas é de suma importância observar a função da monogamia, como já nos manifestamos:

> Se antes parecia ser uma norma que assegurava, por exemplo, a paternidade, num mecanismo que garantia ao homem seu espaço de dominação, atualmente o Brasil reconhece a paternidade a partir de outros elementos. O próprio STF, ao enfrentar o Tema 622 de Repercussão Geral, abriu margem para a multiparentalidade, ou ainda, a socioafetividade como elemento fundamental que assegure a filiação para além do vínculo genético. E já que a genética está sendo aqui mencionada, não é possível descuidar do fato de que a ciência evoluiu e é capaz de assegurar a paternidade a partir do exame de DNA. Afastando a certeza da paternidade do conceito de monogamia, restaria então a organização social e patrimonial, a partir da formação dos vínculos conjugais. Contudo, o Brasil também admite a formação de famílias fáticas, que se contrapõem ao conceito mais rígido da monogamia, que é aquele que impede que uma pessoa possua mais de dois registros, em face da vedação da bigamia.[7]

---

6. PEREIRA, Rodrigo da Cunha. *Dicionário de Direito de Família e sucessões ilustrado*. 2. ed. São Paulo: Saraiva Jur, 2018. p. 626.
7. BRASILEIRO, Luciana. Relação familiar simultânea, uma família sem direitos. *In*: *Manual de Direito de Família*. BAPTISTA, Silvio Neves. Recife: Bagaço, 2021, p. 470-71.

Então, se antes a monogamia imperava num ordenamento que só possuía um tipo familiar, pensado e programado para ser singular, atualmente ela não parece se encaixar num conceito estático de regra jurídica, num país que privilegia homens e ainda impõe às mulheres um lugar de inferiorização. Isto porque, historicamente, o concubinato foi formado por um homem e mais de uma mulher e esta cultura persiste.

Quando a lei avançou para permitir que os filhos tenham os mesmos direitos independentemente de sua origem, assim o fez para incluir os filhos de relacionamentos extraconjugais deixassem de figurar à margem da sociedade. Para impedir a perpetração das desigualdades dentro das famílias.

O que parece impedir que as relações concubinárias estejam inseridas num contexto mínimo de proteção, parece ser o desinteresse neste reconhecimento para colocação de mulheres no seio da dignidade, porque além da desproteção patrimonial e existencial, ainda são apontadas e vilanizadas como "amantes", destruidoras de lares, quando em verdade, a família que a Constituição Federal se propõe a proteger está centrada em cada um de seus membros, devendo-se inclusive, relativizar determinadas regras para assegurar esse viés protetivo e deixar todas as pessoas a salvo de qualquer violência ou tratamento discriminatório. É dever do Estado proteger as pessoas de qualquer tratamento discriminatório. Está na lei.

Contudo, o que efetivamente ocorreu a partir do julgamento dos Temas 526 e 529 foi uma escolha. O Supremo definiu que o tempo seria responsável pela seleção do tipo familiar a receber a proteção estatal, ou seja, a relação mais antiga terá efeitos jurídicos e a mais recente será excluída desses efeitos.

Ocorre que o Código Civil, ao prever os impedimentos para o casamento e para reconhecimento da União Estável, insere casamento anterior como uma dessas hipóteses. O art. 1.521, inciso VI e o 1.723, ambos do Código, estabelecem que casamento anterior impede casamento posterior e que casamento anterior sem separação de fato impede reconhecimento de união estável.

Estas regras, por serem restritivas de direitos, precisam ser analisadas de forma estrita. Não há, no entanto, nem para o casamento, nem para a união estável, impedimento de configuração em caso de união estável prévia. A as decisões do Supremo não verificaram então que a União Estável é uma entidade familiar autônoma, diferente do casamento, com características próprias, e que não tem em seu bojo a aplicação das penalidades da bigamia. Não haverá bigamia se uma pessoa vivendo em união estável vier a casar com outra, assim como não haverá bigamia se uma pessoa mantiver união estável com outra ou outras pessoas.

E a esse respeito não houve qualquer análise do STF, que se restringiu a ostentar a monogamia como solução hermenêutica para um problema que mais parece ser político, não jurídico.

A decisão aprisionará mulheres em relacionamentos que podem ser violentos, abusivos, mas ao mesmo tempo, em alguns casos, fonte de sustento familiar. Sem a proteção do Estado, as mulheres que compõem relações simultâneas serão desencorajadas a buscar os mecanismos próprios de proteção individual.

A Lei Maria da Penha, que reconheceu a mulher como maior vítima de violência doméstica, traz as medidas protetivas de urgência para as vítimas de violência doméstica. Esta lei é uma prova de que o Brasil é um país violento com mulheres. A decisão do Supremo institucionaliza a violência, na medida em que mulheres não buscarão a proteção do estado, por saberem que não terão direito a Alimentos, partilha de bens, direito real de habitação, dentre outros direitos.

A permanência numa relação abusiva será o caminho para se manter, quando esta mulher não estiver inserida no mercado de trabalho, muitas vezes porque se viu obrigada a deixá-lo, para se dedicar a um lar, que permanece sendo "clandestino", em pleno Século XXI.

É verdade que há necessidade de enfrentamento de temas sensíveis, quando o assunto é o das famílias simultâneas.

Um deles diz respeito ao patrimônio e à terceira pessoa envolvida nesta relação. Na maioria das vezes, o homem que mantém mais de uma mulher em relação familiar, procura impedir que ambas saibam da existência uma da outra. A não notoriedade de um relacionamento se dá neste tipo de situação, muito embora, no seio da comunidade em que ela se estabelece, seja ostensiva.

De fato, a pessoa que não conhece a relação que se estabelece simultaneamente à sua, não tendo optado, por exemplo, por permanecer naquele contexto, não pode ter seu patrimônio alvejado por esta família. E ao que parece esta é a única das questões mais sensíveis, do ponto de vista patrimonial: o direito à partilha dos bens e o direito sucessório.

Mas esta não seria a primeira vez que o Código enfrentaria restrições patrimoniais em relações conjugais. O exemplo do art. 1.641, que aplica regra de regime de bens obrigatório, a existência da legítima, que reduz a liberdade de testar, ou ainda, o inciso I do art. 1.829, que exclui da concorrência sucessória o cônjuge em determinados regimes de bens são situações típicas de redução patrimonial planejada pelo legislador, ponderando sempre os interesses envolvidos.

O que não parece razoável, para não dizer completamente descabido, é aplicar regra restritiva de direitos por analogia, para excluir e discriminar pessoas, o que é constitucionalmente vedado.

3. CONCLUSÕES

a) O Código Civil de 2002, que completa vinte anos, incluiu o concubinato no Livro das Famílias, reconhecendo seu valor jurídico e aplicando-lhe regras próprias;

b) O projeto do Código, de 1975, tinha a intenção de inserir o concubinato no ordenamento para aplicação de regras excludentes de direitos;

c) Os adventos da Lei do Divórcio e da Constituição Federal de 1988 ampliaram consideravelmente o conceito de família para admitir as famílias fáticas como tipos protegidos pelo Estado;

d) A Constituição Federal de 1988 veda o tratamento discriminatório a qualquer pessoa e consagra a igualdade entre homens e mulheres;

e) As mulheres, apesar de terem alcançado a igualdade de tratamento, estão distantes da igualdade material e ainda preenchem, na grande maioria, os postos de trabalhadoras da atividade doméstica laborativa não remunerada;

f) O concubinato ainda tem sido interpretado no Brasil como uma relação familiar sem efeitos jurídicos positivos;

g) O Supremo Tribunal Federal, ao julgar os Temas 526 e 529 de Repercussão Geral, promoveram enorme retrocesso ao invocar a monogamia como princípio jurídico, afastando a discussão da afetividade, dignidade humana, solidariedade, responsabilidade e diversidade nas relações concubinárias;

h) O STF reconheceu que o concubinato é família, mas não lhe atribui efeito jurídico nenhum, excluindo as famílias que se estabelecem posteriormente e de forma simultânea a outra de qualquer sorte de proteção;

i) Os julgamentos do STF não enfrentaram a natureza independente das famílias fáticas no Brasil, comparando-as ao casamento, que possui regras singulares.

4. REFERÊNCIAS

BRASIL. Supremo Tribunal Federal. *Pesquisa avançada de Repercussão Geral*. Disponível em: http://www.stf.jus.br/portal/jurisprudenciaRepercussao/pesquisarProcesso.asp. Acesso em: 19 junho 2022.

BRASILEIRO, Luciana. *As famílias simultâneas e seu regime jurídico*. Belo Horizonte: Ed. Fórum. 3. ed. 2021.

BRASILEIRO, Luciana. Relação familiar simultânea, uma família sem direitos. *In: Manual de Direito de Família*. BAPTISTA, Silvio Neves. Recife: Bagaço, 2021.

BRITTO, Carlos Ayres. *Voto vista no Recurso Extraordinário 397.762-8/BA, Supremo Tribunal Federal.* Disponível em: http://www.stf.jus.br/arquivo/cms/noticiaNoticiaStf/anexo/ RE397762CB.pdf. Acesso em: 19 junho 2022.

CARNEIRO, Nelson. *Aspétos da crise da família.* Curitiba: Biblioteca da Faculdade de Direito de Curitiba, 1959.

PEREIRA, Rodrigo da Cunha. *Dicionário de Direito de Família e sucessões ilustrado.* 2. ed. São Paulo: Saraiva Jur, 2018.

SILVA, Marcos Alves da. *Da monogamia*: a sua superação como princípio estruturante do direito de família. Curitiba: Juruá, 2013.

CÓDIGO CIVIL BRASILEIRO EM SUAS DUAS DÉCADAS

Luiz Edson Fachin

Ministro do Supremo Tribunal Federal; *Alma Mater*: Universidade Federal do Paraná (UFPR); Doutor e Mestre em Direito pela PUC-SP.

Desdêmona T.B. Toledo Arruda

Especialista em Direito Público, Máster em Seguridade Social (Universidade de Alcalá/OISS), cursando Máster em Políticas Públicas (Enap). Assessora de Ministro no Supremo Tribunal Federal.

Sumário: 1. Nota introdutória – 2. Dois códigos – 3. Direitos individuais e fundamentais; 3.1 Direitos de personalidade e igualdade; 3.2 Titularidades – o caso da pequena propriedade rural; 3.3 Direito das famílias – licença paternidade para o pai solo – 4. Considerações finais – 5. Referências.

1. NOTA INTRODUTÓRIA

O presente estudo contém reflexões de cunho acadêmico acerca de um período específico, que se conta no tempo e também no espaço. Trata-se de colher observações a respeito das duas primeiras décadas do Código Civil de 2002, transcorridas desde sua publicação.

Toma-se, nesse influxo, como premissa, o intento codificador, levado a efeito pelo legislador. Trata-se, portanto, de verificar os reflexos da tentativa que se contém nessa normatividade formal e é contida pela norma, entretanto também descortina as aspirações hermenêuticas de estatutos de base da ambiência jurídica, condizentes, como não poderia deixar de ser, com esse período de tempo e com essa localização do conhecimento jurídico, marcada no espaço do ordenamento brasileiro.

Parte-se, assim, do contexto específico atinente ao tempo presente, em que o Código Civil brasileiro completa duas décadas iniciais de vigência no transcurso do século XXI, período marcado por volatilidades e incertezas, como também por oportunidades crescentes e enriquecedoras. Arrosta, pois, a travessia do moderno ao contemporâneo, em que a segurança jurídica não é mais o precipitado insolúvel, infensa aos movimentos sociais.

É preciso observar que, nessa travessia, o indissolúvel passa a ser solúvel. As categorias jurídicas cujos sentidos deixam de ser precisos, estáveis ou duradouros e passam a ter novos significados, significantes em novas roupagens, a traduzir em regras jurídicas fatos da vida, com dose maior de incerteza. Torna-se ainda mais complexa a tarefa de interpretação e aplicação da norma.

O problema jurídico, como se sabe, perpassa por capturar e configurar o Direito. O tempo pandêmico evidencia, com ainda maior intensidade, a autonomia do conceito de problema jurídico. Ou seja, o Código Civil, engendrado para organizar as relações humanas e jurídicas na vida em sociedade, é desafiado por problemas que, se em primeira ordem, são apenas sanitários, passam a ser, também, jurídicos.

O estudo percorre, nesta tentativa de análise da impermanência destes vinte anos, uma comparação com o Código Civil de 1916, para então refletir sobre julgamentos recentes do Supremo Tribunal Federal que absorveram a Codificação de 2002 iluminada pelos princípios constitucionais.

Estas linhas servem para, antes de prever consequências, indicar caminhos ou mesmo apontar certezas, evidenciar as inquietudes que assolam o tempo presente e os estudiosos do Direito neste contexto. O desafio metodológico consiste, exatamente, em melhor compreender a realidade, para então contribuir com a mais hábil apreensão do direito e da sociedade em que estamos inseridos.

2. DOIS CÓDIGOS

A Lei 10.406 data de 10 de janeiro de 2002. São vinte anos desde sua publicação. Somam-se, portanto, duas décadas do diploma que rege o estatuto jurídico da personalidade, do trânsito jurídico, da titularidade e das famílias. Duas décadas que arrostam o legado das famílias jurídicas romano-germânicas ocidentais no Brasil.

Compreender o direito não pode, afinal, significar meramente uma operação mecânica; ao revés, é preciso ter em mente que se trata de uma tarefa somente possível a partir do permanente diálogo entre seres humanos.

Imbuídos dessa perspectiva, vale afirmar que o Código Civil não é uma simples lei. Muito mais que isso, é o constructo jurídico que emerge das regras e princípios imbricados no sistema de normas de direito privado. O Código corresponde, ele mesmo, aos anseios de uma dada sociedade.

O estudo do Direito Civil clássico e do Direito Civil contemporâneo, no Brasil, parte da codificação. E parte da constatação de que houve e há, no Brasil, dois Códigos Civis, cuja importância nenhum estudioso do Direito pode negar. Qualquer análise destas indispensáveis normas passa por delinear dois distintos fenômenos: de um lado, a crítica à reprodução infértil do saber, na *"manualística"* do conhecimento jurídico. E, de outro, o mergulho inescapável na obra e doutrina de autores que travam o verdadeiro diálogo das fontes.

Vale, portanto, o alerta de Judith Martins-Costa: "*Hoje é inconcebível visualizar-se o Direito Privado reduzindo-o ao Código Civil*[1]". Por isso mesmo, se é inconcebível reduzir o Direito Privado ao Código, qualquer análise que se queira proceder sobre o Direito Privado passa pelo Código Civil.

Sem desconsiderar as criativas tensões entre a aplicação de regras e princípios constitucionais e o ordenamento codificado, ou seja, cientes de que os Códigos Civis são reinterpretados pelas Constituições no Estado Democrático de Direito, é preciso contemplar os Códigos Civis a partir das mudanças operadas no trânsito da faticidade do real para o conteúdo normativo que neles se insere.

Assim, o Código Civil de 1916, produto do pensamento vigente durante o século XIX, é, e nem poderia ser diferente, reflexo de seu tempo, mesmo que sua vigência seja contemporânea ao século XX. O Código de 2002, embora irrompa no século XXI, reverbera as concepções jurídicas da década de 1970.[2]

O mestre Orlando Gomes, no anteprojeto que apresentou, no Brasil ainda democrático[3] de 1963, fez constar: "*Toda tentativa de codificação implica uma definição de política jurídica a ser seguida*[4]". A tarefa de dissecar as *raízes* históricas e sociológicas do Código de 16 foi realizada por Orlando Gomes[5] e nada cabe acrescentar. Cabe, ao contrário, relembrar essas lições, das quais podemos haurir:

> "Verifica-se, em suma, na evolução legislativa do Direito Privado brasileiro, aquele descompasso entre o Direito escrito e a realidade social, que assinalamos em outro ensaio. O Código Civil colocou-se em conjunto, acima da realidade brasileira, incorporando ideias e aspirações da camada mais ilustrada da população. Distanciando-se dessa realidade, o seu papel seria, em pouco tempo, de grande significação na evolução cultural do país. Primeiramente, porque exerceu notável função educativa. O idealismo da elite tem sido, entre nós, como foi na elaboração do Código Civil, de irrecusável utilidade para o próprio desenvolvimento do país. Transplantado para um país subdesenvolvido, que vivia exclusivamente na dependência da exportação de produção agrícola, instituições e doutrinas oriundas de povos mais desenvolvidos, os elaboradores do Código Civil concorreram para o aperfeiçoamento do nosso

---

1. MARTINS-COSTA, Judith. Mercado e solidariedade social. In: MARTINS-COSTA, Judith. *A reconstrução do direito privado: reflexos dos princípios, diretrizes e direitos fundamentais constitucionais no direito privado*. São Paulo: RT, 2002, p. 624.
2. FACHIN, Luiz Edson. *Direito Civil*: sentidos, transformações e fim. Renovar: Rio de Janeiro, 2015, p. 44.
3. FACHIN, Luiz Edson. *Direito Civil*: sentidos, transformações e fim. Renovar: Rio de Janeiro, 2015, p. 45.
4. GOMES, Orlando. *Código Civil*: projeto Orlando Gomes. Rio de Janeiro: Forense, 1985, p. 94.
5. GOMES, Orlando. *Raízes Históricas e Sociológicas do Código Civil Brasileiro*. São Paulo: Martins Fontes, 2003.

Direito privado, sem sacrificar a tradição pela novidade e sem cair no servilismo de outras codificações".[6]

A lição permanece e se projeta para o Código do presente e do futuro. O contexto histórico, econômico e cultural produziu, entre nós, duas imagens capturadas de fatos distintos, contudo sob um mesmo fio condutor. Assim, se a primeira etapa da travessia, ou seja, a codificação de 1916, manifestava as aspirações da camada da elite brasileira, incorporando suas ideias e aspirações, em evidente descompasso "*entre o Direito dos livros e o Direito das ruas*"[7], não é demasiado almejar, para a segunda etapa da travessia, inaugurada em 2002, um futuro que se presentifica em democracia, princípios constitucionais e ênfase na dignidade da pessoa humana.

Trata-se do que já se convencionou chamar de abertura semântica, que foi e ainda é vivenciada no meio jurídico brasileiro. A abertura que enfoca não apenas a força criativa dos fatos e o pluralismo jurídico, como também a heterogeneidade social.

Alcunhada de "*Virada de Copérnico*", esta verdadeira síntese normativa se constrói por meio da reestruturação dos princípios e da leitura do Direito Civil à luz da Constituição.

Em 2002, portanto, a lei que emerge não significa transformação social imediata ou alteração completa das bases da política jurídica da codificação. O ano de 2002 traz, em verdade, fechamento para um processo legislativo iniciado três décadas antes, com a promulgação do novo Código. A novidade, porém, mantinha, na substância, a estrutura da codificação anterior.

Filho tardio da modernidade[8], o Código de 2002 é exemplar de codificação outonal, emblemática do ideário que, a pretexto de completude, ambiciona uma apreensão da vida e das coisas que não se completa. Cientes dos limites da lei, aqueles que se dedicam ao Direito Civil sabem, também, de seus horizontes e possibilidades.

Assim, os vinte anos iniciais do Código Civil consubstanciam apenas início da trajetória de um trabalho em permanente construção. A racionalidade codificadora não se esgota nos mais de dois mil artigos. Ao contrário, convoca academia e tribunais para integrar, interpretar, dar sentido ao codificado. Assim vem se cumprindo a missão da codificação e os tribunais não estão de braços cruzados.

---

6. GOMES, Orlando. *Raízes Históricas e Sociológicas do Código Civil Brasileiro*. São Paulo: Martins Fontes, 2003, p. 45.
7. GOMES, Orlando. *Raízes Históricas e Sociológicas do Código Civil Brasileiro*. São Paulo: Martins Fontes, 2003, p. 45.
8. FACHIN, Luiz Edson. *Direito Civil*: sentidos, transformações e fim. Renovar: Rio de Janeiro, 2015, p. 47.

Afinal, é a prática que robustece o arcabouço teórico e legislativo. A codificação não se edita para figurar na letra fria da lei. A norma existe para ser tecida nos fatos da vida, na dimensão criativa das relações humanas. Haure-se, portanto, das possibilidades hermenêuticas da aplicação das normas de Direito Civil a força construtiva dos fatos por intermédio da doutrina e da jurisprudência.

Se o ícone da codificação, já na edição, em 2002, representava forma da modernidade, diante dos desafios hermenêuticos da Constituição de 1988 e da sociedade que se constitui a partir dela – que se pretende justa, livre e democrática, plural em sua diversidade – a lei ganha fôlego para singrar o tempo presente.

A *approach* em curso revela, assim, a ponte que a hermenêutica crítica está a pavimentar, no liame contido entre a codificação de 2002 e a principiologia axiológica de índole constitucional. As dissonâncias do Direito Civil permitem ampliar os horizontes, dentro de seus limites. Os contratos, as propriedades e as famílias permitem questionar a quem serve o direito. Se à autonomia privada ou à liberdade substancial, se à propriedade exclusiva ou à função social, se aos modelos excludentes ou ao reconhecimento do valor jurídico da afetividade. O Direito lido não apenas como técnica de resolução de conflitos, mas o Direito enquanto arte vocacionada pelo senso transformador da própria vida.[9]

3. DIREITOS INDIVIDUAIS E FUNDAMENTAIS

A postura predominantemente patrimonialista, característica do século XIX, herdada do Código Napoleônico, não é de todo compatível com a Constituição de 1988.

O legado puramente individualista do sistema clássico cede na transição do indivíduo à pessoa e na transição do sujeito à cidadania. Verifica-se, então, que tanto o indivíduo, como a sociedade e, ainda, as relações interprivadas, devem se reacender na concepção eudemonista.

Convoca-se, assim, o Direito a dar satisfações sobre a pretensão de regrar aprioristicamente todas as relações humanas e solucionar conflitos. O império do Direito das pessoas em relação aos bens, coisas e interesses sofre abalos e demanda reconstrução. Se o contrato social está fragmentado, a demarcação jurídica dos fatos ainda é necessária. As titularidades, posse, domínio e propriedade são confrontadas: hospedeiros e parasitas são desvelados no conflito entre centro e periferia. A funcionalização pode servir como resposta. As relações familiares e a igualdade entre pessoas e gêneros também clamam por respostas construídas com a contraprova dos fatos e da história.

---

9. FACHIN, Luiz Edson. *Direito Civil*: sentidos, transformações e fim. Renovar: Rio de Janeiro, 2015, p. 48.

Volatilidade, complexidade e incerteza desafiam as previsões jurídicas. Evitar cenários ambíguos continua sendo escopo do Direito. Se, no Brasil, ao longo da história mais recente, a centralidade da ordem jurídica se volta para a Constituição e não diretamente para o Código Civil, é certo que o reflexo da unidade do ordenamento se encontra nos valores e princípios constitucionais. Três casos recentemente julgados pelo Supremo Tribunal Federal podem iluminar esta compreensão e servir de exemplos para a travessia que vem se cumprindo.

3.1 Direitos de personalidade e igualdade

Em 2020, por maioria, o Supremo Tribunal Federal, no julgamento da ADI 5543, concluiu pela inconstitucionalidade de norma que impedia a doação de sangue por homens que mantêm relações sexuais com pessoas do mesmo sexo.

Concluiu-se, assim, que as normas do Ministério da Saúde e da Agência Nacional de Vigilância Sanitária (Anvisa) que continham tal proibição, além de violar a dignidade humana, também tratavam esse grupo de pessoas de forma injustificadamente desigual, afrontando-se o direito fundamental à igualdade.

O julgamento da ADI 5543, assim, permitiu extirpar do ordenamento forma de discriminação de pessoas em razão do exercício de seus legítimos direitos. A compreensão dos direitos da personalidade à luz das normas constitucionais, em verdadeiro giro copernicano, permitiu a afirmação dos direitos de personalidade e a correta interpretação constitucional do direito à igualdade.

Se o direito fundamental à igualdade, insculpido no art. 5º, *caput*, da Constituição, significa que todas as pessoas possuem a mesma dignidade, o mesmo valor moral, isso deve importar em igual tratamento, jurídico formal e jurídico material, dessas mesmas pessoas em suas capacidades mais elementares.

O Supremo Tribunal Federal reconheceu que a restrição à doação de sangue significava inconstitucional discriminação e afastou as normas do Ministério da Saúde e da Anvisa que ofendiam a dignidade humana e vituperavam os direitos de personalidade à luz da Constituição.

O precedente ilustra bem a melhor interpretação constitucional a ser conferida os direitos de personalidade, contidos nos artigos 11 a 21 do Código Civil.

Nunca é demais relembrar que a orientação sexual de cada pessoa faz parte de sua esfera mais íntima de personalidade. Nesse sentido, impedir a possibilidade do ser humano de uma vida plena passa também por privá-la desta dimensão, que dá sentido à própria existência, em negação e direitos que não pode ser admitida.

Dilapidar e solapar a qualidade dos projetos de vida não é papel do Estado, muito menos do Direito.[10]

3.2 Titularidades – o caso da pequena propriedade rural

No campo das titularidades, a referência que se faz é a julgado recente pelo Supremo Tribunal Federal de tema de repercussão geral que versa sobre a impenhorabilidade da pequena propriedade rural.

Ao apreciar, em dezembro de 2020, o mérito do Tema 961 da sistemática da repercussão geral, o Supremo Tribunal Federal assentou que pequenas propriedades rurais, desde que trabalhadas pela família, não podem ser objeto de penhora para pagamento de dívidas decorrentes da atividade produtiva.

A decisão certamente confere eficácia ao princípio da função social da propriedade, que tem assento no inciso XXIII do art. 5º da Constituição e, também, no art. 1.228 do Código Civil.

Além do princípio da função social da propriedade, a Constituição também contém, no artigo 5º, ou seja, no rol dos direitos fundamentais, inciso específico que resguarda a impenhorabilidade da pequena propriedade rural. É o texto do inciso XXVI do art. 5º: "*a pequena propriedade rural, assim definida em lei, desde que trabalhada pela família, não será objeto de penhora para pagamento de débitos decorrentes de sua atividade produtiva, dispondo a lei sobre os meios de financiar o seu desenvolvimento*".

Fixou-se a seguinte tese de repercussão geral: "*É impenhorável a pequena propriedade rural familiar constituída de mais de 01 (um) terreno, desde que contínuos e com área total inferior a 04 (quatro) módulos fiscais do município de localização*".

Reconheceu-se, ademais, a incidência franca da Constituição no particular. E, ademais, com especial ênfase nas propriedades, de maneira que não se afasta dos comandos de proteção à pessoa. Neste sentido, o STF assentou a leitura constitucionalmente adequada da propriedade. As titularidades, como alertou Ricardo Aronne, não deixam de ser privadas, mas recebem em seu seio o interesse social, implicando limite e impulso, de forma a podermos asseverar a premissa, que remonta à Constituição de Weimar, de que a propriedade obriga.[11]

Verifica-se, assim, o reflexo, na jurisprudência, da concepção segundo a qual a função social da propriedade constrói a ponte que liga o direito à obrigação. Liame que se verifica não apenas na especial e cada vez mais necessária tutela do meio

---

10. BARROSO, Luis Roberto. Diferentes, mas Iguais: o reconhecimento jurídico das Relações Homoafetivas no Brasil. *Revista Brasileira de Direito Constitucional* (Impresso), v. 17, p. 105-138, 2011.
11. ARONNE, Ricardo. *Por uma nova hermenêutica dos direitos reais limitados*: das raízes aos fundamentos contemporâneos. Rio de Janeiro, Renovar, 2001, p. 100.

ambiente como, também, nas relações de trabalho. A estrutura abre espaço, assim, à função, redimensionando, nesse influxo, o estatuto jurídico do patrimônio sem, contudo, perder a essência. A terra deixa de ser alvo da propriedade individual do sujeito para ser acolhida no amplo espectro do bem comum, da casa comum.[12]

3.3 Direito das famílias – licença paternidade para o pai solo

Outro tema que podemos citar como reflexo da compreensão, pelos tribunais, de direitos civis protegidos tutelados não necessariamente pelo Código Civil, mas que decorrem das relações de família e de sucessões.

Em maio de 2022, o Supremo Tribunal Federal concluiu o julgamento do Tema 1182 da sistemática repercussão geral, que trata da constitucionalidade da extensão da licença maternidade, prevista no art. 7º, XVIII, da Constituição e regulamentada pelo art. 207 da Lei 8.112/1990, ao pai solteiro servidor público. A controvérsia versou, portanto, sobre os princípios da isonomia (art. 5º, I, CRFB), da legalidade (art. 37, caput, CRFB), e da proteção integral da criança com absoluta prioridade (art. 227 da CRFB), bem como acerca do princípio da anterioridade do custeio, expresso no art. 195, § 5º, da CRFB, que dispõe que nenhum benefício ou serviço da seguridade social poderá ser criado, majorado ou estendido sem a correspondente fonte de custeio total.

O caso paradigma que deu origem ao tema de repercussão geral foi julgado pelo Tribunal Regional da 3ª Região. O Instituto Nacional do Seguro Social não se conformou com a decisão daquela corte que estendeu a "licença-maternidade", tal como prevista no Estatuto dos Servidores Públicos (Lei 8.112/1990) ao pai solteiro, cuja prole foi resultado de técnicas modernas de fertilização *in vitro*. O servidor, médico perito do INSS, tornou-se pai de gêmeos gerados por meio de *"barriga de aluguel"* nos Estados Unidos.

A conclusão do STF foi no sentido de que o pai genitor monoparental também faz jus ao benefício da licença-maternidade, garantia que visa, precipuamente, à proteção da criança. Nesse sentido, fixou-se a seguinte tese: "*À luz do artigo 227 da Constituição Federal, que confere proteção integral da criança, com absoluta prioridade, e o princípio da paternidade responsável, a licença-maternidade prevista no artigo 7º, inciso 18, na Constituição Federal de 1988 e regulamentada pelo artigo 208, da lei 8.112/1990, estende-se ao pai genitor monoparental*".

A decisão enalteceu, dentre outros, o princípio do melhor interesse da criança, que tem assento constitucional no art. 227 e que assim é definido pela doutrina:

---

12. PAPA FRANCISCO. Carta Encíclica '*Laudato si*' – Sobre o cuidado da casa comum. São Paulo: Paulinas, 2015.

"O princípio do melhor interesse significa que a criança – incluído o adolescente, segundo a Convenção Internacional dos Direitos da Criança – deve ter seus interesses tratados com prioridade, pelo Estado, pela sociedade e pela família, tanto na elaboração quanto na aplicação dos direitos que lhe digam respeito, notadamente nas relações familiares, como pessoa em desenvolvimento e dotada de dignidade."[13]

Trata-se de julgamento que também exemplifica a concretização de princípios de base axiológica constitucional, no sensível cotejo entre autonomia privada e intervenção estatal, que, no desafio hermenêutico, pretende afastar reducionismos e simplificações. As formas de família todas, singulares em sua complexidade, representam um plural a problematizar tanto o campo das relações interprivadas quanto a espacialidade pública, ou seja, tanto a decisão do pai *solo* de empreender o projeto parental, como a necessidade de intervenção estatal para garantir proteção à prole nos primeiros meses de vida.

Nesta ordem de ideias, a jurisprudência vem refletindo a compreensão segundo a qual merecem proteção todas as novas configurações de família, a merecer todos os elogios.

A lealdade a um projeto de vida, afinal, não encontra abrigo exclusivamente na previsão normativa, e sim na vida concreta, na faticidade que preenche as normas, naqueles que empreendem seus projetos de vida. O seio da família é o palco do livre desenvolvimento da personalidade humana e a intervenção estatal, nessa ambiência, limita-se à concretização de direitos.

4. CONSIDERAÇÕES FINAIS

Foram importantes essas duas décadas do Código Civil. O presente texto, na conclusão, reconhece como relevante que os caminhos traçados pelo Código brasileiro lançam desafios. Enfrentá-los passa por perfilhar o rearranjo social dos modelos no universo de conceitos e formas migrantes, cientes de que se deve considerar a problemática jurídica também em sua dimensão social, suscetível de análise crítica de seus reflexos, não apenas na legislação, mas também na doutrina e na jurisprudência.

Apenas elencar os princípios constitucionais, portanto, não é suficiente. Cumpre, agora, nos próximos anos de vigência da codificação de 2002, insistir na tarefa sempre inesgotável de dar sentido e fim a tais princípios.

Essa tarefa, como vimos, vem encontrando respaldo na doutrina e na jurisprudência, o que se pode afirmar, a partir da breve revisão de três casos apreciados

---

13. LÔBO, Paulo. Direito de família e os princípios constitucionais. In: PEREIRA, Rodrigo da Cunha (Org.). *Tratado de Direito das Famílias*. Belo Horizonte: IBDFAM, 2015, p. 123.

recentemente pelo Supremo Tribunal Federal, que ecoam a concretização de direitos da personalidade, de propriedade e das famílias na faticidade da vida concreta.

Os desafios, porém, permanecem e são complexos. Entre limites e possibilidades, ainda persistem flexibilidades teóricas e inconsistências práticas na aplicação, que desafiam o Direito, nesse tempo pleno de volatilidade.

Encontrar um problema jurídico não significa, o que se verificou com ainda maior intensidade a partir da emergência sanitária causada pela Covid-19, um diálogo periférico com outras ciências. Abrir caminho para o que significa o conhecimento jurídico nesses novos tempos e para as próximas gerações, a partir de múltiplos conhecimentos: eis aí o que se coloca para as próximas décadas de vigência da Lei 10.406/2002.

Trata-se, consabido, de um ânimo cuja porosidade não é singela. É preciso enfrentá-lo com metodologia, para bem realizar a tarefa de interpretar, integrar e colmatar lacunas. Exercer a tarefa crítica da jurisprudência: eis aí o exercício principal lançado à doutrina.

O Código Civil, nas décadas do porvir, iluminado pelos princípios de axiologia constitucional, continuará a viagem do redescobrimento, em jornada que está em permanente reconstrução, voltada para o horizonte teórico, rumo à ampliação de confins, dentro da legalidade constitucional.

5. REFERÊNCIAS

ARONNE, Ricardo. *Por uma nova hermenêutica dos direitos reais limitados*: das raízes aos fundamentos contemporâneos. Rio de Janeiro: Renovar, 2001.

BARROSO, Luis Roberto. Diferentes, mas Iguais: o reconhecimento jurídico das Relações Homoafetivas no Brasil. *Revista Brasileira de Direito Constitucional* (Impresso), v. 17, p. 105-138, 2011.

FACHIN, Luiz Edson. *Direito Civil*: sentidos, transformações e fim. Renovar: Rio de Janeiro, 2015.

GOMES, Orlando. *Código Civil: projeto Orlando Gomes*. Rio de Janeiro: Forense, 1985.

GOMES, Orlando. *Raízes Históricas e Sociológicas do Código Civil Brasileiro*. São Paulo: Martins Fontes, 2003.

LÔBO, Paulo. Direito de família e os princípios constitucionais. In: PEREIRA, Rodrigo da Cunha (Org.). *Tratado de Direito das Famílias*. Belo Horizonte: IBDFAM, 2015.

MARTINS-COSTA, Judith. Mercado e solidariedade social. In: MARTINS-COSTA, Judith. *A reconstrução do direito privado*: reflexos dos princípios, diretrizes e direitos fundamentais constitucionais no direito privado. São Paulo: RT, 2002.

PAPA FRANCISCO. Carta Encíclica '*Laudato si*' – Sobre o cuidado da casa comum. São Paulo: Paulinas, 2015.

O CÓDIGO CIVIL DE 2002 E O IMPACTO DA PANDEMIA NO EQUILÍBRIO DAS RELAÇÕES OBRIGACIONAIS

Nancy Andrighi

Ex-aluna da gloriosa Pontifícia Universidade Católica do Rio Grande do Sul.
Ministra do Superior Tribunal de Justiça.

"Cosa grande es un Código Civil"

(Angel Ossorio)

Sumário: 1. O contexto da crise: a peste – 2. A relação jurídica obrigacional como processo – 3. O enfrentamento do desequilíbrio contratual; 3.1 Soluções negociais; 3.2 Soluções legais; 3.2.1 Delineamentos dogmáticos das principais teorias; 3.2.2 Conformação atual do direito positivo brasileiro; 3.3 A interpretação do superior tribunal de justiça nos últimos 5 anos; 3.4 Reflexões acerca da revisão contratual no contexto da pandemia – 4. Conclusão – 5. Bibliografia.

1. O CONTEXTO DA CRISE: A PESTE

"Os flagelos, na verdade, são uma coisa comum, mas é difícil acreditar neles quando se abatem sobre nós. Houve no mundo igual número de pestes e de guerras. E, contudo, as pestes, assim como as guerras, encontram sempre as pessoas igualmente desprevenidas".

O excerto acima, extraído da obra A Peste, *Magnum Opus* de Albert Camus, proeminente escritor franco-argelino vencedor, em 1957, do Prêmio Nobel de Literatura, não poderia ser mais atual.

O romance, publicado em 1947, pouco após o fim da Segunda Guerra Mundial, "best-seller" em meio à atual pandemia, narra a história dos habitantes da cidade de Orã, na Argélia, que se veem às voltas com uma inesperada epidemia.

Solidariedade, egoísmo, filosofia, ética, moral, solidão, amor, revolta, exílio, são alguns dos temas fundamentais que permeiam a obra, alegoria da condição humana, entrelaçando-se para criar um universo literário de triste atualidade, capaz de fornecer elementos para a compreensão dos dilemas da sociedade contemporânea.

Se há alguns anos o romance pareceria distante da realidade, atualmente, parece narrar, com muita similaridade, as angústias e os impactos sofridos pela sociedade humana em virtude da Pandemia de Covid-19.

Com efeito, a atual crise sanitária, além dos incalculáveis impactos negativos medidos, sobretudo, e infelizmente, por vidas humanas perdidas, afetou todos os setores do sistema jurídico.

A crise, no entanto, não é a primeira a impactar o mundo jurídico e a exigir soluções dos operadores do Direito.

Em 23 de janeiro de 1918 foi publicada, na França, a famosa Lei Faillot, aprovada no último ano da Primeira Guerra Mundial (1914-1918), fruto de projeto apresentado pelo deputado Auguste Gabriel Failliot tendo em vista os impactos do conflito mundial no equilíbrio dos contratos.

Tratava-se de uma "lei de guerra, de caráter transitório, mas que introduziu no ordenamento jurídico um suporte normativo que possibilitou a resolução, por qualquer das partes contratantes, de obrigações de fornecimento de mercadorias e alimentos, contraídas antes de 1º de agosto de 1914, bem assim que ostentassem a natureza sucessiva e continuada, ou apenas diferida".[1]

Menciona-se, por oportuno, os artigos primeiro e segundo da vetusta legislação:

> Art. 1º. Na pendência da guerra, e até sua expiração, por um prazo de três meses a partir da cessação das hostilidades, as disposições excepcionais desta lei são aplicáveis aos negócios e aos contratos de caráter comercial, por ambas as partes ou por uma delas somente, concluídos antes de 1o de agosto de 1914, e que consistam seja na entrega de mercadorias ou de gêneros, seja em outras prestações, sucessivas ou apenas diferidas.
>
> Art. 2º. Independentemente de causas de resolução oriundas do direito comum ou de convenções particulares, os negócios e contratos mencionados no artigo precedente podem ser resolvidos a pedido de qualquer uma das partes, se provado que, por razão do estado de guerra, a execução das obrigações de um dos contratantes envolver encargos que lhe causam um prejuízo de uma importância que ultrapassa e muito as previsões razoavelmente feitas à época da convenção.

A Lei Failliot representou, com efeito, marco fundamental da interferência legislativa na execução dos contratos e da moderna concepção de revisão contratual, cujas origens remontam à cláusula *rebus sic stantibus*[2], concebida, no período

---
1. RODRIGUES JR., Otavio Luiz. *Revisão judicial dos contratos*: Autonomia da vontade e teoria da imprevisão. 2 ed. São Paulo: Atlas, 2006. p. 29. Adverte Otavio Luiz Rodrigues Jr. que a Lei Failliot não foi a primeira a reconhecer a teoria da imprevisão: "Na Itália, o Decreto Real n. 739, de 27 de maio de 1915, já admitia a intervenção judicial nos contratos. E os arestos do Conselho de Estado, anteriores a 1918, também demonstravam as fissuras na obrigatoriedade absoluta dos contratos" (RODRIGUES JR., Otavio Luiz. *Revisão judicial dos contratos*: Autonomia da vontade e teoria da imprevisão. 2. ed. São Paulo: Atlas, 2006. p. 52).
2. A expressão pode ser traduzida, literalmente, por "estando assim as coisas". O nome da referida cláusula advém da famosa expressão medieval *contractus qui habent tractum successivum et dependentiam de futuro rebus sic stantibus intelliguntur* (os contratos de trato sucessivo ou a termo ficam subordinados, a todo tempo, ao mesmo estado de subsistência das coisas).

medieval, pelos pós-glosadores e cujo objetivo era temperar o rigor do *pacta sunt servanda* com a equidade exigida pelos princípios morais do Direito Canônico.[3]

Observa-se que, a rigor, a referida lei não autorizava a revisão, mas sim a resolução dos contratos. No entanto, representou "um símbolo histórico e jurídico do fim de uma era, justamente na pátria dos grandes civilistas do Código Napoleão e das mais sólidas tradições do Liberalismo (...) A partir de 1918, a então autonomia da vontade seria relativizada e interpretada ante princípios há muito esquecidos e desprestigiados".[4]

No Brasil, em março de 2020, foi reconhecido, por meio do Decreto Legislativo n. 6/2020, o estado de calamidade pública em virtude da pandemia de Covid-19.

Nesse contexto, francamente influenciada pela experiência francesa do pós-guerra[5], foi promulgada a Lei n. 14.010, de 10 de junho de 2020, que dispõe sobre "Regime Jurídico Emergencial e Transitório das relações jurídicas de Direito Privado no período da pandemia do coronavírus (Covid-19)".

A lei, de caráter emergencial, possui o objetivo declarado de preservar as relações jurídicas de direito privado e de garantir a proteção dos mais vulneráveis, em virtude dos impactos econômicos da pandemia.

Nota-se, portanto, que a crise, a par dos novos conflitos de interesses que produz, motiva reações – legislativas, doutrinárias e jurisprudenciais – capazes de garantir a adequada distribuição dos bens da vida e a consequente pacificação social.[6]

---

3. TEPEDINO, Gustavo; KONDER, Carlos Nelson; BANDEIRA, Paula Greco. *Fundamentos do Direito Civil*: contratos. v. 3. 2. ed. rev. atual. e ampl. Rio de Janeiro: Forense, 2021, p. 136.
4. RODRIGUES JR., Otavio Luiz. *Revisão judicial dos contratos*: autonomia da vontade e teoria da imprevisão. 2. ed. rev. ampl. e atual. São Paulo: Atlas, 2006, p. 29 e 31.
5. "A opção do legislador no art. 7º não pode ser confundida com uma solução passadista, como se a menção à Lei Failliot, na justificativa do PL 1179 e no relatório da senadora Simone Tebet, fosse uma espécie de "repetição histórica" anacrônica, pensada por civilistas com alma oitocentista embora vivendo em pleno século XXI (...) A referência à Lei Failliot de 1918, que foi revolucionária em seu tempo, teve a força perlocucionária de seu contexto histórico (uma guerra mundial) e de seus objetivos (alteração transitória e emergencial do regime jurídico contratual para permitir a resolução – a lei nunca cuidou da revisão – contratual) (...) Nesse sentido, a Lei do RJET inspirou-se em uma legislação de guerra, quanto à necessidade de uma tramitação rápida e à solução de problemas transitórios, tudo isso sem modificação definitiva da legislação, a saber, o *Code Civil*. Pretender alterações definitivas nos três regimes contratuais mais afetados pela pandemia (cíveis, de consumo e de locação predial urbana) seria inadequado e ineficaz, dada a eficiência com que eles se prestam a solucionar os problemas dela decorrentes" (FERREIRA, Antonio Carlos; RODRIGUES JR., Otavio Luiz; LEONARDO, Rodrigo Xavier. Revisão judicial dos contratos no regime jurídico emergencial e transitório das relações jurídicas de direito privado na pandemia de 2020 (Lei 14.010, de 10 de junho de 2020). *Revista de Direito Civil Contemporâneo*. vol. 25. ano 7. p. 329. São Paulo: Ed. RT, out.-dez./2020).
6. DIEZ-PICAZO, Luis. *Fundamentos del derecho civil patrimonial*. 6. ed. Madri: Civitas, 2007, p. 45; GRINOVER, Ada Pellegrini Grinover; DINAMARCO, Cândido Rangel; CINTRA, Antonio Carlos de Araújo. *Teoria Geral do Processo*. 26. ed. rev. e atual. São Paulo: Malheiros, 2010, p. 25.

No âmbito das relações jurídicas contratuais, a pandemia provocou imediato e profundo desequilíbrio entre as prestações, desafiando o Direito Privado e, mais especificamente, o Direito Civil, a apresentar instrumentos capazes de garantir soluções jurídicas justas.

De fato, o fechamento dos estabelecimentos comerciais e as demais restrições impostas pelo Poder Público impactaram profundamente o equilíbrio contratual de diversos negócios.

Os contratos de locação comercial e residencial, os serviços educacionais, os contratos de fornecimento de equipamentos de proteção individual e os contratos relativos a *commodities* são apenas alguns exemplos de negócios jurídicos que sofreram os efeitos da crise sanitária.

Soma-se a isso o fato de que "o mundo de economia globalizada, com forte e profunda interconexão de cadeias produtivas é uma realidade global praticamente inescapável, fazendo com que os efeitos decorrentes da pandemia e isolamento social sejam sentidos em todos os países".[7]

O presente texto, desse modo, elaborado em homenagem aos 20 anos do Código Civil de 2002, tem por escopo examinar o impacto da pandemia de Covid-19 no âmbito contratual, analisando a capacidade do vintenário Código Civil de fornecer ao intérprete instrumentos efetivos para a ingente tarefa de restabelecer o equilíbrio dos contratos.

2. A RELAÇÃO JURÍDICA OBRIGACIONAL COMO PROCESSO

A Dogmática Geral do Direito Privado contemporânea encontra-se alicerçada na Teoria Geral da Relação Jurídica, construção desenvolvida, no séc. XIX, na Alemanha, pelos Pandectistas. Deve-se, fundamentalmente, aos trabalhos de Friedrich Carl Freiherr von Savigny, sobretudo em sua seminal obra, *System des heutigen römischen Rechts* (Sistema de Direito Romano Atual), "obra mais influente de toda a literatura jurídica do século XIX"[8], a elevação da noção de relação jurídica como conceito superior que garante unidade a todo o sistema jurídico.[9]

---

7. ANDERS, Henrique Rodrigues. Covid-19 e seus impactos nos compromissos de venda e compra e imóveis no Brasil *In*: ALMEIDA, Marcelo Manhães de; LEVY, Wilson (Coords.). *Coronavírus*: impactos no direito imobiliário, urbanístico e na arquitetura do espaço urbano. São Paulo: Foco, 2021. p. 121.
8. RODRIGUES JÚNIOR, Otavio Luiz. *Direito Civil Contemporâneo*: estatuto epistemológico, constituição e direitos fundamentais. Rio de Janeiro: Forense Universitária, 2019. p. 2.
9. MORAES, Bernardo B. Queiroz de. *Parte geral*: Código Civil: gênese, difusão e conveniência de uma ideia. São Paulo: YK, 2018. p. 90.

Com efeito, a relação jurídica é uma das noções fundamentais do Direito, como adverte Pontes de Miranda[10], que deriva da "movediça rede de convivências, que constituem o ser social do homem".[11]

No Direito Brasileiro, a imprescindibilidade da noção de relação jurídica revela-se ainda mais proeminente tendo em vista que desde, pelo menos, a Consolidação das Leis Civis, de Augusto Teixeira de Freitas, já era ela a pedra de toque da sistematização do Direito Privado.[12]

Posteriormente, o próprio Código Civil de 1916[13] e o atual Código Civil de 2002, por influência do sistema germânico e da tradição lusitana, hauriram da Teoria Geral da Relação Jurídica o seu fundamento precípuo, organizando sua estrutura a partir dos elementos que compõe a estrutura de toda e qualquer relação jurídica.[14]

Não por outro motivo, o mestre português Castro Mendes é categórico ao afirmar que "teoria geral do direito civil é teoria geral da relação jurídica".[15]

Dentre as diversas espécies de relações jurídicas, as obrigacionais possuem posição de destaque, não só por representar o embrião da própria teoria geral[16], mas sobretudo em virtude da importância que possui para regular as relações econômicas em uma sociedade capitalista.

Do ponto de vista de sua estrutura, a relação jurídica obrigacional é composta, no polo ativo, por um credor, titular de um crédito, e, no polo passivo, por um devedor, titular de um débito/dívida, tendo por objeto a prestação.

Nesse contexto, "o primeiro (credor) pode exigir do segundo (devedor), e dele apenas, o comportamento que solucione a dívida; por sua vez é somente o credor, e ele apenas, aquele a quem o devedor tem de efetuar a respectiva prestação".[17]

---

10. PONTES DE MIRANDA, Francisco Cavalcanti. *Tratado de Direito Privado*: pessoas físicas e jurídicas. t. 1. Atual. por Judith Martins-Costa, Gustavo Haical e Jorge Cesar Ferreira da Silva. São Paulo: Revista dos Tribunais, 2012, p. 19.
11. LUMIA, Giuseppe. *Lineamenti di teoria e ideologia del diritto*. 3. ed. Milano: Giuffrè, 1981. p. 102-123. Tradução para o português com adaptações e modificações por TOMASETTI JÚNIOR, Alcides. *Teoria da relação jurídica*. 1999. p. 1.
12. FREITAS, Augusto Teixeira de. *Consolidação das Leis Civis*. 3. ed. aumentada. Rio de Janeiro: H. Garnier, 1896, p. LXII.
13. LACERDA, Paulo de. *Manual do Código Civil Brasileiro*: Introdução, Da Lei em Geral, sua Retroactividade, Revogação e Interpretação. v. 1. Rio de Janeiro: Freitas Bastos, 1918, p. 8; BEVILÁQUA, Clóvis. *Código Civil dos Estados Unidos do Brasil Comentado*. v. 1. 3. ed. São Paulo: Francisco Alves, 1927, p. 85.
14. MORAES, Bernardo B. Queiroz de. *Parte geral*: Código Civil: gênese, difusão e conveniência de uma ideia. São Paulo: YK, 2018. p. 123.
15. MENDES, Castro. *Direito Civil*: Teoria Geral. Lisboa: Livraria Petrony, 1978. p. 115.
16. CARNELUTTI, Francesco. *Teoria Geral do Direito*. Rio de Janeiro: Âmbito Cultural, 2006. p. 281.
17. TOMASETTI JR., Alcides *In*: OLIVEIRA, Juarez de (Coord.). *Comentários à Lei de Locação de Imóveis Urbanos*. São Paulo: Saraiva, 1992, p. 5.

A presença de um credor, de um devedor e de uma prestação é, justamente, o que caracteriza a relação jurídica obrigacional.

A prestação é o objeto típico e exclusivo desta espécie de relação jurídica, e de nenhuma outra, e consiste, em síntese, em um comportamento devido pelo devedor ao credor, podendo representar um dar, um fazer ou um não fazer.

Nesse contexto, importa considerar que, modernamente, sobretudo em virtude da influência exercida por Karl Larenz sobre o Direito Civil nacional, a relação obrigacional passou a ser vista não de maneira estática, mas de forma dinâmica, como um processo.[18]

De fato, a relação jurídica obrigacional nasce de um fato jurídico, desenvolve-se no tempo, com o potencial surgimento de diversas posições jurídicas atribuídas às partes, inclusive decorrentes da boa-fé objetiva, e culmina no adimplemento.

Conforme ressalta Clóvis do Couto e Silva, responsável por introduzir, no Brasil, a noção dinâmica de relação obrigacional, esta "se encadeia e se desdobra em direção ao adimplemento, à satisfação dos interesses do credor (...) o adimplemento atrai e polariza a obrigação. É o seu fim".[19]

Nesse sentido, assevera Judith Martins-Costa que, "mais do que mera 'soma' de seus elementos principais (o crédito e o débito), a relação configura, quando visualizada internamente, uma totalidade de direitos subjetivos, deveres jurídicos, poderes formativos, pretensões, ônus jurídicos, sujeições e exceções que não são, de modo algum, fixos e imutáveis, podendo vir a sofrer os reflexos da ação do tempo e das circunstâncias que conformam concretamente o entorno no qual desenvolvida a relação".[20]

Em relação, especificamente, às relações jurídicas contratuais, espécie mais importante dentre as relações obrigacionais, deve-se ressaltar, no que interessa ao presente estudo, o papel fundamental desempenhado tanto pelo princípio da força obrigatória dos contratos, quanto pelo princípio do equilíbrio das prestações ou da equivalência material, princípios nem sempre harmônicos entre si.

O princípio da força obrigatória dos contratos ou do *pacta sunt servanda*, ideia-força dos códigos oitocentistas e do liberalismo econômico típico deste período, impõe o cumprimento das obrigações tal qual pactuadas, em homenagem à autonomia privada das partes, pondo à disposição do prejudicado a

---

18. MARTINS-COSTA, Judith *In*: TEIXEIRA, Sálvio de Figueiredo (Coord.). *Comentários ao Novo Código Civil*: do direito das obrigações, do adimplemento e da extinção das obrigações. v. 5. t. 1. Rio de Janeiro: Forense, 2005, p. 27.
19. SILVA, Clóvis do Couto e. *A obrigação como processo*. Rio de Janeiro: FGV, 2006, p. 17.
20. MARTINS-COSTA, Judith *In*: TEIXEIRA, Sálvio de Figueiredo (Coord.). *Comentários ao Novo Código Civil*: do direito das obrigações, do adimplemento e da extinção das obrigações. v. 5. t. 1. Rio de Janeiro: Forense, 2005, p. 61.

força do Estado para compelir o devedor ao cumprimento ou à indenização[21]. Sua formulação clássica pode ser encontrada no art. 1.134 do Código Civil francês de 1804: "as convenções legalmente formadas têm força de lei para os que as contraírem".

Por outro lado, o princípio da equivalência material "busca realizar e preservar o equilíbrio real de direitos e deveres no contrato, antes, durante e após a sua execução, para rearmonização dos interesses"[22], preservando, portanto, o equilíbrio entre as prestações.

Assim, tratando-se de relação obrigacional em que estipuladas prestações recíprocas, o referido princípio fomenta a manutenção do seu equilíbrio, buscando assegurar que a álea econômica permaneça dentro de níveis razoáveis de alocação de risco.

É simples, observar, nesse diapasão, que a atual pandemia de Covid-19 reavivou e mais uma vez pôs em colisão os referidos princípios contratuais, notadamente ao dificultar ou, até mesmo, impedir o cumprimento das obrigações, obstando, desta feita, a consecução do fim primordial das relações jurídicas obrigacionais: o adimplemento.

De modo imprevisível e extraordinários, as prestações, antes comutativas, tornaram-se desequilibradas ou de difícil cumprimento. As obrigações, pactuadas em ambiente de relativa estabilidade e segurança, revelaram-se excessivamente onerosas. Credores e devedores, assolados pelos impactos econômicos, foram levados à ruína financeira. A evolução do processo obrigacional, em síntese, viu-se obstada e o adimplemento, fato polarizador das relações, ficou cada vez mais distante.

No entanto, a vida em sociedade exige a realização de previsões, como anota o mestre português Pedro Pais de Vasconcelos: as pessoas "assentam as suas decisões e comportamentos na antecipação presente de acontecimentos futuros. A prognose é banal, é necessária, é frequente"[23].

Não por outro motivo, Judith Martins-Costa afirma que a promessa de cumprimento contida na declaração negocial é "a modalidade normativa destinada à apreensão do futuro jurídico, [...] cada contrato caracteriza, verdadeiramente, um ato de comprometimento do futuro".[24]

---

21. LÔBO, Paulo. *Direito Civil*: contratos. v. 3. 7. ed. São Paulo: Saraiva, 2021, p. 56.
22. LÔBO, Paulo. *Direito Civil*: contratos. v. 3. 7. ed. São Paulo: Saraiva, 2021, p. 63.
23. VASCONCELOS, Pedro Pais de. *Teoria Geral do Direito Civil*. 3. ed. Coimbra: Almedina, 2005, p. 680-681.
24. MARTINS-COSTA, Judith. A cláusula de hardship e a obrigação de renegociar nos contratos de longa duração. *Revista de arbitragem e mediação*, v. 7, n. 25, p. 12, abr./jun. 2010.

A pandemia afetou as previsões já estabelecidas, ao mesmo tempo em que criou novos e desconhecidos obstáculos às previsões futuras, notadamente em virtude do desconhecimento de seus efeitos e de sua duração.

A crise, nesse contexto, inaugurou "um novo capítulo no Direito dos Contratos brasileiro, no qual se antagonizam os interesses entre os contraentes que buscam a revisão dos contratos frente aos seus adversos que pretendem a sua manutenção".[25]

A pandemia, de fato, tem imposto à humanidade condições sem precedentes no último século, transformando o presente em momento de grandes incertezas, em prejuízo da previsibilidade, tão cara às relações contratuais e aos agentes econômicos, exigindo dos aplicadores da lei a busca de alternativas para a manutenção de higidez e estabilidade da relação obrigacional.

3. O ENFRENTAMENTO DO DESEQUILÍBRIO CONTRATUAL

No que concerne ao Direito Privado, a principal indagação jurídica suscitada pelo avanço da pandemia sobre os contratos tem sido definir, diante de um evento extraordinário e imprevisível, a forma mais adequada de enfrentar o desequilíbrio contratual, notadamente no âmbito dos chamados "contratos evolutivos".[26]

3.1 Soluções negociais

De início, deve-se considerar, como vem sendo apontado por parcela da doutrina, a conveniência das chamadas soluções negociais.

Nesse contexto, diversos autores apontam a existência de um *dever de renegociar*, verdadeiro dever anexo decorrente da cláusula geral da boa-fé-objetiva e que deveria ser a primeira alternativa a ser buscada pelos contratantes.[27]

Digno de nota é a chamada "cláusula de hardship", que são disposições contratuais cuja eficácia consiste, em síntese, em provocar a renegociação entre as

---

25. FERREIRA, Antonio Carlos; RODRIGUES JR., Otavio Luiz; LEONARDO, Rodrigo Xavier. Revisão judicial dos contratos no regime jurídico emergencial e transitório das relações jurídicas de direito privado na pandemia de 2020 (Lei 14.010, de 10 de junho de 2020). *Revista de Direito Civil Contemporâneo*. vol. 25. ano 7. p. 317. São Paulo: Ed. RT, out.-dez./2020.
26. A expressão "contratos evolutivos" é evocativa "de um fenômeno atinente à arquitetura do contrato e à sua relação com o tempo, abrangendo contratos que contém obrigações diferidas e/ou duradouras, como, exemplificativamente, contratos de fornecimento de bens, prestação de serviços, distribuição, financiamento ou locação" (MARTINS-COSTA, Judith. A cláusula de hardship e a obrigação de renegociar nos contratos de longa duração. *Revista de arbitragem e mediação*, v. 7, n. 25, p. 15, abr./jun. 2010).
27. SCHREIBER, Anderson. Existe um dever de renegociar?: reflexões iniciais sobre as consequências do desequilíbrio contratual. *Revista do advogado*, v. 36, n. 131, p. 21-30, out. 2016.

partes sempre que forem verificadas mudanças nas circunstâncias negociais, que podem ou não já estarem previstas no contrato.[28]

Ao lado do dever de renegociar, a doutrina aponta uma série de outras fórmulas, de fonte negocial, para a adaptação do contrato à nova realidade, *verbis*:

> No rol das fórmulas de adaptação entre o contrato e a realidade provindas da fonte negocial costuma-se distinguir: há (a) cláusulas de adaptação automática, cuja atuação ocorre quando o evento previsto se realiza (exemplificativamente, as cláusulas de reajuste de preço por ato das partes, indexadas a tal ou qual valor); (b) cláusulas que preveem uma adaptação semiautomática, como as que estipulam a "resolução salvaguarda" ou chamadas "cláusulas de alinhamento" (por exemplo, pela oferta de um concorrente, ou a chamada "cláusula de cliente mais favorecido"); e, finalmente, (c) as cláusulas não automáticas, que implicam a obrigação de renegociação do contrato, para – mediante a renegociação – alcançar-se a revisão que possibilitará o reequilíbrio do contrato, ferido pelas circunstâncias supervenientes que vieram a modificar o seu equilíbrio global.[29]

Não se pode olvidar, ademais, a efetividade do emprego, no contexto da crise sanitária, dos diversos métodos adequados de solução de conflitos, tais como a conciliação e a mediação (MASCs), frutos do conhecido Movimento de Acesso à Justiça, iniciado no limiar do século XX, a partir da busca incansável da garantia de acesso à ordem jurídica justa, célere e segura.

As soluções negociais, no entanto, nem sempre se revelam aptas ou adequadas a solucionar os conflitos de interesses, motivo pelo qual impõe-se o exame de alternativas predispostas legalmente.

3.2 Soluções legais

No que tange, especificamente, ao que pode ser chamado de "soluções legais"[30] para o enfrentamento do desequilíbrio das prestações – objeto principal do presente estudo –, deve-se excluir, de partida, as noções de caso fortuito e de força maior, pois tais institutos não incidem nas hipóteses em que a impossibilidade da prestação é passageira ou caracterizada por eventual dificuldade material e financeira para o cumprimento das obrigações.[31]

---

28. MARTINS-COSTA, Judith. A cláusula de hardship e a obrigação de renegociar nos contratos de longa duração. *Revista de arbitragem e mediação*, v. 7, n. 25, p. 20, abr./jun. 2010. Sobre o tema, consultar, ainda: TIMM, Luciano Benetti. A manutenção da relação contratual empresarial internacional de longa duração: o caso hardship. *Revista trimestral de direito civil*, v. 7, n. 27, p. 235-245, jul./set. 2006.
29. MARTINS-COSTA, Judith. A cláusula de hardship e a obrigação de renegociar nos contratos de longa duração. *Revista de arbitragem e mediação*, v. 7, n. 25, p. 14-15, abr./jun. 2010.
30. A expressão é empregada por Judith Martins-Costa e Paula Costa e Silva em: MARTINS-COSTA, Judith; SILVA, Paula Costa e. *Crise e perturbações no cumprimento da prestação*: estudo de direito comparado luso-brasileiro. São Paulo: Quartier Latin, 2020.
31. PONTES DE MIRANDA, Francisco Cavalcanti. *Tratado de Direito Privado*: direito das obrigações, extinção das obrigações. t. 25. São Paulo: Revista dos Tribunais, 2012, p. 289.

Com efeito, revelando-se possível o cumprimento da prestação, ainda que de forma mais onerosa para o devedor, não há que se falar na incidência das normas relativas ao caso fortuito ou à força maior.

Solução que vem sendo muito utilizada é o recurso à resilição bilateral dos contratos, o denominado distrato. Dessa forma, muitos contratantes, diante da impossibilidade de manutenção do vínculo, têm optado pela extinção da avença por vontade mútua, dispensando-se o pagamento de multas e indenizações por qualquer das partes.

Interessa para o presente artigo, no entanto, a análise mais detida das soluções legais que conduzem à revisão dos contratos em virtude da alteração superveniente das circunstâncias.

3.2.1 Delineamentos dogmáticos das principais teorias

Pode-se afirmar, em poucas linhas, que o problema da alteração superveniente das circunstâncias, exsurge toda vez que durante a execução do contrato, em virtude de eventos posteriores, alteram-se, profundamente, a conjuntura existente no momento da celebração do negócio, afetando, diretamente, o desenvolvimento da relação obrigacional.

Nessa esteira de intelecção, deve-se observar que são diversas as teorias que tratam do fenômeno e que são derivadas da velha cláusula medieval *rebus sic stantibus*.

A referida cláusula, após um longo tempo submersa ante a proeminência da autonomia da vontade e do liberalismo econômico sintetizados no ideário da Revolução Francesa, tem seu marco de renascimento em famoso acórdão do *Conseil d'État* francês, de 30 de março de 1916, ao apreciar o litígio entre a Prefeitura de Bordeaux e a *Compagnie Génerale d'Éclairage*, envolvendo contrato de concessão de serviços públicos de fornecimento de gás.[32]

Na oportunidade, aplicou-se, de forma pioneira, a velha cláusula *rebus sic stantibus*, sob a forma da Teoria da Imprevisão, admitindo-se a revisão contratual em razão de circunstâncias excepcionais e imprevisíveis que caracterizaram uma álea extraordinária para uma das partes.[33]

O príncipe dos pandectistas, Bernard Windscheid, por sua vez, tentara relativizar, no direito alemão, o rigor do princípio da força obrigatória dos con-

---

32. RODRIGUES JR., Otavio Luiz. *Revisão judicial dos contratos*: Autonomia da vontade e teoria da imprevisão. 2 ed. São Paulo: Atlas, 2006. p. 29.
33. MARTINS-COSTA, Judith *In*: TEIXEIRA, Sálvio de Figueiredo (Coord.). *Comentários ao Novo Código Civil*: do direito das obrigações, do adimplemento e da extinção das obrigações. v. 5. t. 1. Rio de Janeiro: Forense, 2005, p. 289.

tratos com sua Teoria da Pressuposição, segundo a qual "se alguém manifesta sua vontade em um contrato, o faz sob um determinado conjunto de pressuposições que, se mantidas, conservam a vontade, e, se alteradas, exoneram o contraente".[34]

Importa consignar, não obstante, que o marco fundamental para o enfrentamento da alteração das circunstâncias foi a promulgação, em 1918, na França, da Lei Failliot, que foi responsável por transpor a Teoria da Imprevisão do Direito Administrativo para o Direito Privado. Estavam lançadas ali, de fato, as bases da moderna Teoria da Imprevisão, que permitiu a relativização do princípio do *pacta sunt servanda* "quando se manifestasse a alteração das circunstâncias supervenientemente à conclusão contratual, e fossem essas circunstâncias extraordinárias e imprevisíveis ao tempo da formação do contrato".[35]

Ainda na França, em 2016, por meio da *Ordonnance* n. 131/2016, foi alterado o Código Civil, inserindo-se o art. 1.195, segundo o qual "nos casos da frustração de negociação entre os contratantes, permite-se a revisão contratual fundamentada na superveniência de 'circunstâncias imprevisíveis' posteriores à conclusão do contrato".[36]

Na Alemanha, por sua vez, do final do séc. XIX até meados do séc. XX, desenvolveu-se a denominada Teoria da Base do Negócio, fruto dos trabalhos de Paul Oertmann e, posteriormente, de Karl Larenz[37], que buscou conjugar as noções de base subjetiva e de base objetiva do negócio jurídico.

Para Larenz, entende-se por base subjetiva a representação mental comum a ambos os contratantes que os guiaram na fixação do conteúdo do contrato. Se a representação não se realiza na prática, terá ocorrido, então, a quebra da base subjetiva.[38]

Por outro lado, a base objetiva deve ser entendida como o conjunto de "circunstâncias e o estado geral de coisas cuja existência ou subsistência é, objetiva-

---

34. RODRIGUES JR., Otavio Luiz. *Revisão judicial dos contratos*: Autonomia da vontade e teoria da imprevisão. 2 ed. São Paulo: Atlas, 2006. p. 82.
35. MARTINS-COSTA, Judith *In*: TEIXEIRA, Sálvio de Figueiredo (Coord.). *Comentários ao Novo Código Civil*: do direito das obrigações, do adimplemento e da extinção das obrigações. v. 5. t. 1. Rio de Janeiro: Forense, 2005, p. 289.
36. FERREIRA, Antonio Carlos; RODRIGUES JR., Otavio Luiz; LEONARDO, Rodrigo Xavier. Revisão judicial dos contratos no regime jurídico emergencial e transitório das relações jurídicas de direito privado na pandemia de 2020 (Lei 14.010, de 10 de junho de 2020). *Revista de Direito Civil Contemporâneo*. vol. 25. ano 7. p. 325-326. São Paulo: Ed. RT, out.-dez./2020.
37. "A obra fundamental de Karl Larenz acerca da base negocial objetiva é do ano de 1963, mas Pontes de Miranda já mencionava a teoria em 1959" (MARTINS-COSTA, Judith. *Os 20 anos do Código Civil*. Conferência proferida em 19 de maio de 2022, por ocasião da IX Jornada de Direito Civil, organizada pelo Conselho de Justiça Federal. Brasília, 2022, p. 6).
38. LARENZ, Karl. *Base del negocio jurídico y cumplimientos de los contratos*. Trad. José Luis Monereo Pérez. Granada: Comares, 2002, p. 37.

mente, necessária para que o contrato subsista, segundo o significado das intenções de ambos os contratantes, como regulação dotada de sentido".[39]

Na mesma senda Pontes de Miranda conceitua a base do negócio jurídico nos seguintes termos:

> Base do negócio jurídico é o elemento circunstancial ou estado geral de coisas cuja existência ou subsistência é essencial a que o contrato subsista, salvo onde o acordo dos figurantes restringiu a relevância do elemento ou do estado geral de coisas.
>
> Deixa de subsistir a base do negócio jurídico: a) se, tratando-se de negócio jurídico bilateral, deixa de haver contraprestação (se deixa de haver prestação, há a *exceptio non adimpleti contractus*, e – com o inadimplemento – a resolução); b) se não se pode obter a finalidade objetiva do negócio jurídico, ainda que possível a prestação, entendendo-se que a finalidade de um dos figurantes que o outro admitiu é objetiva (= subjetiva comum).[40]

O desaparecimento ou a grave alteração da base do negócio jurídico legitima, nesse contexto, tanto a revisão do contrato, restabelecendo-se o equilíbrio entre as prestações, quanto o exercício do direito formativo de resolução, se a impossibilidade de prestar for absoluta.

Deve-se destacar que, muito embora o requisito da imprevisibilidade não possua, no âmbito da Teoria da Base do Negócio, a centralidade que ostenta na teoria francesa da imprevisão, tal elemento deve ser apurado no instante em que o juiz examina "a alocação contratual ou legal dos riscos, exercendo influência sobre o juízo de valor acerca da razoabilidade da revisão", de modo que "a parte deve suportar as desvantagens resultantes das alterações supervenientes que ela previu ou poderia ter razoavelmente previsto, principalmente quando não adota medidas adequadas para prevenir ou minimizar os impactos do evento".[41]

A referida teoria acabou por inspirar, em parte, o novo § 313 do BGB (*Bürgerliches Gesetzbuch*), após a reforma da Lei de Modernização do Direito das Obrigações, ocorrida em 1/1/2002.

Na Itália, por outro lado, foi acolhida a denominada Teoria da Onerosidade Excessiva, variante da Teoria da Imprevisão, que permitia, na sua pureza original, a resolução do contrato, não a sua revisão.

---

39. LARENZ, Karl. *Base del negocio jurídico y cumplimientos de los contratos*. Trad. José Luis Monereo Pérez. Granada: Comares, 2002, p. 159.
40. PONTES DE MIRANDA, Francisco Cavalcanti. *Tratado de Direito Privado*: direito das obrigações, extinção das obrigações. t. 25. Atual. por Nelson Nery Jr. e Rosa Maria de Andrade Nery. São Paulo: Revista dos Tribunais, 2012, p. 340.
41. FRITZ, Karina Nunes. Revisão contratual e quebra da base do negócio. *Direito Unifacs: debate virtual*, n. 247, p. 15, jan. 2021.

A referida teoria é aplicável aos contratos evolutivos e comutativos sempre que ocorrer, em virtude de acontecimentos extraordinários e imprevisíveis, aumento de onerosidade em relação ao valor da prestação quando comparado com o momento da celebração do negócio, o que deve ser avaliado objetivamente.[42]

3.2.2 Conformação atual do direito positivo brasileiro

No Brasil, no âmbito do direito positivo, a alteração superveniente das circunstâncias é tratada, sobretudo, no art. 317 e nos arts. 478 a 480 do Código Civil.

De acordo com o art. 317, "quando, por motivos imprevisíveis, sobrevier desproporção manifesta entre o valor da prestação devida e o do momento de sua execução, poderá o juiz corrigi-lo, a pedido da parte, de modo que assegure, quanto possível, o valor real da prestação".

Por outro lado, o art. 478 preceitua que "nos contratos de execução continuada ou diferida, se a prestação de uma das partes se tornar excessivamente onerosa, com extrema vantagem para a outra, em virtude de acontecimentos extraordinários e imprevisíveis, poderá o devedor pedir a resolução do contrato. Os efeitos da sentença que a decretar retroagirão à data da citação".

Os referidos dispositivos legais suscitam toda sorte de vacilação doutrinária, cujo exaurimento, no entanto, refugiria do escopo do presente estudo, que se limita a refletir sobre as possíveis teorias adotadas pelo ordenamento jurídico brasileiro e eventuais consequências daí decorrentes, notadamente no contexto da crise sanitária atual.

A par dos diversos posicionamentos doutrinários, prevalece o entendimento de que o Código Civil filiou-se a um regime híbrido, conjugando elementos da Teoria da Imprevisão e da Teoria da Onerosidade Excessiva. Da primeira, extraiu o requisito subjetivo da imprevisão; da segunda, os requisitos objetivos da onerosidade excessiva, com extrema vantagem para uma parte contratual em detrimento da outra.[43]

Karina Nunes Fritz sustenta que os referidos dispositivos legais, interpretados em sua literalidade, não abarcariam hipóteses importantes decorrentes da alteração superveniente das circunstancias, tais como a excessiva dificuldade criada para o cumprimento da prestação e a frustração do fim útil visado pelo

---

42. RODRIGUES JR., Otavio Luiz. *Revisão judicial dos contratos*: Autonomia da vontade e teoria da imprevisão. 2. ed. São Paulo: Atlas, 2006. p. 90.
43. FERREIRA, Antonio Carlos; RODRIGUES JR., Otavio Luiz; LEONARDO, Rodrigo Xavier. Revisão judicial dos contratos no regime jurídico emergencial e transitório das relações jurídicas de direito privado na pandemia de 2020 (Lei 14.010, de 10 de junho de 2020). *Revista de Direito Civil Contemporâneo*. vol. 25. ano 7. p. 318. São Paulo: Ed. RT, out.-dez./2020.

contrato, situações de fundamental importância pratica, sobretudo no contexto da pandemia.[44]

Outra questão digna de registro é que o art. 317 não autoriza, expressamente, a revisão contratual, máxime tendo em vista que sua função original era permitir a incidência da correção monetária em virtude das insuficiências do princípio do nominalismo em um ambiente inflacionário.[45]

Outrossim, o art. 478 do Código Civil não permite, na sua literalidade, a revisão contratual, referindo-se tão somente à possibilidade de resolução do negócio, exigindo, ademais, a prova – de difícil configuração prática – de que o evento acarretou extrema vantagem para o credor.

Com efeito, observa-se que o referido dispositivo está inserido em seção intitulada "Da resolução por onerosidade excessiva", inexistindo menção à possibilidade de revisão.

Judith Martins Costa e Paula Costa e Silva apontam as lacunas das disposições do Código:

> O problema é que o texto do Código Civil brasileiro é falho nas soluções que dá ao tema, já que não estão postos na Lei os critérios para a revisão no âmbito dos contratos paritários. Também não há, no âmbito das relações regidas pelo Código Civil, um princípio geral de adaptação do contrato às circunstâncias supervenientes, como o há no Código Civil português, assim como não há um princípio geral de equilíbrio contratual. Segundo o sistema brasileiro de direito comum, nas relações civis e comerciais, há institutos específicos a reger situações de desequilíbrio contratual, o que não é o mesmo que ter no sistema um princípio geral de adaptação às circunstâncias. Esse pontilhismo legislativo gera certa cacofonia no panorama doutrinário e jurisprudencial.[46]

No entanto, a tentativa do legislador de obstar a revisão contratual já nasceu desatualizada, pois "a jurisprudência do século XX, com enormes cautelas e restrições jurídico-políticas sensíveis, autorizou o Poder Judiciário a não somente resolver, mas também, a revisar os negócios jurídicos aludidos no art. 478".[47]

---

44. FRITZ, Karina Nunes. Revisão contratual e quebra da base do negócio. *Direito Unifacs: debate virtual*, n. 247, p. 4, jan. 2021. Parcialmente no mesmo sentido: MARTINS-COSTA, Judith; SILVA, Paula Costa e. *Crise e perturbações no cumprimento da prestação*: estudo de direito comparado luso-brasileiro. São Paulo: Quartier Latin, 2020, p. 214.
45. MARTINS-COSTA, Judith; SILVA, Paula Costa e. *Crise e perturbações no cumprimento da prestação*: estudo de direito comparado luso-brasileiro. São Paulo: Quartier Latin, 2020, p. 204 e ss.; FERREIRA, Antonio Carlos; RODRIGUES JR., Otavio Luiz; LEONARDO, Rodrigo Xavier. Revisão judicial dos contratos no regime jurídico emergencial e transitório das relações jurídicas de direito privado na pandemia de 2020 (Lei 14.010, de 10 de junho de 2020). *Revista de Direito Civil Contemporâneo*. vol. 25. ano 7. p. 318. São Paulo: Ed. RT, out.-dez./2020.
46. MARTINS-COSTA, Judith; SILVA, Paula Costa e. *Crise e perturbações no cumprimento da prestação*: estudo de direito comparado luso-brasileiro. São Paulo: Quartier Latin, 2020, p. 203.
47. FERREIRA, Antonio Carlos; RODRIGUES JR., Otavio Luiz; LEONARDO, Rodrigo Xavier. Revisão judicial dos contratos no regime jurídico emergencial e transitório das relações jurídicas de direito privado na pandemia de 2020 (Lei 14.010, de 10 de junho de 2020). *Revista de Direito Civil Contemporâneo*. vol. 25. ano 7. p. 315. São Paulo: Ed. RT, out.-dez./2020.

De fato, a doutrina passou a enxergar no art. 317 um importante instrumento para, em conjunto com os arts. 478 a 480, autorizar a revisão judicial dos contratos.

A possibilidade de revisão contratual, portanto, muito embora não esteja prevista de forma ampla e expressa, decorre de interpretação sistemática e teleológica dos dispositivos legais mencionados, levando-se em consideração, notadamente, os princípios da conservação dos negócios jurídicos e da boa-fé objetiva.

Nessa esteira de intelecção, Judith Martins-Costa afirma que a interpretação do art. 317 do Código exige que se considere a sua finalidade imediata – "possibilitar a revisão do contrato, por decisão judicial, a fim de corrigir a desproporção da própria prestação pecuniária, assegurando, o quanto possível, 'o valor real da prestação'" – e mediata – "o efetivo e satisfatório adimplemento do contrato".[48]

Elenca a doutrinadora, a seguir, 5 (cinco) pressupostos autorizadores da revisão, a saber: a) existência de relação obrigacional, comutativa, onerosa, duradoura, ou de trato sucessivo, ou quando o adimplemento tenha sido dividido em várias parcelas, a serem pagas ao longo do tempo; b) a excessiva onerosidade; c) a superveniência e a imprevisibilidade do evento causador da desproporção manifesta; d) a inimputabilidade, ao lesado, da excessiva onerosidade da prestação; e e) a ausência de mora ou de inadimplemento definitivo.[49]

Ainda no que diz respeito ao direito positivo brasileiro, não se pode olvidar, ao tratar da revisão contratual, do microssistema erigido pelo Código de Defesa do Consumidor.

Com efeito, dispõe o inciso V, do art. 6º do referido diploma que é direito do consumidor "a modificação das cláusulas contratuais que estabeleçam prestações desproporcionais ou sua revisão em razão de fatos supervenientes que as tornem excessivamente onerosas".

Debruçando-se sobre a matéria, a doutrina também diverge sobre qual teria sido a teoria adotada pelo diploma consumerista. Há aqueles que apontam a adoção da Teoria da Base do Negócio Jurídico[50] e aqueles que sustentam o acolhimento da Teoria da Onerosidade Excessiva.[51]

---

48. MARTINS-COSTA, Judith *In:* TEIXEIRA, Sálvio de Figueiredo (Coord.). *Comentários ao Novo Código Civil*: do direito das obrigações, do adimplemento e da extinção das obrigações. v. 5. t. 1. Rio de Janeiro: Forense, 2005, p. 301.
49. MARTINS-COSTA, Judith *In:* TEIXEIRA, Sálvio de Figueiredo (Coord.). *Comentários ao Novo Código Civil*: do direito das obrigações, do adimplemento e da extinção das obrigações. v. 5. t. 1. Rio de Janeiro: Forense, 2005, p. 301-314.
50. Cita-se, exemplificativamente: BOLZAM, Angelina Cortelazzi; SANTOS, Rafael Fernando dos. A revisão e a resolução contratual sob a ótica da onerosidade excessiva. *Revista Fórum de Direito Civil*, Belo Horizonte, ano 4, n. 10, p. 207-223, set./dez. 2015.
51. Cita-se, exemplificativamente: SALOMÃO, Luís Felipe. *Direito privado*: doutrina e prática. 2. ed. rev., atual. e ampl. Rio de Janeiro: Forense, 2014. p. 283. Para um exame das diversas posições e os respectivos fundamentos, consultar: RODRIGUES JR., Otavio Luiz. Um "modelo de revisão contratual por etapas"

De todo modo, o CDC não exigiria o requisito da imprevisibilidade, tampouco a prova da extrema vantagem para a outra parte, bastando a comprovação da prestação desproporcional por efeito da onerosidade excessiva superveniente.[52]

Importa mencionar, ainda, que a Lei n. 13.874/2019 (Lei da Liberdade Econômica) promoveu importantes alterações no Código Civil, acrescentando o novel art. 421-A, cujo inciso III estabelece "dupla restrição à revisão contratual: (a) quanto às hipóteses de abrangência, a revisão deve ser sempre excepcional; (b) quanto à amplitude, a revisão há de ser limitada, o que implica garantir ao máximo a conservação do conteúdo contratual, originalmente pactuado pelos contraentes".[53]

De todo o exposto, a despeito de certa divergência doutrinária, conclui-se que o Código Civil de 2002, abeberando-se em diversas teorias, estabeleceu um sistema revisional próprio, positivando elementos tanto da teoria francesa da imprevisão quanto da teoria da onerosidade excessiva, sendo certo que alguns autores, como será visto, ainda sustentam que as suas disposições normativas justificariam, até mesmo, a aplicação da própria teoria da base do negócio.

3.3 A interpretação do Superior Tribunal de Justiça nos últimos 5 anos

Na jurisprudência, o marco inicial foi o julgamento, em 5/1/1938, do RE 2.675/DF, de relatoria do Ministro Costa Manso, no qual se reconheceu a aplicabilidade da velha cláusula *rebus sic stantibus* no sistema jurídico nacional.

Posteriormente, muito se evoluiu nesta matéria no âmbito jurisprudencial.

A fim de identificar quais das principais teorias têm sido mais utilizadas pelo Superior Tribunal de Justiça para fundamentar a revisão judicial de contratos, realizou-se pesquisa empírica dos julgados proferidos pela Seção de Direito Privado daquela Corte, pelas suas respectivas Turmas e pela Corte Especial, nos quais foram mencionados os seguintes termos no inteiro teor dos acórdãos: a) onerosidade excessiva; b) teoria da imprevisão; c) teoria da base objetiva; e d) alteração das circunstâncias.[54]

---

e a jurisprudência contemporânea do STJ *In*: LOPEZ, Teresa Ancona; LEMOS, Patrícia Faga Iglecias; RODRIGUES JR., Otavio Luiz. (Orgs.). *Sociedade de risco e direito privado*: desafios normativos, consumeristas e ambientais. São Paulo: Atlas, 2013.

52. FERREIRA, Antonio Carlos. Revisão judicial de contratos: diálogo entre a doutrina e a jurisprudência do Superior Tribunal de Justiça. *Revista de Direito Civil Contemporâneo*, v. 1, n. 1, out./dez. 2014.

53. LEONARDO, Rodrigo Xavier...[et.al.] *In*: MARQUES NETO, Floriano Peixoto; RODRIGUES JR., Otavio Luiz; LEONARDO, Rodrigo Xavier (Orgs.). *Comentários à Lei de Liberdade Econômica – Lei 13.874/2019*. São Paulo: RT, 2019.

54. Os metadados utilizados, no site do STJ, para a realização da pesquisa foram os seguintes: a) contrato onerosidade prox2 excessiva; b) teoria adj2 imprevisao; c) base adj3 objetiva (contrato ou negocio); e d) (alteração ou modificação) prox4 circunstâncias contrato.

Assim, obteve-se o total de 464 acórdãos, dos quais, com o objetivo de apurar a orientação jurisprudencial mais recente da Corte, foram filtrados apenas aqueles publicados nos últimos 5 anos, aproximadamente[55], resultando, então, em 134 acórdãos.

Na sequência, os julgados foram analisados na íntegra, individualizando-se aqueles nos quais houve a revisão judicial dos contratos e, por consequência, foram excluídos aqueles nos quais o STJ, em virtude da incidência das Súmulas 5 e 7, limitou-se a manter o acórdão recorrido que havia afastado a revisão contratual.

Dos 15 acórdãos restantes, observa-se que 10 (dez) julgados mencionam a teoria da onerosidade excessiva[56], 3 (três) referem-se à teoria da imprevisão[57], 2 (dois) aludem à alteração das circunstâncias[58] e nenhum cita a teoria da base do negócio jurídico.

A partir do exame dos dados coletados, conclui-se que a maior parte dos julgados relativos ao tema da alteração superveniente das circunstâncias não enfrenta o mérito da questão em virtude da incidência das Súmulas 5 e 7 do STJ.

Ademais, destaca-se da análise dos julgados que as teorias analisadas nem sempre são aplicadas com o necessário rigor, muitas vezes sendo adotadas cumulativamente e utilizadas como argumentos meramente retóricos para justificar a revisão contratual, não raro recorrendo-se, ainda, a outros conceitos como o da boa-fé objetiva e o da função social do contrato.

Expandindo a pesquisa, merece destaque o acórdão proferido no julgamento do REsp 1.321.614/SP, pela Terceira Turma, em que se debateu, de forma um pouco mais aprofundada, quais teorias foram acolhidas pelo ordenamento jurídico brasileiro.

---

55. O período exato filtrado foi de 01/01/2017 a 24/05/2022.
56. STJ. AgInt no REsp n. 1.956.417/DF, relator Ministro Marco Aurélio Bellizze, Terceira Turma, DJe de 15/12/2021; STJ. AgInt no AREsp n. 1.815.098/DF, relator Ministro Luis Felipe Salomão, Quarta Turma, DJe de 27/9/2021; STJ. REsp n. 1.722.233/RS, relator Ministro Paulo de Tarso Sanseverino, Terceira Turma, DJe de 14/12/2021; STJ. REsp n. 1.846.502/DF, relator Ministro Ricardo Villas Bôas Cueva, Terceira Turma, DJe de 26/4/2021; STJ. REsp n. 1.830.065/SP, relatora Ministra Nancy Andrighi, Terceira Turma, DJe de 19/11/2020; STJ. REsp n. 1.819.894/SP, relatora Ministra Nancy Andrighi, Terceira Turma, DJe de 13/8/2020; STJ. AgInt no AgInt no RCD no REsp n. 1.664.358/SP, relator Ministro Luis Felipe Salomão, Quarta Turma, DJe de 3/12/2019; STJ. REsp n. 1.679.190/SP, relator Ministro Ricardo Villas Bôas Cueva, Terceira Turma, DJe de 2/10/2017; STJ. AgInt no REsp n. 1.543.466/SC, relator Ministro Paulo de Tarso Sanseverino, Terceira Turma, DJe de 3/8/2017; STJ. AgInt no REsp n. 1.208.844/MT, relator Ministro Raul Araújo, Quarta Turma, DJe de 7/2/2017.
57. STJ. AgInt no AREsp n. 414.294/RJ, relator Ministro Raul Araújo, Quarta Turma, DJe de 8/11/2021; STJ. AgInt no AgInt nos EDcl no AREsp n. 1.475.627/SP, relator Ministro Luis Felipe Salomão, Quarta Turma, DJe de 5/3/2020; STJ. AgInt no REsp n. 1.543.466/SC, relator Ministro Paulo de Tarso Sanseverino, Terceira Turma, DJe de 3/8/2017.
58. STJ. AgInt no AREsp n. 1.450.387/AP, relator Ministro Luis Felipe Salomão, Quarta Turma, DJe de 11/6/2019; STJ. AgInt no REsp n. 1.543.466/SC, relator Ministro Paulo de Tarso Sanseverino, Terceira Turma, DJe de 3/8/2017.

Naquele julgamento, restou consignado que tanto a teoria da onerosidade excessiva quanto a da imprevisão foram adotadas pelo Código Civil de 2002 (arts. 317 e 478) e, por outro lado, que o Código de Defesa do Consumidor adotou a teoria da base do negócio jurídico.[59]

Demonstrando a aplicação sincrética das teorias, afirmou-se, na oportunidade, que "a intervenção do Poder Judiciário nos contratos, à luz da teoria da imprevisão ou da teoria da onerosidade excessiva, exige a demonstração de mudanças supervenientes das circunstâncias iniciais vigentes à época da realização do negócio, oriundas de evento imprevisível (teoria da imprevisão) e de evento imprevisível e extraordinário (teoria da onerosidade excessiva), que comprometam o valor da prestação, demandando tutela jurisdicional específica, tendo em vista, em especial, o disposto no Código Civil (arts. 317 e 478/479)".

Concluiu-se que "constitui pressuposto da aplicação das teorias em tela, a teor dos arts. 317 e 478 do Código Civil, como se pode extrair de sua própria denominação, a existência de um fato imprevisível em contrato de execução diferida, que imponha consequências indesejáveis e onerosas para um dos contratantes".

Já no que diz respeito à Teoria da Base Objetiva, adotada pelo CDC, decidiu-se que bastaria "a superveniência de fato que determine desequilíbrio na relação contratual diferida ou continuada para que se postule sua revisão ou resolução, em virtude da incidência da teoria da base objetiva".

Em síntese, constatou-se que, no período analisado, embora vários acórdãos do STJ mencionem as referidas teorias, foram poucos aqueles que, efetivamente, procederam à revisão do contrato na hipótese concreta, revelando-se, necessário, ademais, maiores reflexões, no âmbito da Corte, acerca dos pressupostos dogmáticos autorizadores da revisão judicial dos contratos.

3.4 Reflexões acerca da revisão contratual no contexto da pandemia

A Lei n. 14.010, de 10 de junho de 2020, estabeleceu o já mencionado "Regime Jurídico Emergencial e Transitório das relações jurídicas de Direito Privado no período da pandemia do coronavírus (Covid-19)". Cuidadosamente exclui de seu âmbito de incidência o CDC e a Lei de Locação, contudo, preservando os marcos legislativos e a jurisprudência consolidada, para o equilíbrio da justiça revisional e a manutenção da segurança jurídica.

---

59. O referido entendimento vem sendo replicado em diversos precedentes: STJ. AgRg no REsp n. 1.518.605/MT, relator Ministro Paulo de Tarso Sanseverino, Terceira Turma, DJe de 12/4/2016; STJ. AgInt no REsp n. 1.316.595/SP, relator Ministro Luis Felipe Salomão, Quarta Turma, DJe de 20/3/2017; STJ. REsp n. 1.045.951/MA, relator Ministro Raul Araújo, Quarta Turma, DJe de 22/3/2017; STJ. AgInt no REsp n. 1.514.093/CE, relator Ministro Marco Buzzi, Quarta Turma, DJe de 7/11/2016.

Dispõe o art. 6º, em primeiro lugar, que "as consequências decorrentes da pandemia do coronavírus (Covid-19) nas execuções dos contratos, incluídas as previstas no art. 393 do Código Civil, não terão efeitos jurídicos retroativos".

Por outro lado, no art. 7º, a novel legislação positivou entendimento há muito consolidado na jurisprudência do STJ[60], estatuindo que "não se consideram fatos imprevisíveis, para os fins exclusivos dos arts. 317, 478, 479 e 480 do Código Civil, o aumento da inflação, a variação cambial, a desvalorização ou a substituição do padrão monetário".

Trata-se de salutar previsão legal que visa resguardar as expectativas dos agentes econômicos, buscando não surpreender a comunidade jurídica em um momento que se exige segurança e estabilidade.

A propósito, manifesta-se abalizada doutrina:

> Essa tese remonta a antigos precedentes do STF, proferidos ainda em meados no século passado, e foi rapidamente integrada à jurisprudência do STJ, quando de sua criação. A ideia por detrás desse entendimento é bastante intuitiva: o Brasil é um país historicamente marcado pela instabilidade econômica e pelas frequentes oscilações de inflação, de câmbio e pela sucessão de padrões monetários. Na opinião dos tribunais, essas alterações, conquanto bruscas, não constituiriam eventos imprevisíveis que permitiriam a flexibilização da força obrigatória dos contratos.
>
> E, de fato, o entendimento contrário poderia conduzir a uma excessiva fragilização dos vínculos contratuais, que seriam passíveis de revisão toda vez que se findasse um ciclo econômico.
>
> Assim, o STJ decidiu pela inaplicabilidade das regras de revisão dos contratos civis em praticamente todas as crises econômicas enfrentadas pelo Brasil nas últimas décadas e que tiveram impacto sobre a inflação ou sobre o câmbio. É o que ocorreu, por exemplo, nos choques gerados pelas políticas econômicas adotadas pelo Estado brasileiro, como a grave escalada inflacionária de 1986, em decorrência do malogro do Plano Cruzado; ou a maxidesvalorização cambial de 1999, que se seguiu ao abandono do sistema das bandas cambiais que até então sustentava o Plano Real. Esse entendimento também foi aplicado a crises cambiais provocadas por fatores internos, como a de 2002, ou externos, como a de 2008, que levaram a uma rápida depreciação da moeda brasileira no mercado internacional.[61]

Nesse contexto, destaca-se, que o referido art. 7º, não inseriu a pandemia entre os eventos considerados previsíveis, mas sim estabeleceu que os eventos macroeconômicos, ali arrolados, seriam previsíveis.

---

60. Cita-se, exemplificativamente: STJ. AgRg no REsp n. 1.518.605/MT, relator Ministro Paulo de Tarso Sanseverino, Terceira Turma, DJe de 12/4/2016.
61. CARNAÚBA, Daniel Amaral; DIAS, Daniel Pires Novais; REINIG, Guilherme Henrique Lima. O REJET e a teoria da imprevisão: entendendo o art. 7º do projeto. *Consultor Jurídico (Coluna Direito Comparado)*. Disponível em: www.conjur.com.br/2020-mai-13/direito-comparado-rjet-teoria-imprevisao-entendendo-artigo. Acesso em: 27/5/2022.

Isso significa que não há, *prima facie*, qualquer óbice, respeitados os requisitos de cada uma das teorias, à utilização da crise sanitária como fundamento para pedidos de revisão ou resolução contratual.

O que deve ser salientado é que o mencionado dispositivo legal passou a cumprir, no contexto da revisão contratual em meio à pandemia, "relevante função de servir de regra de interpretação das demais regras de revisão do Código Civil".[62]

Nesse sentido, a própria noção de crise financeira e sua repercussão sobre as relações jurídicas contratuais vem recebendo, por parte da doutrina, interpretação restritiva no que diz respeito à possibilidade de revisão dos contratos em virtude da pandemia. Por isso, afastada a aplicação das teorias revisionais acima mencionadas.

As lições de Judith Martins-Costa e Paula Costa e Silva, ao lado das sugestões situadas no plano metodológico, fornecem critérios hermenêuticos auxiliares para a adaptação dos contratos em virtude de alterações supervenientes das circunstâncias:

> (i) a regra é: contratos são celebrados para serem cumpridos no futuro, de modo que nem todo evento futuro, ainda que excepcional e imprevisível, provoca efeitos resolutórios ou revisivos nos contratos de duração;
>
> (ii) em cada caso, cabe averiguar a gravidade do evento em face do sinalagma contratual, sendo necessário apreciar os seus efeitos no caso concreto, pois os efeitos são para cada caso particular: extraordinariedade e imprevisibilidade o são, sempre, em relação com os seus efeitos em cada contrato;
>
> (iii) o juiz ou árbitro deve investigar se o contratante que alega a alteração superveniente das circunstâncias em busca da revisão ou da resolução contratual agiu, ao contratar, com as cautelas exigíveis à pessoa ativa e razoável, considerado o setor econômico no qual situada a atividade prevista no contrato, assumindo os riscos normais do contrato, pois desincumbir-se dessa cautela integra a "álea normal";
>
> (iv) ao promover a adaptação do contrato às circunstâncias, não são tomados em conta motivos particulares das partes, mas devem ser considerados a finalidade do contrato e os motivos comuns a ambos os contraentes, desde que expressos no contrato ou que dele possam ser deduzidos por via hermenêutica;
>
> (v) deve haver comprovada relação causal entre o evento alegadamente imprevisível e extraordinário e a excessiva onerosidade superveniente.[63]

---

62. FERREIRA, Antonio Carlos; RODRIGUES JR., Otavio Luiz; LEONARDO, Rodrigo Xavier. Revisão judicial dos contratos no regime jurídico emergencial e transitório das relações jurídicas de direito privado na pandemia de 2020 (Lei 14.010, de 10 de junho de 2020). *Revista de Direito Civil Contemporâneo*. vol. 25. ano 7. p. 321. São Paulo: Ed. RT, out.-dez./2020.

63. MARTINS-COSTA, Judith; SILVA, Paula Costa e. *Crise e perturbações no cumprimento da prestação*: estudo de direito comparado luso-brasileiro. São Paulo: Quartier Latin, 2020, p. 242-243.

A conveniência da utilização da Teoria da Base do Negócio Jurídico é sustentada para fundamentar os pleitos revisionais. Karina Nunes Fritz sustenta que "não há dúvidas de que a pandemia de Covid-19 – catástrofe natural que provocou um colapso generalizado nas cadeias de produção, fornecimento e consumo em todo mundo, com reflexos em inúmeros contratos – provocou a quebra da grande base de muitos negócios".[64]

A doutrinadora perfilha o entendimento não só de que a Teoria da Base do Negócio Jurídico pode ser aplicada no Brasil, mas também que a Teoria é a que melhor se adequa ao momento atual, fornecendo "ao intérprete o instrumental para readaptar os contratos desequilibrados em razão das profundas alterações nas condições socioeconômicas, provocadas pela pandemia, que, enquanto evento extraordinário e de consequências imprevisíveis, não pode ser suportada apenas por uma das partes".[65]

José Fernando Simão, no mesmo sentido, assevera que "muitos contratos, em razão da pandemia (motivo imprevisível), nasceram equilibrados (sinalagma genético), mas suas prestações ficaram manifestamente desproporcionais pela mudança da base objetiva do negócio".[66]

Desse modo, partindo do pressuposto de que, em regra, ambas as partes e as obrigações contratuais são afetadas pela pandemia, propõe o autor alguns critérios para o enfrentamento do desequilíbrio contratual causado pela crise, *verbis*:

> - Análise do lucro decorrente do contrato de acordo com a atividade desenvolvida. A parcela da remuneração que corresponde ao lucro deve ser diferida para pagamento quando do estabelecimento da "normalidade" ou retomada das circunstâncias anteriores. Caso isso não seja possível, a redução para patamares mínimos se impõe;- Análise decorrente da capacidade econômico-financeira das partes contratantes. A revisão da locação em que figura como locatária empresa de um grande grupo empresarial que tem um caixa suficiente para suportar a pandemia não pode ser igual à revisão daquela pequena loja de shopping que só tem um estabelecimento. A capacidade econômica da empresa educacional não pode ser comparada ao poder de compra de cada consumidor estudante. Balanços das empresas serão parâmetro para se postergar no tempo o cumprimento de certas prestações;
>
> - Análise do ramo de atividade e seu potencial de mais rápida ou mais lenta recuperação. No setor de energia elétrica, por exemplo, com o fim da pandemia muitos estabelecimentos voltam a funcionar e a demanda volta a crescer. O juiz deve considerar o período de diferi-

---

64. FRITZ, Karina Nunes. Revisão contratual e quebra da base do negócio. *Direito Unifacs*: debate virtual, n. 247, p. 19, jan. 2021.
65. FRITZ, Karina Nunes. Revisão contratual e quebra da base do negócio. *Direito Unifacs*: debate virtual, n. 247, p. 24, jan. 2021.
66. SIMÃO, José Fernando. O contrato nos tempos da COVID-19. Esqueçam a força maior e pensem na base do negócio. *Migalhas (Coluna Migalhas Contratuais)*. Disponível em: https://www.migalhas.com.br/coluna/migalhas-contratuais/323599/o-contrato-nos-tempos-da-covid-19---esquecam-a-forca--maior-e-pensem-na-base-do-negocio. Acesso em: 26/5/2022.

mento do pagamento das prestações a partir do prisma do tempo de recuperação daquele setor ou atividade;

- Evitar-se, a qualquer custo, a moratória completa, pois ela gera a ruptura do elemento preço, uma sensação de caos social e, no mais das vezes, graves danos à outra parte. Diferir-se no tempo parte da prestação devida afastando-se os encargos da mora é forma de recomposição do sinalagma funcional.[67]

Nesse contexto, merece menção o fato de que, recentemente, a maior Corte infraconstitucional da Alemanha (*Bundesgerichtshof* – BGH) analisou processo envolvendo as consequências do fechamento de lojas em virtude das medidas adotadas para frear o avanço da pandemia de Covid-19. O propósito recursal consistia em definir como deveria ser enfrentado o desequilíbrio causado aos contratos de locação comercial causado pela crise sanitária.

Na hipótese, o locatário pretendia a redução do valor dos alugueres ou a sua exoneração em virtude do fechamento do estabelecimento comercial e da suspensão dos eventos em toda a região do Estado da Saxônia.

O BGH, reformando acórdão da segunda instância que havia determinado a redução de 50% do valor do aluguel, fixou o entendimento de que o fechamento das lojas não caracterizaria impossibilidade de cumprimento da prestação, tampouco vício redibitório – em virtude da impossibilidade de uso da coisa –, mas sim hipótese de quebra da base objetiva do negócio jurídico, instituto positivado no § 313 do BGB.[68]

Com efeito, consignou-se que as gravosas medidas adotadas no combate à pandemia, como, por exemplo, o distanciamento social e o fechamento dos estabelecimentos, causaram uma crise sistêmica no mercado, perturbando a base – objetiva e subjetiva – dos negócios jurídicos.

Para possibilitar a revisão, o BGH destacou que seria necessário comprovar, a um só tempo, tanto a presença do elemento normativo, consistente na ausência de razoabilidade na manutenção do contrato tal qual pactuado, quanto do elemento hipotético, consubstanciado na constatação de que os contratantes teriam celebrado o negócio em outros termos se houvessem previsto a alteração das circunstâncias.[69]

---

67. SIMÃO, José Fernando. O contrato nos tempos da COVID-19. Esqueçam a força maior e pensem na base do negócio. *Migalhas (Coluna Migalhas Contratuais)*. Disponível em: https://www.migalhas.com.br/coluna/migalhas-contratuais/323599/o-contrato-nos-tempos-da-covid-19---esquecam-a-forca--maior-e-pensem-na-base-do-negocio. Acesso em: 26/5/2022.
68. FRITZ, Karina Nunes. BGH: fechamento de loja durante a pandemia não é vício, nem impossibilidade, mas quebra da base do negócio. *Migalhas (Coluna German Report)*. Disponível em: https://www.migalhas.com.br/coluna/german-report/358248/bgh-fechamento-de-loja-durante-a-pandemia-nao--e-vicio. Acesso em: 28/5/2022.
69. FRITZ, Karina Nunes. BGH: fechamento de loja durante a pandemia não é vício, nem impossibilidade, mas quebra da base do negócio. *Migalhas (Coluna German Report)*. Disponível em: https://www.

Por fim, a Corte determinou o retorno dos autos à origem por entender que a revisão dos contratos não deve obedecer a fórmulas padronizadas – como a simples redução do valor do aluguel em 50% –, sendo indispensável ampla ponderação de todas as circunstâncias de cada hipótese concreta, notadamente: a) as desvantagens suportadas pela parte prejudicada; b) as medidas adotadas ou que poderiam ter sido adotadas para minimizar as perdas; c) os benefícios financeiros auferidos por meio de eventuais auxílios estatais; e d) os interesses do próprio locador.[70]

Ao lado da opção pela Teoria da Base do Negócio Jurídico, há doutrinadores que sustentam não ser o momento de crise propício para a alteração dos entendimentos consolidados acerca da revisão contratual, tendo em vista "o potencial de causar perturbações sistêmicas às relações contratuais", devendo-se prestigiar a segurança jurídica e os critérios revisionais já conhecidos e estabelecidos, inclusive pela jurisprudência do STJ.[71] Nesse sentido, ressaltam que há na Lei n. 14.010/2020 "um silêncio eloquente, indicando que o aplicador do Direito — em particular, o juiz – deve buscar soluções na legislação em vigor, tanto quanto ela seja compatível com a realidade atual".[72]

Seja como for, impõe-se observar que o próprio legislador, ao não realizar alterações no texto do Código Civil, demonstra a confiança de que o diploma está aparelhado para solucionar as diversas questões jurídicas decorrentes da pandemia.

Como sustenta Karina Nunes Fritz, a Lei n. 14.010/2020 não estabeleceu qualquer "eficácia de bloqueio", deve o magistrado recorrer ao Código Civil para eventualmente revisar contratos afetados pela pandemia.[73]

Do exposto, observa-se que a dogmática do Direito Privado, mais uma vez, se vê desafiada a fornecer soluções para eventos ou crises excepcionais que impactam o equilíbrio dos contratos.

---

migalhas.com.br/coluna/german-report/358248/bgh-fechamento-de-loja-durante-a-pandemia-nao--e-vicio. Acesso em: 28/5/2022.

70. FRITZ, Karina Nunes. BGH: fechamento de loja durante a pandemia não é vício, nem impossibilidade, mas quebra da base do negócio. *Migalhas (Coluna German Report)*. Disponível em: https://www.migalhas.com.br/coluna/german-report/358248/bgh-fechamento-de-loja-durante-a-pandemia-nao--e-vicio. Acesso em: 28/5/2022.

71. FERREIRA, Antonio Carlos; RODRIGUES JR., Otavio Luiz; LEONARDO, Rodrigo Xavier. Revisão judicial dos contratos no regime jurídico emergencial e transitório das relações jurídicas de direito privado na pandemia de 2020 (Lei 14.010, de 10 de junho de 2020). *Revista de Direito Civil Contemporâneo*. vol. 25. ano 7. p. 321. São Paulo: Ed. RT, out.-dez./2020.

72. VALIM, Thalles Ricardo Alciati. Do PL 1.179/2020 ao Código Civil: um caminho para a revisão judicial dos contratos. *Consultor Jurídico (Coluna Direito Civil Atual)*. Disponível em: www.conjur.com.br/2020-abr-23/direito-civil-atual-pl-1179-codigo-civil-caminho-revisao-contratos. Acesso em: 27/5/2022.

73. FRITZ, Karina Nunes. BGH: fechamento de loja durante a pandemia não é vício, nem impossibilidade, mas quebra da base do negócio. *Migalhas (Coluna German Report)*. Disponível em: https://www.migalhas.com.br/coluna/german-report/358248/bgh-fechamento-de-loja-durante-a-pandemia-nao--e-vicio. Acesso em: 28/5/2022.

Assim, muito embora estejam sendo delineadas diversas alternativas para o enfrentamento da alteração superveniente das circunstâncias, o tema está longe de se esgotar, sendo ainda merecedor de maiores reflexões que exponham, em sua plenitude, os fundamentos jurídicos para a revisão judicial dos contratos e os seus limites, a fim de que se alcance uma solução juridicamente justa e pragmaticamente adequada para o desequilíbrio contratual causado pela pandemia.

4. CONCLUSÃO

O Direito Civil, calcado em sólidos fundamentos romanos e no seu moderno estatuto epistemológico desenvolvido no séc. XIX a partir dos trabalhos de Friedrich Carl Freherr von Savigny e dos Pandectistas[74], é demandado a se adaptar aos novos tempos, enfrentando o desequilíbrio contratual provocado pela pandemia.

O Código Civil de 2002, resultado do Anteprojeto apresentado ainda no final da década de 1960 por Comissão de Juristas coordenada pelo Professor Miguel Reale, o Código Civil de 2002 é resultado de uma proveitosa solidariedade histórica.

Com efeito, afirma José Carlos Moreira Alves, refletindo sobre as premissas que conduziram a elaboração do Código, que "com relação ao direito civil não se fazia mister substituir – bastava rever", porquanto "o espírito de originalidade, a que se atribui hoje tanto valor, não é sempre o verdadeiro espírito do progresso, pois o aperfeiçoamento do que já se adquiriu é, na maioria das vezes, muito mais útil do que a volta ao início".[75]

O novo Código de fato, veio a lume na esteira de um vasto trabalho de codificação das leis civis, que se iniciou por volta de 1855, época do início da Consolidação elaborada por Augusto Teixeira de Freitas, e foi marcado não só pelo Código Civil de 1916, fruto do engenho de Clóvis Beviláqua, mas também por inúmeros projetos de código e de reformas elaborados por grandiosos juristas.

Judith Martins-Costa bem sintetiza a questão, destacando traços de originalidade do diploma: "o lema foi: conservar, aprimorando, o que era útil conservar do Código de 1916, mas não apenas 'revisar' o Código Bevilaqua (...) Buscou-se, pois, a adequação ao presente e uma certa abertura ao futuro, essa sendo expressa por meio de sua diretriz metódica".[76]

---

74. RODRIGUES JR., Otavio Luiz. *Direito Civil Contemporâneo*: estatuto epistemológico, Constituição e direitos fundamentais. Rio de Janeiro: Forense, 2019, p. 1-5.
75. ALVES, José Carlos Moreira. *A Parte Geral do Código Civil brasileiro*. 2. ed. São Paulo: Saraiva, 2003, p. 18.
76. MARTINS-COSTA, Judith. *Os 20 anos do Código Civil*. Conferência proferida em 19 de maio de 2022, por ocasião da IX Jornada de Direito Civil, organizada pelo Conselho de Justiça Federal. Brasília, 2022, p. 2.

Essa diretriz de método, elucida a Autora, consistia em elaborar não um código *total* – típico do liberalismo clássico –, mas sim um código *central*, que se revelasse permissivo (1) aos novos influxos "de fora para dentro", por meio de "leis aditivas", e (2) às adaptações "de dentro para fora" possibilitadas pela adoção de cláusulas gerais.[77]

Além disso, o Código erigiu um sistema aberto marcado por três princípios fundamentais: a eticidade, a socialidade e a operabilidade. Essa abertura metodológica e principiológica permite ao Código receber os influxos da modernidade, resguardando, não obstante, sua estrutura primordial de modo a garantir segurança jurídica. Tais características, como corolário lógico, demandam da doutrina e da jurisprudência, além de constante interação, uma atuação mais ativa na própria construção do Direito.

Remanesce, no entanto, como visto, a necessidade de melhor delineamento das teorias e dos respectivos requisitos existentes no sistema jurídico nacional, porque representam pressuposto jurídico e lógico para o enfrentamento das consequências provocadas pela pandemia de Covid-19.

O Código Civil, muito embora tenha buscado inspiração para os seus dispositivos em diversas teorias acerca da revisão dos contratos, possui contornos peculiares, que demandam interpretação teleológica e sistemática, levando-se em consideração a densidade normativa que os princípios da boa-fé objetiva e da preservação dos contratos receberam no Brasil.

A Lei n. 14.010/2020, nesse diapasão, não inovou em matéria de revisão dos contratos. Pelo contrário, buscou o legislador manter a estrutura dogmática então vigente, consolidando entendimentos jurisprudenciais consagrados e reconduzindo a solução da crise contratual gerada às disposições do próprio Código Civil.

Impõe-se ressaltar que a promulgação da referida Lei é sintomática da abertura do Código aos influxos externos no âmbito do Direito Privado, ao criar sistema de vasos comunicantes apto a guiar os aplicadores, sem derruir os alicerces do sistema consolidado.

Esta solução também foi a adotada na Alemanha, na medida em que a lei emergencial aprovada naquele país, em virtude da crise sanitária, não impede, conforme decidido pela BGH, o recurso às regras gerais previstas no Código Civil alemão.[78]

---

77. MARTINS-COSTA, Judith. *Os 20 anos do Código Civil*. Conferência proferida em 19 de maio de 2022, por ocasião da IX Jornada de Direito Civil, organizada pelo Conselho de Justiça Federal. Brasília, 2022, p. 3.
78. FRITZ, Karina Nunes. BGH: fechamento de loja durante a pandemia não é vício, nem impossibilidade, mas quebra da base do negócio. *Migalhas (Coluna German Report)*. Disponível em: https://www.migalhas.com.br/coluna/german-report/358248/bgh-fechamento-de-loja-durante-a-pandemia-nao--e-vicio. Acesso em: 28/5/2022.

É verdade que o Código Civil de 2002 poderia ter avançado em matéria de revisão contratual, aprimorando o sistema de modo a torná-lo harmônico e coerente. No entanto, o que se observa, até o momento, é que o sistema consolidado pela Lei n. 10.406/2002 tem se mostrado preparado e eficaz para enfrentar os efeitos da atual pandemia, fornecendo ao intérprete instrumentos efetivos para a ingente tarefa de restabelecer o equilíbrio nos contratos.

Com efeito, muito embora o Código não possua dispositivos legais específicos para tratar das consequências de pandemias – o que não se poderia exigir, dada a generalidade característica dessa espécie de legislação –, dele se depreende um sistema suficientemente capaz de garantir a construção de soluções jurídicas para os intrincados impactos causados por qualquer crise.

Em âmbito jurisprudencial, cabe ao Superior Tribunal de Justiça prosseguir nas reflexões acerca das teorias predispostas a enfrentar as alterações supervenientes, aprimorando cada vez mais a jurisprudência, sem olvidar as experiências acumuladas pelos demais sistemas jurídicos de outros países.

As questões jurídicas relacionadas ao impacto da pandemia, notadamente aquelas relativas à revisão contratual, ainda em tramitação em outros graus de jurisdição, não tardarão a aportar no STJ, momento em que, justificando o epíteto de Tribunal da Cidadania, esta Corte está preparada para conferir aos jurisdicionados solução jurídica justa e adequada à dogmática exigida pelo bom Direito.

5. BIBLIOGRAFIA

ALVES, José Carlos Moreira. *A Parte Geral do Código Civil brasileiro*. 2. ed. São Paulo: Saraiva, 2003.

ANDERS, Henrique Rodrigues. Covid-19 e seus impactos nos compromissos de venda e compra e imóveis no Brasil *In*: ALMEIDA, Marcelo Manhães de; LEVY, Wilson (Coords.). *Coronavírus*: impactos no direito imobiliário, urbanístico e na arquitetura do espaço urbano. São Paulo: Foco, 2021.

BEVILÁQUA, Clóvis. *Código Civil dos Estados Unidos do Brasil Comentado*. v. 1. 3. ed. São Paulo: Francisco Alves, 1927.

BOLZAM, Angelina Cortelazzi; SANTOS, Rafael Fernando dos. A revisão e a resolução contratual sob a ótica da onerosidade excessiva. *Revista Fórum de Direito Civil*, Belo Horizonte, ano 4, n. 10, p. 207-223, set./dez. 2015.

CARNAÚBA, Daniel Amaral; DIAS, Daniel Pires Novais; REINIG, Guilherme Henrique Lima. O REJET e a teoria da imprevisão: entendendo o art. 7º do projeto. *Consultor Jurídico (Coluna Direito Comparado)*. Disponível em: www.conjur.com.br/2020-mai-13/direito-comparado-r-jet-teoria-imprevisao-entendendo-artigo. Acesso em: 27/5/2022.

CARNELUTTI, Francesco. *Teoria Geral do Direito*. Rio de Janeiro: Âmbito Cultural, 2006.

DIEZ-PICAZO, Luis. *Fundamentos del derecho civil patrimonial*. 6. ed. Madri: Civitas, 2007.

FERREIRA, Antonio Carlos. Revisão judicial de contratos: diálogo entre a doutrina e a jurisprudência do Superior Tribunal de Justiça. *Revista de Direito Civil Contemporâneo*, v. 1, n. 1, out./dez. 2014.

FERREIRA, Antonio Carlos; RODRIGUES JR., Otavio Luiz; LEONARDO, Rodrigo Xavier. Revisão judicial dos contratos no regime jurídico emergencial e transitório das relações jurídicas de direito privado na pandemia de 2020 (Lei 14.010, de 10 de junho de 2020). *Revista de Direito Civil Contemporâneo*. vol. 25. ano 7. p. 311-337. São Paulo: Ed. RT, out.-dez./2020.

FREITAS, Augusto Teixeira de. *Consolidação das Leis Civis*. 3. ed. aumentada. Rio de Janeiro: H. Garnier, 1896.

FRITZ, Karina Nunes. BGH: fechamento de loja durante a pandemia não é vício, nem impossibilidade, mas quebra da base do negócio. *Migalhas (Coluna German Report)*. Disponível em: https://www.migalhas.com.br/coluna/german-report/358248/bgh-fechamento-de-loja-durante-a-pandemia-nao-e-vicio. Acesso em: 28/5/2022.

FRITZ, Karina Nunes. Revisão contratual e quebra da base do negócio. *Direito Unifacs*: debate virtual, n. 247, p. 1-24, jan. 2021.

LACERDA, Paulo de. *Manual do Código Civil Brasileiro*: Introdução, Da Lei em Geral, sua Retroactividade, Revogação e Interpretação. v. 1. Rio de Janeiro: Freitas Bastos, 1918.

LARENZ, Karl. *Base del negocio jurídico y cumplimientos de los contratos*. trad. José Luis Monereo Pérez. Granada: Comares, 2002.

LEONARDO, Rodrigo Xavier...[et.al.] *In*: MARQUES NETO, Floriano Peixoto; RODRIGUES JR., Otavio Luiz; LEONARDO, Rodrigo Xavier (Orgs.). *Comentários à Lei de Liberdade Econômica – Lei 13.874/2019*. São Paulo: RT, 2019.

LUMIA, Giuseppe. *Lineamenti di teoria e ideologia del diritto*. 3. ed. Milano: Giuffrè, 1981. p. 102-123. Tradução para o português com adaptações e modificações por TOMASETTI JÚNIOR, Alcides. Teoria da relação jurídica. 1999.

LÔBO, Paulo. *Direito Civil*: contratos. v. 3. 7. ed. São Paulo: Saraiva, 2021.

MARTINS-COSTA, Judith. A cláusula de hardship e a obrigação de renegociar nos contratos de longa duração. *Revista de arbitragem e mediação*, v. 7, n. 25, p. 11-39, abr./jun. 2010.

MARTINS-COSTA, Judith; SILVA, Paula Costa e. *Crise e perturbações no cumprimento da prestação*: estudo de direito comparado luso-brasileiro. São Paulo: Quartier Latin, 2020.

MARTINS-COSTA, Judith *In*: TEIXEIRA, Sálvio de Figueiredo (Coord.). *Comentários ao Novo Código Civil*: do direito das obrigações, do adimplemento e da extinção das obrigações. v. 5. t. 1. Rio de Janeiro: Forense, 2005.

MARTINS-COSTA, Judith. *Os 20 anos do Código Civil*. Conferência proferida em 19 de maio de 2022, por ocasião da IX Jornada de Direito Civil, organizada pelo Conselho de Justiça Federal. Brasília, 2022.

MENDES, Castro. *Direito Civil*: Teoria Geral. Lisboa: Livraria Petrony, 1978.

MORAES, Bernardo B. Queiroz de. *Parte geral*: Código Civil: gênese, difusão e conveniência de uma ideia. São Paulo: YK, 2018.

PONTES DE MIRANDA, Francisco Cavalcanti. *Tratado de Direito Privado*: direito das obrigações, extinção das obrigações. t. 25. Atual. por Nelson Nery Jr. e Rosa Maria de Andrade Nery. São Paulo: Revista dos Tribunais, 2012.

PONTES DE MIRANDA, Francisco Cavalcanti. *Tratado de Direito Privado*: pessoas físicas e jurídicas. t. 1. Atual. por Judith Martins-Costa, Gustavo Haical e Jorge Cesar Ferreira da Silva. São Paulo: Revista dos Tribunais, 2012.

GRINOVER, Ada Pellegrini Grinover; DINAMARCO, Cândido Rangel; CINTRA, Antonio Carlos de Araújo. *Teoria Geral do Processo*. 26. ed. rev. e atual. São Paulo: Malheiros, 2010.

TEPEDINO, Gustavo. *Crise financeira mundial, teoria da imprevisão e onerosidade excessiva. Soluções Práticas*, v. 2, p. 337-350, nov. 2011.

TEPEDINO, Gustavo; KONDER, Carlos Nelson; BANDEIRA, Paula Greco. *Fundamentos do Direito Civil*: contratos. v. 3. 2. ed. rev. atual. e ampl. Rio de Janeiro: Forense, 2021.

RODRIGUES JR., Otavio Luiz. *Revisão judicial dos contratos*: Autonomia da vontade e teoria da imprevisão. 2 ed. São Paulo: Atlas, 2006.

RODRIGUES JR., Otavio Luiz. Um "modelo de revisão contratual por etapas" e a jurisprudência contemporânea do STJ *In*: LOPEZ, Teresa Ancona; LEMOS, Patrícia Faga Iglecias; RODRIGUES JR., Otavio Luiz. (Orgs.). *Sociedade de risco e direito privado*: desafios normativos, consumeristas e ambientais. São Paulo: Atlas, 2013.

RODRIGUES JÚNIOR, Otavio Luiz. *Direito Civil Contemporâneo*: estatuto epistemológico, constituição e direitos fundamentais. Rio de Janeiro: Forense Universitária, 2019.

SALOMÃO, Luís Felipe. *Direito privado*: doutrina e prática. 2. ed. rev., atual. e ampl. Rio de Janeiro: Forense, 2014.

SCHREIBER, Anderson. Existe um dever de renegociar?: reflexões iniciais sobre as consequências do desequilíbrio contratual. *Revista do advogado*, v. 36, n. 131, p. 21-30, out. 2016.

SILVA, Clóvis do Couto e. *A obrigação como processo*. Rio de Janeiro: FGV, 2006.

SIMÃO, José Fernando. O contrato nos tempos da COVID-19. Esqueçam a força maior e pensem na base do negócio. *Migalhas (Coluna Migalhas Contratuais)*. Disponível em: https://www.migalhas.com.br/coluna/migalhas-contratuais/323599/o-contrato-nos-tempos-da-covid-19---esquecam-a-forca-maior-e-pensem-na-base-do-negocio. Acesso em: 26/5/2022.

TOMASETTI JR., Alcides *In*: OLIVEIRA, Juarez de (Coord.). *Comentários à Lei de Locação de Imóveis Urbanos*. São Paulo: Saraiva, 1992.

VALIM, Thalles Ricardo Alciati. Do PL 1.179/2020 ao Código Civil: um caminho para a revisão judicial dos contratos. *Consultor Jurídico (Coluna Direito Civil Atual)*. Disponível em: www.conjur.com.br/2020-abr-23/direito-civil-atual-pl-1179-codigo-civil-caminho-revisao-contratos. Acesso em: 27/5/2022.

VASCONCELOS, Pedro Pais de. *Teoria Geral do Direito Civil*. 3. ed. Coimbra: Almedina, 2005.

O CÓDIGO CIVIL, OS DIREITOS DA PERSONALIDADE E A ERA DA DATAFICAÇÃO

Plínio Saraiva Melgaré

Mestre em Ciências Jurídico-Filosóficas pela Universidade de Coimbra. Professor da Escola de Direito da Pontifícia Universidade Católica do Rio Grande do Sul (PUCRS) e da Faculdade de Direito da Fundação Escola Superior do Ministério Público do Rio Grande do Sul (FMP). Palestrante da Escola Superior da Magistratura Federal do Rio Grande do Sul (ESMAFE) e da Escola Superior da Associação dos Juízes do Rio Grande do Sul (AJURIS). Advogado. E-mail: plinio.melgare@pucrs.br.

Guilherme Schoeninger Vieira

Mestrando em Direito pela Escola de Direito da PUCRS. Bolsista de Iniciação Científica. Advogado. E-mail: guilherme.vieira@edu.pucrs.br.

Sumário: 1. Introdução – 2. Os fundamentos jurídicos dos direitos da personalidade – 3. Os direitos da personalidade e a tecnologia digital – 4. Considerações finais – 5. Referências.

1. INTRODUÇÃO

Em 10 de janeiro de 2022, o Código Civil brasileiro (CCB), formalizado na Lei 10.406/2002, completou 20 anos de sanção. Na prática, a mencionada legislação entrou em vigência um ano depois, em 11 de janeiro de 2003, substituindo o Código Civil anterior, a Lei 3.071/1916. Embora tenha sido sancionado já no novo milênio, o Código Civil de 2002 representa o resultado de décadas de tramitação política e legislativa no Congresso Nacional, vez que o projeto original foi elaborado entre 1969 e 1975 por uma comissão de juristas coordenada por Miguel Reale, o supervisor da comissão elaboradora e revisora do Código Civil. O atual CCB, ao abrir o seu Livro I tratando *das pessoas*, e ao proclamar que *toda pessoa é capaz de direitos e deveres na ordem civil*, evidencia: a pessoa humana emerge como pressuposto essencial, núcleo e vértice da normatividade jurídica contemporânea. Com isso, é o ser humano, o *homem-pessoa*, que se afirma como fundamento ético substancial indisponível da ordem jurídica, formando a densidade jurídico-axiológica exigida por um real Estado Democrático de Direito.

Dentre as numerosas inovações legislativas trazidas pelo atual Código Civil, ressalta-se a previsão dos denominados direitos da personalidade, que constituem *todo um capítulo novo [...], visando à sua salvaguarda, sob múltiplos aspectos, desde a proteção dispensada ao nome e à imagem até o direito de se dispor do próprio corpo para fins científicos ou altruísticos. Tratando-se de matéria de per si complexa e de significação ética essencial, foi preferido o enunciado de poucas normas dotadas de rigor e clareza, cujos objetivos permitirão os naturais desenvolvimentos da doutrina e jurisprudência.*[1]

Nesse cenário, ao considerar o tema dos direitos da personalidade em relação com a sociedade brasileira contemporânea, sobretudo neste momento de celebração das duas décadas da Lei 10.406/2002, este estudo se propõe a responder ao seguinte problema: passados vinte anos da sanção do atual Código Civil, como os direitos da personalidade tutelam a dignidade da pessoa humana na atual era tecnológica? Em outros termos, o objetivo geral desta pesquisa consiste em analisar a tutela jurídica dos direitos da personalidade na atual era da datificação. De forma pormenorizada, para responder ao problema de pesquisa apontado, estruturam-se os seguintes objetivos específicos: (i) compreender os fundamentos jurídicos dos direitos da personalidade; (ii) determinar as principais características descritivas da atual era da datificação; e (iii) considerar criticamente a tutela jurídica dos direitos da personalidade na atualidade, com ênfase para o direito à proteção de dados.

2. OS FUNDAMENTOS JURÍDICOS DOS DIREITOS DA PERSONALIDADE

Ao lado da socialidade e da operabilidade, outro dos pressupostos do atual Código Civil brasileiro consiste na eticidade que, buscando superar o formalismo da codificação anterior, nos termos de Miguel Reale, justificou a elaboração de *normas genéricas ou cláusulas gerais, sem a preocupação de excessivo rigorismo conceitual, a fim de possibilitar a criação de modelos jurídicos hermenêuticos, quer pelos advogados, quer pelos juízes, para contínua atualização dos preceitos legais.*[2] Nesse mesmo contexto, evidencia-se que a referida legislação, ao completar os seus vinte anos, passou a vigorar, desde a sua origem eficaz, em uma ordem jurídica especialmente fundamentada na dignidade da pessoa humana. Aliás, a elevação desse princípio como um dos fundamentos da República Federativa do Brasil marca a normatividade jurídica brasileira como uma cláusula geral da personalidade, segundo a qual *la tutela della personalità si può considerare unitaria, non definita, senza limiti, elastica, adattabile quanto piú possibile alle situazini concrete ed alle condizioni culturali, ambientali nella quali essa si realiza.*[3]

---

1. REALE, Miguel. *Novo Código Civil, Exposição de Motivos e Texto Sancionado*. Brasília, Senado Federal – Secretaria Especial de Editoração e Publicações e Subsecretaria de Edições Técnicas, 2005, p. 37.
2. *Idem*. Visão Geral do Novo Código Civil. *Revista da EMERJ*. Número Especial 2003. Anais dos Seminários EMERJ Debate o Novo Código Civil, parte I, fevereiro a junho 2002, p. 38-44.
3. PERLINGIERI, Pietro. *Il diritto civile nella legalità costituzionale*. Napoli: Edizioni Scientifiche Italiane, 1991, p. 325.

O reconhecer da pessoa humana como núcleo axiológico do Direito[4], inseriu no Código Civil brasileiro, de modo inovador, um capítulo destinado aos direitos da personalidade, repersonalizando as relações jurídicas normatizadas pelo direito civil. Historicamente, o reconhecimento desses direitos encontra-se vinculado à compreensão ética do ser humano como um sujeito de direitos, isto é, como um portador de uma dignidade intrínseca. Nada obstante a possibilidade de se encontrar remotas raízes jurídicas de proteção ao ser humano e de sua personalidade, a Segunda Guerra Mundial, a barbárie produzida pelo nacional-socialismo, bem como o advento de outras ordens totalitárias e ditatoriais, evidenciaram um largo horizonte de possibilidades de desprezo à dignidade humana e à sua personalidade. Além disso, descortinou-se, no panorama das relações intersubjetivas, que as possibilidades de violação da dignidade da pessoa humana podem ser efetivadas não apenas pelo Estado, mas também pelos sujeitos particulares. Assim, impõe-se a plena afirmação dos direitos da personalidade e a sua ampla tutela jurídica, a se estender no âmbito das relações do Direito Privado e do Direito Público.[5]

Decorrentes, pois, da dignidade da pessoa humana, *valor-fonte* do Direito, valendo-se da expressão de Miguel Reale[6], pode-se entender, conceitualmente, por direito geral da personalidade *um certo número de poderes jurídicos pertencentes a todas as pessoas, por força do seu nascimento.*[7] Ou ainda, segundo a lição de Adriano De Cupis, os direitos da personalidade são direitos essenciais, *sem os quais a personalidade restaria uma susceptibilidade completamente irrealizada, privada de todo o valor concreto.*[8]

A ideia de pessoa ancora-se na matriz kantiana do reconhecimento de sua autonomia.[9] Em um plano concreto, desdobra-se na capacidade humana de auto-

---

4. Vale lembrar a alteração do Código Civil de 2002 que, em seus dois primeiros artigos substitui a palavra *homem*, utilizada pelo Código Civil de 1916, pela expressão *pessoa*. Tal modificação não é apenas de forma, mas de substância, ante a compreensão da expressão pessoa humana, cuja situação basilar é relacional – se é pessoa entre outra(s) pessoa(s), em lugar do indivíduo isolado em si mesmo e em seus próprios interesses.
5. Assim, por exemplo, entre tantos, Luis Díez-Picazo e Antonio Gullon. *Sistema de Derecho Civil*, v. 1, 9. ed., 2ª reimpressão, Tecnos: Madri, 2000, p. 324. Como nota de circunstância, vale o esclarecimento de Pontes de Miranda: *o direito da personalidade como tal, que tem o homem, é ubíquo: não se pode dizer que nasce no direito civil, e daí se exporta aos outros ramos do sistema jurídico, aos outros sistemas jurídicos e ao sistema jurídico supra-estatal; nasce, simultâneamente, em todos.* Tratado de Direito Privado. Tomo VII. 3. ed. Rio de Janeiro: Borsoi, 1971, p. 13.
6. REALE, Miguel. *O Estado Democrático de Direito e o Conflito das Ideologias*. 2ª ed. São Paulo: Saraiva, 1999, p. 100.
7. MOTA PINTO, Carlos Alberto da. *Teoria Geral do Direito Civil*. 3. ed. Coimbra, 1999, p. 206.
8. DE CUPIS, Adriano. *Os direitos da personalidade*. trad. Adriano Vera Jardim e Antonio Miguel Caeiro. Lisboa: Livraria Morais, 1961, p. 17.
9. Nesse sentido, ver Ingo W. Sarlet: As dimensões da dignidade da pessoa humana: construindo uma compreensão jurídico-constitucional necessária e possível, em *Dimensões da dignidade*: ensaios de filosofia do direito e direito constitucional. Org. Ingo W. Sarlet. Porto Alegre: Livraria do Advogado, 2002, p. 21.

determinação. Mas essa autodeterminação humana vê-se desafiada em um mundo dominado pela tecnologia digital e sua cultura.[10] Impõe-se, pois, reconhecer a denominada autodeterminação informativa,[11] que norteia, por exemplo, o fundamental e pessoal direito à proteção de dados. Se a identidade humana há muito é objeto da tutela juscivilística[12], há de se perceber a sua inserção na era digital. A compreensão do Código Civil de 2002 deve ser realizada à luz da cláusula geral de proteção da personalidade, decorrente do princípio da dignidade humana, presente na Constituição de 1988, dinamizado pelos princípios da socialidade, da operabilidade e da eticidade, seja em um ambiente analógico ou diante da fluidez digital.

Sobre isso, importa sublinhar a presença de um superior patamar axiológico composto pela incontornável compreensão da pessoa humana e a substancial realização dos direitos que dela emanam, fundamento da ordem jurídico-positiva. Os direitos da personalidade apresentam uma plena abertura normativa, cuja extensão há de permitir o abranger da complexa pluralidade existencial do ser humano. Por consequência, eles não se esgotam nos enunciados aprioristicamente descritos nos textos legais, ou seja, não há de se pretender um inventariar exaustivo dos direitos da personalidade. Inclusive, essa posição – a da não tipificação exaustiva dos direitos da personalidade – parece ter sido, justamente, a disposição adotada pelo atual Código Civil, haja vista ali estarem traçados seus princípios reitores fundamentais.[13]

Da noção geral e aberta do direito da personalidade, cujo *objeto é o seu próprio sujeito, é a Pessoa mesmo*[14], que preserva os bens essenciais e básicos da pessoa concretamente considerada[15], em sua relação consigo e aquelas estabelecidas com

---

10. Sobre essa cultura própria, destacam-se, entre outras, as obras de Pierre Levi, assim como o alerta de Shoshana Zuboff sobre o capitalismo de vigilância, cuja constitucionalidade é questionada por nós em artigo publicado https://www.conjur.com.br/2021-mar-01/plinio-melgare-inconstitucional-capitalismo-vigilancia.
11. A noção de autodeterminação informativa foi decisivamente conformada a partir da decisão do Tribunal Constitucional Federal alemão, em 1983, que declarou inconstitucional uma lei que cria um censo estatístico que determinara a coleta de dados pessoais dos usuários para otimização de políticas públicas. Basicamente, reconheceu-se a necessidade de proteger o indivíduo contra o recolhimento, armazenamento, utilização e cessão de seus dados pessoais. Sobre o tema, sugere-se a obra de Danilo Doneda, *Da privacidade à proteção de dados pessoais: elementos da formação da Lei Geral de Proteção de Dados*. Edição do Kindle.
12. Nesse sentido, ver, sobretudo, Rabindranath Capelo de Souza. *O direito geral de personalidade*. Coimbra: Coimbra, 1995, p. 246.
13. Conforme Moreira Alves, (...) *se abriu um capítulo para os direitos da personalidade, estabelecendo-se não uma disciplina completa, mas os seus princípios fundamentais. A parte geral do projeto de Código Civil. Revista do Centro de Estudos Judiciários* – Conselho da Justiça Federal, no. 09, set/dez. 1999, Brasília, p.08.
14. DE CARVALHO, Orlando. Para uma teoria da pessoa humana, *in O homem e o tempo – liber amicorum para Miguel Baptista Pereira*. Porto: Fundação Eng. António de Almeida, 1999, p. 542.
15. Ao se referir a pessoa concreta, pensa-se na superação de um *sentido exclusivamente técnico da pessoa* (...) *quando o sujeito faz parte das relações jurídicas como um elemento, o que significa chegar à própria negação da existência de direitos subjetivos das pessoas.* Luiz Edson Fachin. *Teoria crítica do Direito*

o mundo e com as outras pessoas, tanto em sua dimensão psicofísica quanto moral, amparando o seu autônomo desenvolvimento, desdobram-se alguns direitos especiais da personalidade. Dentre eles, podem-se evidenciar alguns, como: o direito ao nome, disposto no artigo 16 do Código Civil; ao pseudônimo, disposto no artigo 19 do Código Civil; à imagem, disposto tanto no artigo 20 do Código Civil quanto no artigo 5º, X, da Constituição; e à privacidade, disposto tanto no artigo 21 do Código Civil, quanto no artigo 5º, X, da Constituição.

Aceita-se, desse modo, um direito geral da personalidade, referente à proteção da dignidade e da individualidade humanas, e direitos especiais da personalidade, que dispõem de um objeto específico.[16] De fato, estabelece-se uma relação entre a cláusula geral e os direitos especiais da personalidade, na qual aquela, como a célula *mater* dos direitos da personalidade, fundamenta e oferece o sentido destes[17]. Diante da impossibilidade de se esgotar na letra da lei o âmbito da personalidade merecedora de tutela, a cláusula geral da personalidade oferece um elemento seguro e racionalmente justificável para a proteção concreta da pessoa. Com isso, em termos práticos, se em determinado caso judicializado não houver a violação específica de um direito da personalidade, recorre-se ao direito geral da personalidade para salvaguardar a substancial proteção da pessoa humana.[18]

Além disso, os direitos da personalidade, distinguindo-se, pois, de outros direitos subjetivos, apresentam características próprias. Alguns desses atributos são nominados, inclusive, no próprio artigo 11 do Código Civil.[19] Isso posto, na sequência, serão vistos, em duas ou três palavras, os seguintes elementos distintivos dos direitos da personalidade.

---

civil – à luz do novo Código Civil Brasileiro. Rio de Janeiro: Renovar, 2003, p. 99. Pensar dessa forma impulsiona a uma separação do direito em relação ao mundo vivido – acaso não seria esse um dos pilares da pandectística? –, como que se a pessoa dependesse do reconhecimento do legislador para ser titular de direitos e ver seus direitos fundamentais assegurados. Pessoa concreta é a pessoa de carne e osso, que vive e sente, e, que, em sua vida, é capaz de amar e de sofrer, *el que come, y bebe, y juega, y duerme, y piensa, y quiere: el hombre que se ve y a quien se oye, el hermano, el verdadero hermano.* (...). [Enfim], *yo, tú, lector mío: aquel outro de más alla, cuantos pisamos sobre la tierra.* Miguel de Unamuno. *Del Sentimiento Trágico de la Vida.* 3ª reimpressão, Madri: Alianza, 2001, p. 21-22. E esse homem, essa pessoa, assim considerado, há de ser o sujeito e a preocupação máxima de todo o Direito e do Estado democrático, comprometido com uma igualdade material. Afinal, com Orlando de Carvalho: *É o ser humano, é a Pessoa que se tem de tomar a sério. op. cit.*, p. 545.

16. Na mesma direção, e aprofundando a dimensão histórica dos direitos da personalidade, ver Helmuth Coing. *Derecho privado europeo.* vol. II. trad. Antonio Pérez Martín. Madri: Fundación Cultural del Notariado, 1996, p. 355 e ss.
17. Sobre essa relação, vide a obra de Rabindranath Capelo de Sousa. *O direito geral de personalidade.* Coimbra, 1995 p. 557 e ss.
18. Sobre o tema, ver Karl Larenz. Derecho Civil – parte general. trad. Miguel Izquierdo y Macías-Picavea. Madri: *Revista de Derecho Privado*, 1978, p. 164-165 *passim*.
19. Artigo 11 do Código Civil: "Com exceção dos casos previstos em lei, os direitos da personalidade são intransmissíveis e irrenunciáveis, não podendo o seu exercício sofrer limitação voluntária".

Primeiro, a intransmissibilidade. Em razão da essência dos direitos da personalidade, segundo a qual *os bens jurídicos da personalidade humana física e moral constituem o ser do seu titular*[20], nasce uma incontornável vinculação dos próprios direitos com o seu titular, isto é, os direitos da personalidade não se separam do seu titular. Dessa forma, há, por princípio, a impossibilidade de se ceder, alienar, onerar, sub-rogar, transmitir ou outorgar um direito da personalidade. Inerente à ideia de transmissão, está a de uma pessoa pôr-se no lugar de outra. Logo, caso fosse possível a transmissão, o direito não seria da personalidade[21], porquanto personalidade não se transmite, não havendo alteração de seu titular.

Segundo, a irrenunciabilidade. Dada a sua essencialidade, não se pode renunciar aos direitos da personalidade. Em outras palavras, não se pode desistir, nem eliminar os direitos da personalidade. Aliás, os direitos da personalidade não podem ser perdidos durante a existência de seu titular. Todavia, tanto a intransmissibilidade quanto a irrenunciabilidade não obstam uma possível limitação voluntária ao exercício dos direitos da personalidade, desde que, em termos amplos, não se firam os princípios fundantes da ordem pública.[22]

Terceiro, a indisponibilidade. Ao titular dos direitos da personalidade não será juridicamente possível estabelecer uma outra meta ou um outro rumo ao seu direito. Dizer que os direitos da personalidade são indisponíveis resulta "reconhecer que não podem ser extintos por ato de vontade do titular, seja por renúncia ou por sua transmissão a outra pessoa."[23]

Não obstante, há uma abertura, inclusive de ordem legal, que possibilita o exercício desses direitos. Rigorosamente, há situações em que licitamente se possibilita ao sujeito ativo do direito da personalidade dispor sobre o objeto de seu direito, limitando-o. Tal possibilidade, desde que a disposição não seja ilícita ou contrária aos princípios instituintes da ordem jurídico-política, resulta da liberdade de autodeterminação pessoal, de uma razoável flexibilização que o próprio sujeito pode incorporar à sua personalidade. Assim, por exemplo, pode haver a concessão para uso de imagem, ou, ainda, a hipótese, prevista no artigo 13 do Código Civil, da doação de órgãos ou de tecidos para fins de transplante que não importem diminuição permanente da integridade física. Em uma tentativa de sistematização, a disposição dos direitos da personalidade pode ser considerada lícita quando: a) o objeto não for um bem jurídico essencial à pessoa humana, como na exploração de imagem; b) ocorrer em razão de um justificado interesse de seu titular ou de um terceiro, como na intervenção cirúrgica e na doação de

---

20. Rabindranath Capelo de Sousa, *op. cit.*, p. 402.
21. Conforme Pontes de Miranda, *op. cit.*, p. 07.
22. Nesse mesmo sentido, ver Carlos Alberto da Mota Pinto, *op. cit.* p. 211 e ss.
23. Conforme Bruno Miragem. *Teoria Geral do Direito Civil* (pp. 378-379). Forense. Edição do Kindle.

sangue; e c) a ação for decorrente de práticas socialmente aceitas, mesmo pondo em risco a vida ou a integridade física do sujeito, como nas lutas de vale-tudo.

Quarto, o caráter absoluto. Os direitos da personalidade atribuem a seu titular uma série de poderes jurídicos. E tais poderes, que recaem imediatamente sobre o bem jurídico tutelado, geram em todos os demais integrantes da sociedade o dever de um pleno respeito aos direitos da personalidade, pelo que se diz serem estes oponíveis *erga omnes*, ou seja, válidos perante todos. Conforme Santos Cifuentes[24], os poderes jurídicos irradiados pelos direitos da personalidade conduzem *a um directo enfrentamiento con todos los miembros de la comunidad organizada, para impedir la turbación u ofensa en el goce previsto*. E nesse sentido, como acentua Capelo de Sousa[25], a oponibilidade *erga omnes* dos direitos da personalidade faz nascer em relação aos sujeitos passivos uma obrigação universal negativa, isto é, um dever jurídico abstencionista de observância a esses direitos.

Quinto, a extrapatrimonialidade. Tal característica vincula-se à essência dos direitos da personalidade, que concernem ao próprio ser do ser humano – e não ao seu ter. A extrapatrimonialidade indica a impossibilidade de aos direitos da personalidade corresponder uma estimativa econômica, isto é, não são suscetíveis de uma apreciação econômica. A personalidade não é avaliável economicamente. De todo modo, importa sublinhar que essa característica não implica que os direitos da personalidade não produzam efeitos patrimoniais. Basta pensar, por exemplo, na exploração do uso da imagem.

Sexto, a vitaliciedade e a necessidade. A vitaliciedade é também uma das características dos direitos da personalidade. Quer isso dizer que acompanham o ser humano ao largo de sua existência. E os direitos da personalidade são direitos necessários porquanto indispensáveis à plena constituição e afirmação do ser humano em uma comunidade de pessoas.

E sétimo, a imprescritibilidade. Importante característica que emana do amparo geral que recebem os direitos da personalidade diz respeito à sua imprescritibilidade, isto é, a impossibilidade de sua extinção pelo não uso. Não se submetem, pois, à prescrição extintiva. Ao lado dessa impossibilidade, há igualmente outra: a de não serem objetos de prescrição aquisitiva. Sublinhe-se, quanto ao instituto da prescrição, a princípio, sua vinculação a pretensões de natureza patrimonial[26],

---

24. CIFUENTES, Santos. *Los derechos personalisimos*. Buenos Aires: Lerner, 1974, p. 149.
25. Rabindranath Capelo de Sousa, *op. cit.*, p. 401.
26. Já nos comentários de Clovis: *Precisamente, os direitos patrimoniaes é que são prescritíveis. Não há prescrição senão de direitos patrimoniais. Os direitos que são emanações directas da personalidade e os de família, puros, não prescrevem. Código Civil dos Estados Unidos do Brasil.* vol. I, 6. ed. Rio de Janeiro: Rio, 1975, p. 443. No mesmo sentido, Humberto Theodoro Júnior: A prescrição é fenômeno típico das ações referentes a direitos patrimoniais. (*Comentários ao novo Código Civil*, 2ª ed. v. III, t. II, Rio de Janeiro: Forense, 2003, p. 170. Santoro-Passarelli, por sua vez, sustenta serem *imprescritíveis os direitos de que*

o que, constitutivamente, exclui os extrapatrimoniais direitos da personalidade dos efeitos prescricionais.

3. OS DIREITOS DA PERSONALIDADE E A TECNOLOGIA DIGITAL

Em termos formais, diversas são as expressões terminológicas que podem ser utilizadas para nomear a realidade da sociedade contemporânea, instalada tanto no mundo real quanto no mundo virtual: sociedade digital, sociedade em rede, sociedade da informação, sociedade tecnológica, dentre outras. E, tendo o mundo digital como pano de fundo, em específico, destaca-se que, na atualidade, no aspecto material, as vidas humanas estão sendo franca, mecânica e incessantemente traduzidas em dados.[27] Na língua inglesa, esse processo é denominado *datafication*[28], que, em livre tradução, pode ser assimilado como datificação. Com isso, busca-se explicar a noção de que, ao se navegar na *internet*, os indivíduos acabam deixando indicações, pegadas e rastros.[29] Quando se está conectado à rede mundial de computadores, as pessoas estão ali dispondo das suas informações pessoais que, em certa medida, correspondem à sua própria personalidade.

Por meio da datificação, as ações tomadas pelos sujeitos no mundo virtual são assimiladas como dados quantificáveis. Em outros termos, é um processo que deve ser compreendido como *um conjunto de métodos de coleta, processamento e tratamento de dados para realizar predições. Não se trata apenas de procedimentos com dados demográficos ou perfis socioeconômicos, [...] mas de análise dinâmica a partir de metadados comportamentais*[30]. Na realidade, essa prática de tradução de atitudes, condutas e preferências em dados pode ser verificada nos mais comuns aplicativos da atualidade, em qualquer um dos âmbitos da vida social: na locomoção, com *Waze* e *Uber*; na habitação, com *AirBnb*; nas entregas, com *iFood*; na educação, com *Zoom*; no entretenimento, com *Netflix* e *Spotify*; ou, ainda, nas interações amplas, com *Facebook*, *Instagram*, *Twitter* e *WhatsApp*.

Todas essas plataformas virtuais possibilitam facilidades na rotina moderna. No entanto, isso não deve encobrir o importante dilema jurídico que aqui está

---

o sujeito não pode dispor em absoluto. (*Teoria geral do direito civil.* Trad. Manuel de Alarcão. Coimbra: Atlântida, 1967, p. 89.) – como o seriam os direitos da personalidade. Nada obstante, importa referir o asseverado por Pontes de Miranda, no tomo VI, p. 127, 3. ed. Rio de Janeiro: Borsoi, 1970, de seu *Tratado de direito privado: A prescrição, em princípio, atinge a tôdas as pretensões e ações, quer se trate de direitos pessoais, quer de direitos reais, privados ou públicos. A imprescritibilidade é excepcional.*

27. LEMOS, André. Datificação da vida. *Civitas – Revista de Ciências Sociais*, v. 21, n. 2, p. 193-202, 24 ago. 2021.
28. MAYER-SCHÖNBERGER, Viktor; e CUKIER, Kenneth. *Big data: a revolution that will transform how we live, work, and think.* Boston: Houghton Mifflin Harcourt, 2013, p. 28.
29. SANTAELLA, Lucia; KAUFMAN, Dora. Os dados estão nos engolindo?. *Civitas – Revista de Ciências Sociais*, v. 21, n. 2, p. 214-223, 24 ago. 2021.
30. LEMOS, André, *op. cit.*, p. 194.

em causa: a proteção dos dados pessoais como extensão do desenvolvimento da personalidade humana: que o sujeito, titular dos dados, não seja convertido em um mero objeto de informações. Nessa linha de raciocínio, visto que *os dados pessoais que circulam na internet carregam informações dos indivíduos a que se relacionam*[31], reconhece-se uma nova questão para os direitos previstos no Código Civil: afinal, como os direitos da personalidade devem proteger a personalidade humana transformada em dados? E essa é uma provocação que fica ainda mais evidente quando se assume que *os dados se tornaram matéria-prima dos negócios, um recurso econômico vital, usado para criar uma nova forma de valor econômico.*[32]

O desenvolvimento da tecnologia digital constitui uma nova era da vida humana. Mais do que uma revolução trazida pela tecnologia, vive-se uma "era digital". O animal político aristotélico encontra novas formas de sociabilidade. As mais diversas relações humanas são mediadas e moduladas por algoritmos.[33] Há uma centralização algorítmica, baseada em uma lógica matemática, que produz uma desmaterialização da pessoa, própria de uma cultura algorítmica. Se é fato que o universo constantemente se desdobra em matéria e a matéria em vida, na era digital, o caminho é inverso: a vida humana se desmaterializa.

A identidade do sujeito se encontra presente no mundo digital, onde caracteres imateriais modelam a projeção da pessoa humana. Atividades de processamento de dados estabelecem significados aos dados, que se tornam identificadores da pessoa. Tal qual um mosaico, a identidade se forma por diversas e dispersas informações que, coletadas e processadas, acabam por construir um sujeito no mundo digital. Dados, informações relativas a uma pessoa, identificada ou identificável, tornam-se o substrato material que atrai a tutela do Direito Civil. Afinal, nada que é humano... é estranho ao Direito. E a persona digital, cuja identidade é composta por diversos dados, afirma-se como um elemento de um novo sujeito do Direito, a partir de uma exigência normativa que assegure a cada pessoa o desenvolvimento pleno do seu projeto existencial. Afinal, A proteção integral da pessoa humana, que não é um dado fixo[34], senão que construído. Aporta-se, aqui, na compreensão do livre desenvolvimento da personalidade, como atributo jurídico geral da pessoa humana. Portanto, está em causa, na urgência dos dias, o pensar da proteção humana não mais em modelos sociais organizados analogi-

---

31. DOS SANTOS, Diego Ferreira. A proteção dos dados pessoais como nova espécie de direito da personalidade. *Revista ESMAT*, ano 13 – n. 21, p. 129-148, jan./jul. 2021.
32. MAYER-SCHÖNBERGER, Viktor; e CUKIER, Kenneth, *op. cit.*, p. 4.
33. Nesse sentido, ver os estudos, entre outros autores, de Sérgio Amadeu da Silveira, como: *Tudo sobre Tod@s*: redes digitais, privacidade e venda de dados pessoais. São Paulo: Edições SESC São Paulo, 2017.
34. Conforme a feliz percepção de Danilo Doneda, "A projeção da pessoa humana no ordenamento está longe de ser um dado fixo; ao contrário, uma primeira análise já nos oferece uma noção da mobilidade de seu conteúdo". Doneda, Danilo Cesar Maganhoto. *Da privacidade à proteção de dados pessoais*: elementos da formação da Lei Geral de Proteção de Dados. Edição do Kindle.

camente. Mas, em uma sociedade dataficada, qual o lugar do humano? Acaso, a sociedade dataficada cumprirá, finalmente, a tarefa da *obsolescência do homem*?[35]

Sob a perspectiva progressiva, o fenômeno da datafícação acentua-se. Com referência à publicação do Código Civil, no ano de 2002, a própria *internet* se encontrava em um nível tecnológico e de alcance muito distinto do atual. Diferentemente dos dias de hoje, em que inclusive diversos objetos banais (geladeiras, cafeteiras, máquinas de lavar) podem ser facilmente conectados à rede, naquela época, os equipamentos tecnológicos do cotidiano, como telefones, televisores e relógios eram marcadamente analógicos e desconectados do mundo. Um aparelho telefônico pouco poderia ser particularizado em relação ao seu usuário. Se, há vinte anos, um telefone celular alheio fosse encontrado ao acaso, uma das formas de se tentar identificar o seu proprietário seria, quando muito, por meio do exame da agenda telefônica, procurando-se relacionar o aparelho a um sujeito específico. Não haveria como acessar a galeria de imagens, vasculhar as redes sociais, aplicativos de bancos, ali instaladas ou ativar o seu rastreamento por geolocalização.

Nesses termos, cumpre reconhecer a existência de manifestas diferenças entre a realidade social contemporânea, isto é, a realidade da era da datafícação, e aquela de outros tempos, como do momento de instauração do atual Código Civil. Afinal, como afirmado no julgamento do Recurso Especial 1.859.665, decidido pelos Ministros da Quarta Turma do Superior Tribunal de Justiça, em 2021, *na chamada sociedade da informação, verifica-se a expansão de novos padrões de comportamento social em que um novo arquétipo de interação entre os indivíduos é formado no espaço conhecido como ciberespaço. A grande quantidade de dados com informações pessoais disponíveis na rede (big data) trouxe inúmeros benefícios para a sociedade como um todo [...]. Por outro lado, colocou-se em xeque a vida privada dos usuários diante de possíveis violações dos direitos da personalidade*[36].

Para além do fenômeno da datafícação, o meio digital traz consigo outras formas de exposição da pessoa humana. De fato, há uma cultura que potencializa a exposição da vida e, de modo paralelo, potencializa os danos que uma exposição indevida pode causar. As redes sociais, incorporadas ao cotidiano existencial, e a permanência do digital com suas pegadas e rastros digitais,[37] redimensionam a possibilidade de ilícitos civis, em especial em relação aos direitos da personalidade.

---

35. Menção à obra – e preocupações filosóficas – de Günther Anders. *La obsolescência del hombre – sobre el alma em la época de la segunda revolución industrial*. V.I. Madrid: Editorial Pre-Textos, 2011.
36. BRASIL. SUPERIOR TRIBUNAL DE JUSTIÇA. Quarta Turma. *Recurso Especial 1.859.665*. Relator Ministro Luis Felipe Salomão. Julgamento em 09 mar. 2021. Disponível em: https://processo.stj.jus.br/processo/pesquisa/?src=1.1.3&aplicacao=processos.ea&tipoPesquisa=tipoPesquisaGenerica&num_registro=202000208006. Acesso em: 17 jul. 2022.
37. Por pegadas digitais, refere-se aos rastros de dados deixados ao usar a *internet*. Sites visitados, e-mails, informações, comentários, enviados on-line servem para rastrear as atividades e os dispositivos on-line de uma pessoa.

O Superior Tribunal de Justiça tem analisado a proteção dos direitos da personalidade na atual era digital em diferentes oportunidades. Acerca de um dos sentidos mais tradicionais dos direitos da personalidade, o STJ tem se posicionado de forma marcadamente eficaz na proteção da voz, do nome e da imagem humanas, garantindo a tutela da personalidade humana também no mundo virtual. No caso do Recurso Especial 1.630.851, a parte autora sustentava a necessidade de indenização por danos morais, argumentando que teve uma gravação da sua voz utilizada com finalidade comercial sem a sua autorização. Ao final, ainda que, no caso, a improcedência do pedido de indenização tenha sido mantida, os Magistrados da Terceira Turma, nos termos do voto do Ministro Relator Paulo de Tarso Sanseverino, reconheceram a efetividade dos direitos da personalidade nos meios tecnológicos, ressaltando que *a voz humana encontra proteção nos direitos da personalidade, seja como direito autônomo ou como parte integrante do direito à imagem ou do direito à identidade pessoal.*[38]

Em relação ao nome da pessoa física, protegido no ordenamento jurídico brasileiro, sobretudo, pelos direitos dispostos nos artigos 16, 17 e 18 do Código Civil, o STJ ratifica a necessidade de prévia autorização da pessoa para a sua utilização com fins comerciais, semelhantemente ao que ocorre com o direito à imagem, como verificado na redação da Súmula 403 do STJ.[39] Na apreciação do Recurso Especial 1.645.614, que versava sobre a utilização indevida do nome de um conhecido apresentador de televisão, sem a sua permissão, em publicidade de um empreendimento imobiliário, os Ministros da Terceira Turma do Superior Tribunal de Justiça decidiram que *o uso indevido do nome, que também é um dos atributos da personalidade, dispensa a comprovação dos danos causados, pois presumidos, fazendo nascer automaticamente a obrigação de indenizar.*[40] Embora a publicidade não tenha citado diretamente o nome do apresentador, a decisão reconheceu que tanto a imagem quanto o nome são suficientes para individualizar alguém na sociedade, configurando, assim, ambos os elementos como atributos invioláveis da personalidade.

Quanto ao direito de imagem, sua violação ocorre em hipóteses de publicações de fotografias ou veiculações de imagens, tanto na televisão quanto na *internet*, sem

---

38. BRASIL. SUPERIOR TRIBUNAL DE JUSTIÇA. Terceira Turma. *Recurso Especial 1.630.851*. Relator Ministro Paulo de Tarso Sanseverino. Julgamento em 27 abr. 2017. Disponível em: https://processo.stj.jus.br/processo/pesquisa/?src=1.1.3&aplicacao=processos.ea&tipoPesquisa=tipoPesquisaGenerica&num_registro=201403080659. Acesso em: 17 jul. 2022.
39. Súmula 403 do STJ: "Independe de prova do prejuízo a indenização pela publicação não autorizada de imagem de pessoa com fins econômicos ou comerciais".
40. BRASIL. SUPERIOR TRIBUNAL DE JUSTIÇA. Terceira Turma. *Recurso Especial 1.645.614*. Relator Ministro Paulo de Tarso Sanseverino. Julgamento em 26 jun. 2018. Disponível em: https://processo.stj.jus.br/processo/pesquisa/?src=1.1.3&aplicacao=processos.ea&tipoPesquisa=tipoPesquisaGenerica&num_registro=201503256980. Acesso em: 17 jul. 2022.

autorização, com proveito econômico e em contextos desrespeitosos. Ainda que se reconheça que a violação do direito de imagem não se enquadra, propriamente, como decorrência da dataficação, evidencia-se que ela é uma questão contemporaneamente pertinente, sobretudo no atual mundo digital. Se em momentos anteriores a jurisprudência do STJ referia-se à proteção do direito de imagem na hipótese de divulgação indevida de retratos indecorosos de mulheres em revistas de conotação erótica, como no caso do Recurso Especial 1.243.699[41], atualmente, o Tribunal da Cidadania tem ampliado essa tutela jurídica também nas circunstâncias de disseminação por meio da televisão e da *internet*, como decidido no julgamento do Recurso Especial 1.728.040.[42] Nesse sentido, observa-se também aqui que os direitos da personalidade são garantidos independentemente do ambiente em que são violados.

A exposição da vida humana no mundo digital permite também a prática de novos ilícitos civis. Assim, surge a divulgação não consentida (ou compartilhamento não consensual) de imagens íntimas,[43] bem percebida pela Ministra Nancy Andrighi, no julgamento do Recurso Especial 1.735.712.[44] Tal prática não se confunde com a exploração comercial da pornografia ou com a pornografia infantil. O que está em causa é, ainda que sob a nomenclatura de direitos da personalidade, direito à intimidade, a exposição indevida do corpo da pessoa – no mais das vezes, o corpo de uma mulher, vítima preferencial dessa exposição ilícita.

No caso referido, o rosto da pessoa cujo corpo foi exposto não era identificado. Contudo, conforme a relatora, a Ministra Nancy Andrighi, *é irrelevante para a configuração dos danos morais na hipótese, uma vez que a mulher vítima da pornografia de vingança sabe que sua intimidade foi indevidamente desrespeitada e, igualmente, sua exposição não autorizada lhe é humilhante e viola flagrantemente seus direitos de personalidade*[45]. Assim como também não se exige que a imagem divulgada contemple um corpo totalmente nu: *Não há como descaracterizar um material pornográfico apenas pela ausência de nudez total. Na hipótese, a recorrente encontra-se sumariamente vestida, em posições com forte apelo sexual*, ponderou

---

41. BRASIL. SUPERIOR TRIBUNAL DE JUSTIÇA. Quarta Turma. *Recurso Especial 1.243.699*. Relator Ministro Raul Araújo. Julgamento em 21 jun. 2016. Disponível em: https://processo.stj.jus.br/processo/pesquisa/?src=1.1.3&aplicacao=processos.ea&tipoPesquisa=tipoPesquisaGenerica&num_registro=200901083646. Acesso em: 17 jul. 2022.
42. BRASIL. SUPERIOR TRIBUNAL DE JUSTIÇA. Terceira Turma. *Recurso Especial 1.728.040*. Relator Ministro Marco Aurélio Belizze. Julgamento em 18 set. 2018. Disponível em: https://processo.stj.jus.br/processo/pesquisa/?src=1.1.3&aplicacao=processos.ea&tipoPesquisa=tipoPesquisaGenerica&num_registro=201600263045. Acesso em: 17 jul. 2022.
43. Prática que pode se enquadrar na denominada *revenge porn* ou "pornografia de vingança".
44. BRASIL. SUPERIOR TRIBUNAL DE JUSTIÇA. Terceira Turma. *Recurso Especial 1.735.712*. Relatora Ministra Nancy Andrighi. Julgamento em 19 mai. 2020. Disponível em: https://scon.stj.jus.br/SCON/GetInteiroTeorDoAcordao?num_registro=201800428994&dt_publicacao=27/05/2020. Acesso em: 05 jul. 2022.
45. *Ibidem*.

a Ministra Nancy Andrighi.[46] Nos casos de divulgação ou compartilhamento de imagens não consensual, a condenação ultrapassa o pagamento de danos morais, sendo cumulada com uma obrigação de fazer: remover a publicação.

Questão interessante diz respeito à extensão da responsabilidade civil diante da divulgação ilícita de imagens. Os provedores de aplicação respondem pelo compartilhamento ou divulgação ilícita de imagens ou outros conteúdos? A resposta para essa questão ultrapassa os limites do Código Civil de 2002, que, nesse caso, será complementado por legislação especial e mais nova: o denominado Marco Civil da Internet (MCI), a Lei 12.965/2014, que é aplicável apenas a fatos posteriores a sua vigência, tendo por base que *o termo inicial da responsabilidade solidária do provedor de aplicação, por força do art. 19 do Marco Civil da Internet (MCI), é o momento da notificação judicial que ordena a retirada de determinado conteúdo da internet.*[47] A responsabilização civil dos provedores de aplicação da *internet* por danos causados por conteúdos produzidos por terceiros ocorrerá somente após determinação judicial específica. Contudo, nos termos do artigo 21 do MCI, ocorrerá a responsabilização civil dos provedores de aplicação, independente de decisão judicial, se houver danos gerados por conteúdo contendo cenas de nudez ou de atos sexuais de caráter privado e, a partir de uma notificação do participante das imagens, o provedor não indisponibilizar o acesso ao referido conteúdo.

Na proteção dos direitos da personalidade, o STJ tem estabelecido, na atualidade, entendimentos sobre a relação entre a tutela da personalidade humana e a liberdade de expressão. Em demandas judiciais envolvendo publicações em *sites* de grande circulação e em redes sociais, a Quarta Turma do Superior Tribunal da Justiça definiu a linha de defesa dos direitos da personalidade como limite para o exercício da liberdade de expressão. Na mencionada demanda judicial trazida no Recurso Especial 1.859.665, questionava-se a obrigação de uma determinada rede social fornecer dados de todos os seus usuários que haviam compartilhado notícias falsas, isto é, *fake news*. Ao final, observando que o direito à privacidade não pode ser desconsiderado ao ponto de permitir a quebra de sigilo indiscriminada, revelando informações íntimas dos usuários da rede social por conta do compartilhamento de um vídeo falso, entendeu-se que *se é certo afirmar que o usuário das redes sociais pode livremente reivindicar seu direito fundamental de expressão, também é correto sustentar que a sua liberdade encontrará limites nos direitos da personalidade de outrem, sob pena de abuso em sua autonomia.*[48]

---

46. *Ibidem.*
47. *Ibidem.*
48. BRASIL. SUPERIOR TRIBUNAL DE JUSTIÇA. Quarta Turma. *Recurso Especial 1.859.665*. Relator Ministro Luis Felipe Salomão. Julgamento em 09 mar. 2021. Disponível em: https://processo.stj.jus.br/processo/pesquisa/?src=1.1.3&aplicacao=processos.ea&tipoPesquisa=tipoPesquisaGenerica&num_registro=202000208006. Acesso em: 17 jul. 2022.

De forma específica, os Ministros do STJ também se dedicaram à análise de demandas judiciais referentes à proteção dos dados pessoais, uma pauta que, posteriormente, foi reconhecida como direito fundamental tanto pelo Supremo Tribunal Federal (STF), no julgamento da Ação Direta de Inconstitucionalidade (ADI) 6.390, quanto pelo próprio texto constitucional positivado, por meio da Emenda Constitucional (EC) 115/2022. Conceitualmente, de antemão, convém referir a definição crítica firmada no acórdão para o Agravo Regimental no Recurso em Mandado de Segurança 64.941, segundo a qual *os dados são um conjunto de fatos registrados no formato de declarações textuais, de modo a permitir seu compartilhamento ou análise por um conjunto indefinido de observadores, a partir do qual pode ser obtida alguma informação dirigida a determinado propósito.*[49]

Com fundamento nessa proposta de atribuição de significado, podem-se alcançar alguns pontos de entendimento. Primeiro, os dados consistem em uma reunião de circunstâncias que efetivamente aconteceram e que são consignadas em declarações de texto. Segundo, os dados podem ser compartilhados (meramente retransmitidos) e/ou analisados (considerados criticamente) por uma quantidade indefinível de examinadores, que podem ser tanto agentes privados quanto agentes públicos.[50] Terceiro, os dados consistem em matéria-prima de posteriores informações encaminhadas para cumprir certos objetivos[51], que vão desde banais hábitos de consumo até pertinentes compreensões ideológicas. Para mais, quando são adicionadas as disposições legais próprias da Lei 13.709/2018, a Lei Geral de Proteção de Dados (LGPD), sobre a descrição crítica apontada acima, a questão do direito à proteção de dados revela-se mais importante, sobretudo na atual era da dataficação.[52]

O direito à proteção de dados vincula-se diretamente ao princípio da dignidade da pessoa humana e, em especial, ao direito ao livre desenvolvimento da personalidade, articulando-se com alguns direitos especiais da personalidade.[53] Sobre isso, convém especificar o seu conteúdo, diferenciando-o de outros direitos.

---

49. BRASIL. SUPERIOR TRIBUNAL DE JUSTIÇA. Sexta Turma. *Agravo Regimental no Recurso em Mandado de Segurança 64.941*. Relator Ministro Rogerio Schietti Cruz. Julgamento em 03 ago. 2021. Disponível em: https://processo.stj.jus.br/processo/pesquisa/?src=1.1.3&aplicacao=processos.ea&tipoPesquisa=tipoPesquisaGenerica&num_registro=202002844733. Acesso em: 18 jul. 2022.
50. RUARO, Regina Linden. A tensão entre o direito fundamental à proteção de dados pessoais e o livre mercado. *Revista de Estudos e Pesquisas Avançadas do Terceiro Setor*, v. 4, n. 1, p. 389-423, jan.-jun. 2017.
51. MAI, Jens-Erik. Big data privacy: The datafication of personal information. *The Information Society*, vol. 32, 3, p. 192-199, 2016.
52. De todas as disposições legais trazidas na LGPD, destaca-se, em específico, a definição de dado pessoal, determinada no artigo 5º, I: "informação relacionada a pessoa natural identificada ou identificável".
53. SARLET, Ingo. Proteção de dados pessoais como direito fundamental na Constituição federal brasileira de 1988: contributo para a construção de uma dogmática constitucionalmente adequada. *Revista Brasileira de Direitos Fundamentais & Justiça*, [S. l.], v. 14, n. 42, p. 179-218, 2020. DOI: 10.30899/dfj.v14i42.875. Disponível em: https://dfj.emnuvens.com.br/dfj/article/view/875. Acesso em: 20 jul. 2022.

De forma mais abrangente, o direito à proteção de dados dispõe de autonomia em face do direito à privacidade, em razão de, no mínimo, dois elementos específicos: o objeto que tutela e o seu propósito jurídico. Primeiro, a salvaguarda do direito à proteção de dados abrange tanto os dados privados quanto os dados públicos, diferentemente do direito à privacidade, que se ocupa das informações essencialmente íntimas[54]. E segundo, enquanto o direito à privacidade procura impedir o acesso à vida privada de alguém, o direito à proteção de dados busca assegurar o direito de saber a pertinência do tratamento dos dados e a sua finalidade.[55]

O tradicional direito à privacidade se evidencia como débil diante do *Big Data*, *fenômeno de massificação de elementos de produção e armazenamento de dados, bem como o processo de tecnologias, para extraí-los e analisá-los*.[56] A pessoa está imersa – e à deriva? – em um mar de fluxos digitais que modulam e forjam a identidade de cada um. Dados possibilitam identificar uma pessoa, constroem a sua identidade digital. É tarefa incontornável a ser assumida por um Direito Civil, comprometido com a pessoa humana, tutelar a autodeterminação informativa e a proteção da pessoa, que se projeta inexoravelmente no meio digital. Acaso, não seria esse um dos maiores desafio do Direito Civil do século XXI?

Embora se reconheça a existência de discussões teóricas pormenorizadas sobre o direito à proteção de dados, como as questões envolvendo as suas dimensões, a sua titularidade e os seus destinatários[57], importa aqui enfatizar que *o direito fundamental à proteção de dados pessoais no Brasil implica uma interpretação sistemática de nosso ordenamento jurídico a partir de um postulado básico, a dignidade da pessoa humana posto que os dados pessoais são direitos de personalidade*.[58] Na prática, o reconhecimento jurisprudencial e a posterior positivação constitucional do direito à proteção de dados pessoais resultam, dentre outras coisas, na normatização dos mecanismos de processamentos dos dados, bem como na regulação

---

54. PEREIRA DE LIMA, Cíntia Rosa; RAMIRO, Lívia Froner Moreno. Direitos do titular dos dados pessoais. *In*: PEREIRA DE LIMA, Cíntia Rosa (Coord.). *Comentários à Lei Geral de Proteção de Dados*. São Paulo: Almedina, 2020, p. 249.
55. MELGARÉ, Plínio. Notas sobre o direito à proteção de dados e a (in)constitucionalidade do capitalismo de vigilância. *In*: SARLET, Gabrielle Bezerra Sales *et al*. (Coord.). *Proteção de dados*: temas controvertidos. Indaiatuba, Foco, 2021, p. 278.
56. Conforme a definição de AMARAL, Fernando. *Introdução a ciência de dados*: mineração de dados e Big Data. Rio de Janeiro: Alta Books, 2016, p.16.
57. Para uma abordagem necessariamente minuciosa, retoma-se a referência aos escritos de Ingo Sarlet: SARLET, Ingo. Proteção de dados pessoais como direito fundamental na Constituição federal brasileira de 1988: contributo para a construção de uma dogmática constitucionalmente adequada. *Revista Brasileira de Direitos Fundamentais & Justiça*, [S. l.], v. 14, n. 42, p. 179–218, 2020. DOI: 10.30899/dfj.v14i42.875. Disponível em: https://dfj.emnuvens.com.br/dfj/article/view/875. Acesso em: 20 jul. 2022.
58. RUARO, Regina Linden; MOLINARO, Carlos Alberto. Conflito real ou aparente de interesses entre o direito fundamental à proteção de dados pessoais e o livre mercado. *In*: RUARO, Regina Linden *et al*. (Orgs.). *Privacidade e proteção de dados pessoais na sociedade digital*. Porto Alegre, Fi, 2017, p. 23.

tanto dos aspectos procedimentais quanto materiais que envolvem as decisões sobre a coleta, o processamento e o tratamento dos apontados dados pessoais.[59]

Ainda na jurisprudência do STJ, destaca-se o caso dos bancos de dados de consumidores, trazido à tona no julgamento do Recurso Especial 1.758.799. Desconsiderando-se as discussões processuais apresentadas, a questão central tratava da gestão do banco de dados da parte ré, que havia compartilhado informações pessoais de consumidores sem notificá-los antecipadamente, fazendo com que restasse configurado o dever de indenização por danos morais presumidos. No caso, os Ministros da Terceira Turma decidiram que ainda que os consumidores forneçam as suas informações na realização de compras, por exemplo, isso não afasta a responsabilidade da empresa gestora do banco de dados de comunicar previamente o compartilhamento das referidas informações. Até mesmo porque *as informações sobre o perfil do consumidor, mesmo as de cunho pessoal, ganharam valor econômico no mercado de consumo e, por isso, o banco de dados constitui serviço de grande utilidade, seja para o fornecedor, seja para o consumidor, mas, ao mesmo tempo, atividade potencialmente ofensiva a direitos da personalidade deste.*[60]

Como consequência do seu enquadramento como direito fundamental no ordenamento jurídico brasileiro, o direito à proteção de dados também está sujeito a limites e a restrições.[61] Sobre isso, no STJ, os Ministros da Terceira Seção analisaram a possibilidade de utilização da geolocalização para fins de investigação criminal no julgamento do Recurso em Mandado de Segurança 61.302.[62] No caso, em que uma das vítimas do crime de homicídio havia sido uma proeminente vereadora fluminense, as autoridades responsáveis pela investigação solicitaram ao Poder Judiciário que um determinado provedor de *internet* disponibilizasse informações referentes à *quebra de sigilo telemático, de um conjunto não identificado de pessoas, unidas tão somente pela circunstância aleatória de terem transitado, em certo lapso de tempo, por diversas coordenadas geográficas do Município do Rio de Janeiro.*[63]

---

59. MELGARÉ, Plínio, *op. cit.*, p. 279.
60. BRASIL. SUPERIOR TRIBUNAL DE JUSTIÇA. Terceira Turma. *Recurso Especial 1.758.799*. Relatora Ministra Nancy Andrighi. Julgamento em 12 nov. 2019. Disponível em: https://processo.stj.jus.br/processo/pesquisa/?src=1.1.3&aplicacao=processos.ea&tipoPesquisa=tipoPesquisaGenerica&num_registro=201700065219. Acesso em: 18 jul. 2022.
61. SARLET, Ingo; SAAVEDRA, Giovani. Fundamentos jusfilosóficos e âmbito de proteção do direito fundamental à proteção de dados pessoais. *Direito Público*, [S. l.], v. 17, n. 93, 2020. Disponível em: https://www.portaldeperiodicos.idp.edu.br/direitopublico/article/view/4315. Acesso em: 20 jul. 2022.
62. Para um estudo detalhado do julgamento do referido caso, indica-se: FACCHINI NETO, Eugênio. Limites à proteção de dados: *dragnet surveillance* e o caso Marielle Franco, de acordo com recente julgamento da Terceira Seção do STJ. *In*: SARLET, Gabrielle Bezerra Sales *et al.* (Coord.). *Proteção de dados*: temas controvertidos. Indaiatuba, Foco, 2021, p. 127-149.
63. BRASIL. SUPERIOR TRIBUNAL DE JUSTIÇA. Terceira Seção. *Recurso em Mandado de Segurança 61.302*. Relator Ministro Rogerio Schietti Cruz. Julgamento em 26 ago. 2020. Disponível em: https://processo.stj.jus.br/processo/pesquisa/?src=1.1.3&aplicacao=processos.ea&tipoPesquisa=tipoPesquisaGenerica&num_registro=201901991320. Acesso em: 20 jul. 2022.

No acórdão para essa demanda judicial, ainda que tenham sido reconhecidas a relevância do tema na sociedade contemporânea e o dimensionamento do sigilo como direito da personalidade, os Ministros decidiram pela relativização do direito à proteção de dados. Nos termos da mencionada decisão: *o direito ao sigilo não possui, na compreensão da jurisprudência pátria, dimensão absoluta. [...] este Superior Tribunal de Justiça, assim como a Suprema Corte, entende que é possível afastar sua proteção quando presentes circunstâncias que denotem a existência de interesse público relevante, invariavelmente por meio de decisão proferida por autoridade judicial competente, suficientemente fundamentada, na qual se justifique a necessidade da medida para fins de investigação criminal ou de instrução processual criminal, sempre lastreada em indícios que devem ser, em tese, suficientes à configuração de suposta ocorrência de crime sujeito à ação penal pública.*[64]

4. CONSIDERAÇÕES FINAIS

Diante do exposto, conclui-se:

1. O atual Código Civil brasileiro passou a vigorar, desde a sua origem eficaz, em uma ordem jurídica fundamentada na dignidade da pessoa humana, que marca a normatividade jurídica nacional como uma cláusula geral da personalidade.

2. O reconhecimento da pessoa humana como núcleo axiológico do Direito inseriu no Código Civil um capítulo destinado aos direitos da personalidade, que devem ser plenamente afirmados tanto nas relações do Direito Público, quanto do Direito Privado.

3. Para além da tutela tradicional exercida pelo Direito Civil, a identidade humana e autodeterminação da sua conduta também devem ser protegidas na era digital, sobretudo em razão do princípio da dignidade da pessoa humana e do fenômeno da dataficação.

4. Os direitos da personalidade não estão tipificados exaustivamente no Código Civil, não se esgotando nos enunciados do texto legal e, com isso, abrangendo a complexa pluralidade existencial do ser humano.

5. Da noção geral e aberta do direito da personalidade, desdobram-se alguns direitos especiais da personalidade, dos quais podem se evidenciar o direito ao nome, ao pseudônimo, à imagem e à intimidade.

6. Os direitos da personalidade apresentam características próprias que os distinguem de outros direitos subjetivos: a intransmissibilidade; a irrenunciabilidade; a indisponibilidade; o caráter absoluto; a extrapatrimonialidade; a vitaliciedade e a necessidade; e a imprescritibilidade.

---

64. *Ibidem.*

7. Atualmente, as vidas humanas estão sendo traduzidas em dados. Esse processo é enominado dataficação. Quando se está conectado à *internet*, se está ali dispondo das informações pessoais e, por consequência, da própria personalidade.

8. Ainda que as plataformas virtuais possibilitem facilidades na rotina moderna, não se deve encobrir o dilema jurídico da proteção dos dados pessoais como extensão do desenvolvimento da personalidade humana. As atividades de processamento de dados estabelecem significados aos dados, que se tornam identificadores da pessoa. Com isso, as informações relativas a uma pessoa tornam-se o substrato material que atrai a tutela do Direito Civil.

9. O fenômeno da dataficação impõe reconhecer a existência de diferenças entre a realidade social contemporânea e aquela de outros tempos, como do momento de instauração do atual Código Civil

10. Para além do fenômeno da dataficação, o meio digital traz consigo outras formas de exposição da pessoa humana, que redimensionam a possibilidade de ilícitos civis, em especial em relação aos direitos da personalidade.

11. O Superior Tribunal de Justiça tem analisado a proteção dos direitos da personalidade na atual era digital em diferentes oportunidades, posicionando-se de forma eficaz na proteção da voz, do nome e da imagem humanas, garantindo a tutela da personalidade humana também no mundo virtual.

12. Dentre os novos ilícitos civis promovidos pela exposição da vida humana no mundo digital, destaca-se a divulgação não consentida de imagens íntimas. Em casos nesse sentido, o STJ tem estabelecido condenações que cumulam o pagamento de danos morais com a remoção da publicação em questão.

13. Em certas situações, como sobre a responsabilidade civil diante da divulgação ilícita de imagens, a resposta para a questão da responsabilização dos provedores de aplicação quanto ao compartilhamento ilícito de imagens ultrapassa os limites do Código Civil e exige a complementação da legislação específica do Marco Civil da Internet.

14. Sobre a relação entre a tutela da personalidade humana e a liberdade de expressão, o STJ definiu a linha de defesa dos direitos da personalidade como limite para o exercício da liberdade de expressão.

15. O direito à proteção de dados vincula-se ao princípio da dignidade da pessoa humana e ao direito ao livre desenvolvimento da personalidade. A salvaguarda do direito à proteção de dados abrange os dados privados e os dados públicos, buscando assegurar o direito de saber a pertinência do tratamento dos dados e a sua finalidade.

16. A eficácia do direito à proteção de dados resulta na normatização dos mecanismos de processamentos dos dados e na regulação dos aspectos procedi-

mentais e materiais que envolvem as decisões sobre a coleta, o processamento e o tratamento dos dados.

17. Diante do seu enquadramento como direito fundamental, o direito à proteção de dados também está sujeito a limites e a restrições no ordenamento jurídico brasileiro. Inclusive, o Superior Tribunal de Justiça, embora tenha reconhecido a relevância do tema, já decidiu pela relativização do direito à proteção de dados.

5. REFERÊNCIAS

AMARAL, Fernando. *Introdução a ciência de dados*: mineração de dados e Big Data. Rio de Janeiro: Alta Books, 2016, p. 16.

ANDERS, Günther. La obsolescência del hombre – sobre el alma em la época de la segunda revolución industrial. V.I. Madrid: Editorial Pre-Textos, 2011.

BEVILÁQUA, Clóvis. *Código Civil dos Estados Unidos do Brasil*. vol. I, 6. ed. Rio de Janeiro: Rio, 1975.

CAPELO DE SOUSA, Rabindranath. *O direito geral de personalidade*. Coimbra, 1995.

CIFUENTES, Santos. *Los derechos personalisimos*. Buenos Aires: Lerner, 1974.

COING, Helmuth. *Derecho privado europeo*. vol. II. trad. Antonio Pérez Martín. Madri: Fundación Cultural del Notariado, 1996.

DA SILVEIRA, Sérgio Amadeu. *Tudo sobre Tod@s*: redes digitais, privacidade e venda de dados pessoais. São Paulo: Edições SESC São Paulo, 2017.

DE CARVALHO, Orlando. Para uma teoria da pessoa humana, *in O homem e o tempo – liber amicorum para Miguel Baptista Pereira*. Porto: Fundação Eng. António de Almeida, 1999.

DE CUPIS, Adriano. *Os direitos da personalidade*. Trad. Adriano Vera Jardim e Antonio Miguel Caeiro. Lisboa: Livraria Morais, 1961.

DONEDA, Danilo Cesar Maganhoto. *Da privacidade à proteção de dados pessoais: elementos da formação da Lei Geral de Proteção de Dados*. Edição do Kindle.

DOS SANTOS, Diego Ferreira. A proteção dos dados pessoais como nova espécie de direito da personalidade. *Revista ESMAT*, ano 13 – n. º 21, p. 129-148, jan./jul. 2021.

DÍEZ-PICAZO, Luis; GULLON, Antonio. *Sistema de Derecho Civil*, v. 1, 9. ed., 2ª reimpressão, Tecnos: Madri, 2000.

FACCHINI NETO, Eugênio. Limites à proteção de dados: *dragnet surveillance* e o caso Marielle Franco, de acordo com recente julgamento da Terceira Seção do STJ. *In*: SARLET, Gabrielle Bezerra Sales et al. (Coord.). *Proteção de dados: temas controvertidos*. Indaiatuba, Foco, 2021.

FACHIN, Luiz Edson. *Teoria crítica do Direito civil – à luz do novo Código Civil Brasileiro*. Rio de Janeiro: Renovar, 2003.

LARENZ, Karl. Derecho civil – parte general. trad. Miguel Izquierdo y Macías-Picavea. Madri: Editorial. *Revista de Derecho Privado*, 1978.

LEMOS, André. Datafiação da vida. *Civitas – Revista de Ciências Sociais*, v. 21, n. 2, p. 193-202, 24 ago. 2021.

MAI, Jens-Erik. Big data privacy: The datafication of personal information. *The Information Society*, vol. 32, 3, p. 192-199, 2016.

MAYER-SCHÖNBERGER, Viktor; e CUKIER, Kenneth. *Big data*: a revolution that will transform how we live, work, and think. Boston: Houghton Mifflin Harcourt, 2013.

MELGARÉ, Plínio. Notas sobre o direito à proteção de dados e a (in)constitucionalidade do capitalismo de vigilância. *In*: SARLET, Gabrielle Bezerra Sales *et al.* (Coord.). *Proteção de dados*: temas controvertidos. Indaiatuba, Foco, 2021.

MIRAGEM, Bruno. *Teoria Geral do Direito Civil* (p. 4). Forense. Edição do Kindle.

MOREIRA ALVES, José Carlos. A parte geral do projeto de Código Civil. *Revista do Centro de Estudos Judiciários* – Conselho da Justiça Federal, no. 09, set/dez. 1999, Brasília.

MOTA PINTO, Carlos Alberto da. *Teoria Geral do Direito Civil*. 3. ed. Coimbra, 1999.

PEREIRA DE LIMA, Cíntia Rosa; RAMIRO, Lívia Froner Moreno. Direitos do titular dos dados pessoais. *In*: PEREIRA DE LIMA, Cíntia Rosa (Coord.). *Comentários à Lei Geral de Proteção de Dados*. São Paulo: Almedina, 2020.

PERLINGIERI, Pietro. *Il diritto civile nella legalità costituzionale*. Napoli: Edizioni Scientifiche Italiane, 1991.

PONTES DE MIRANDA, Francisco Cavalcanti. *Tratado de Direito Privado*. Tomo VII. 3. ed. Rio de Janeiro: Borsoi, 1971.

REALE, Miguel. *O Estado Democrático de Direito e o Conflito das Ideologias*. 2. ed. São Paulo: Saraiva, 1999.

REALE, Miguel. Visão Geral do Novo Código Civil. *Revista da EMERJ*. Número Especial 2003. Anais dos Seminários EMERJ Debate o Novo Código Civil, parte I, fevereiro a junho 2002, p. 38-44.

REALE, Miguel. *Novo Código Civil, Exposição de Motivos e Texto Sancionado*. Brasília, Senado Federal – Secretaria Especial de Editoração e Publicações e Subsecretaria de Edições Técnicas, 2005, p. 37.

RUARO, Regina Linden. A tensão entre o direito fundamental à proteção de dados pessoais e o livre mercado. *Revista de Estudos e Pesquisas Avançadas do Terceiro Setor*, v. 4, n. 1, p. 389-423, jan.-jun. 2017.

RUARO, Regina Linden; MOLINARO, Carlos Alberto. Conflito real ou aparente de interesses entre o direito fundamental à proteção de dados pessoais e o livre mercado. *In*: RUARO, Regina *et al.* (Orgs.). *Privacidade e proteção de dados pessoais na sociedade digital*. Porto Alegre, Fi, 2017.

SANTAELLA, Lucia; KAUFMAN, Dora. Os dados estão nos engolindo?. *Civitas – Revista de Ciências Sociais*, v. 21, n. 2, p. 214-223, 24 ago. 2021.

SARLET, Ingo. As dimensões da dignidade da pessoa humana: construindo uma compreensão jurídico-constitucional necessária e possível, in *Dimensões da dignidade – ensaios de filosofia do direito e direito constitucional*. Org. Ingo W. Sarlet. Porto Alegre: Livraria do Advogado, 2002, p. 21.

SARLET, Ingo. Proteção de dados pessoais como direito fundamental na Constituição federal brasileira de 1988: contributo para a construção de uma dogmática constitucionalmente adequada. *Revista Brasileira de Direitos Fundamentais & Justiça*, [S. l.], v. 14, n. 42, p. 179-218, 2020. DOI: 10.30899/dfj.v14i42.875. Disponível em: https://dfj.emnuvens.com.br/dfj/article/view/875. Acesso em: 20 jul. 2022.

SARLET, Ingo; SAAVEDRA, Giovani. Fundamentos jusfilosóficos e âmbito de proteção do direito fundamental à proteção de dados pessoais. *Direito Público*, [S. l.], v. 17, n. 93, 2020. Disponível em: https://www.portaldeperiodicos.idp.edu.br/direitopublico/article/view/4315. Acesso em: 20 jul. 2022.

SANTORO-PASSARELLI, Francesco. *Teoria geral do direito civil*. Trad. Manuel de Alarcão. Coimbra: Atlântida, 1967.

THEODORO JÚNIOR, Humberto. *Comentários ao novo Código Civil*, 2. ed. v. III, t. II, Rio de Janeiro: Forense, 2003.

UNAMUNO, Miguel de. *Del Sentimiento Trágico de la Vida*. 3ª reimpressão, Madri: Alianza, 2001.

Jurisprudência

BRASIL. SUPERIOR TRIBUNAL DE JUSTIÇA. Quarta Turma. *Recurso Especial 1.243.699*. Relator Ministro Raul Araújo. Julgamento em 21 jun. 2016. Disponível em: https://processo.stj.jus.br/processo/pesquisa/?src=1.1.3&aplicacao=processos.ea&tipoPesquisa=tipoPesquisaGenerica&num_registro=200901083646. Acesso em: 17 jul. 2022.

BRASIL. SUPERIOR TRIBUNAL DE JUSTIÇA. Quarta Turma. *Recurso Especial 1.859.665*. Relator Ministro Luis Felipe Salomão. Julgamento em 09 mar. 2021. Disponível em: https://processo.stj.jus.br/processo/pesquisa/?src=1.1.3&aplicacao=processos.ea&tipoPesquisa=tipoPesquisaGenerica&num_registro=202000208006. Acesso em: 17 jul. 2022.

BRASIL. SUPERIOR TRIBUNAL DE JUSTIÇA. Sexta Turma. *Agravo Regimental no Recurso em Mandado de Segurança 64.941*. Relator Ministro Rogerio Schietti Cruz. Julgamento em 03 ago. 2021. Disponível em: https://processo.stj.jus.br/processo/pesquisa/?src=1.1.3&aplicacao=processos.ea&tipoPesquisa=tipoPesquisaGenerica&num_registro=202002844733. Acesso em: 18 jul. 2022.

BRASIL. SUPERIOR TRIBUNAL DE JUSTIÇA. Terceira Seção. *Recurso em Mandado de Segurança 61.302*. Relator Ministro Rogerio Schietti Cruz. Julgamento em 26 ago. 2020. Disponível em: https://processo.stj.jus.br/processo/pesquisa/?src=1.1.3&aplicacao=processos.ea&tipoPesquisa=tipoPesquisaGenerica&num_registro=201901991320. Acesso em: 20 jul. 2022.

BRASIL. SUPERIOR TRIBUNAL DE JUSTIÇA. Terceira Turma. *Recurso Especial 1.630.851*. Relator Ministro Paulo de Tarso Sanseverino. Julgamento em 27 abr. 2017. Disponível em: https://processo.stj.jus.br/processo/pesquisa/?src=1.1.3&aplicacao=processos.ea&tipoPesquisa=tipoPesquisaGenerica&num_registro=201403080659. Acesso em: 17 jul. 2022.

BRASIL. SUPERIOR TRIBUNAL DE JUSTIÇA. Terceira Turma. *Recurso Especial 1.645.614*. Relator Ministro Paulo de Tarso Sanseverino. Julgamento em 26 jun. 2018. Disponível em: https://processo.stj.jus.br/processo/pesquisa/?src=1.1.3&aplicacao=processos.ea&tipoPesquisa=tipoPesquisaGenerica&num_registro=201503256980. Acesso em: 17 jul. 2022.

BRASIL. SUPERIOR TRIBUNAL DE JUSTIÇA. Terceira Turma. *Recurso Especial 1.728.040*. Relator Ministro Marco Aurélio Belizze. Julgamento em 18 set. 2018. Disponível em: https://processo.stj.jus.br/processo/pesquisa/?src=1.1.3&aplicacao=processos.ea&tipoPesquisa=tipoPesquisaGenerica&num_registro=201600263045. Acesso em: 17 jul. 2022.

BRASIL. SUPERIOR TRIBUNAL DE JUSTIÇA. Terceira Turma. *Recurso Especial 1.735.712*. Relatora Ministra Nancy Andrighi. Julgamento em 19 mai. 2020. Disponível em: https://scon.stj.jus.br/SCON/GetInteiroTeorDoAcordao?num_registro=201800428994&dt_publicacao=27/05/2020. Acesso em: 05 jul. 2022.

BRASIL. SUPERIOR TRIBUNAL DE JUSTIÇA. Terceira Turma. *Recurso Especial 1.758.799*. Relatora Ministra Nancy Andrighi. Julgamento em 12 nov. 2019. Disponível em: https://processo.stj.jus.br/processo/pesquisa/?src=1.1.3&aplicacao=processos.ea&tipoPesquisa=tipoPesquisaGenerica&num_registro=201700065219. Acesso em: 18 jul. 2022.

TRESPASSE: UMA ANÁLISE DA CLÁUSULA DE *NON COMPETE* NA ALIENAÇÃO DO ESTABELECIMENTO EMPRESARIAL VIRTUAL

Rafael de Freitas Valle Dresch

Pós-doutorado como *Visiting Scholar na University of Illinois at Urbana-Champaign* (2014). Doutor em Direito pela PUCRS (2011), com estágio doutoral (Doutorado Sanduíche – CAPES) na *University of Edinburgh/UK* (2010). Mestre em Direito Privado pela UFRGS (2005). Graduado em Ciências Jurídicas e Sociais pela Pontifícia Universidade Católica do Rio Grande do Sul – PUCRS (1998). Especialista em Contratos e Responsabilidade civil pela Universidade Federal do Rio Grande do Sul – UFRGS (2001). Professor Adjunto na Faculdade de Direito da UFRGS (Graduação e Pós-graduação) e sócio da Coulon, Dresch e Masina Advogados. Experiência nas áreas de ensino, pesquisa e advocacia, atuando, principalmente, nos seguintes temas: direito privado (civil, comercial e consumidor), direito econômico (regulatório/concorrencial), teoria e filosofia do direito. Professor e Advogado.

Jovair Locatelli

Mestrando em Direito pelo Programa de Pós-Graduação da Universidade Federal do Rio Grande do Sul – UFRGS, orientado pelo Professor Doutor Rafael de Freitas Valle Dresch. Pós-graduando em Direito dos Negócios pelo Programa de Pós-Graduação da UFRGS. Especialista em Direito Público pela Faculdade de Direito da Fundação Escola Superior do Ministério Público – FMP. Assessor de Desembargador no Tribunal de Justiça do Estado do Rio Grande do Sul. Vinculado ao grupo de pesquisa CNPq/UFRGS Filosofia do Direito Privado: da teoria à prática. E-mail para contato: jovairlocatelli@gmail.com

Sumário: 1. Introdução – 2. Do contrato de trespasse; 2.1 Conceito; 2.2 O contrato de trespasse abrange uma universalidade de fato ou de direito ou há uma posição intermediária? – 3. Princípios que devem nortear o contrato de trespasse; 3.1 Da preservação do estabelecimento; 3.2 Da continuidade do estabelecimento; 3.3 Da função social do estabelecimento – 4. Estabelecimento virtual; 4.1 Conceito; 4.2 Especificidades e regulamentação; 4.3 Possibilidades de aplicação do trespasse para a alienação do estabelecimento virtua; 4.4 Trespasse e limitação da cláusula de *non compete* na alienação do estabelecimento virtual – 5. Considerações finais – 6. Referências.

1. INTRODUÇÃO

O estudo em torno da negociação e transmissão da empresa é quase tão antigo quanto o da própria empresa, pois esta nasceu condenada a circular e a mudar de mãos.[1] Assim, a presente análise pretende avaliar se o arcabouço jurídico, axio-

---

1. ANTUNES, José Engracia. A empresa como objecto de negócios (asset deal vs. Share deal), 2008, p. 715.

lógico e doutrinário do instituto do trespasse aplica-se à alienação do estabelecimento virtual e como se interpreta a questão da cláusula de *non compete*, sob a ótica de um instituto jurídico complexo de direito empresarial, a saber, contrato de trespasse previsto no art. 1.144 e subsequentes do Código Civil.

O trespasse é um instituto contratual complexo e de suma importância no âmbito do direito empresarial. Desse modo, realizar-se-á um estudo do caráter principiológico que deve revestir e permear a dinâmica do contrato de trespasse que envolve o estabelecimento comercial. O estabelecimento comercial se conceitua como um complexo de bens heterogêneos, que abrange bens corpóreos e bens incorpóreos, estoque de mercadorias, os imóveis, as instalações e, no tocante aos bens incorpóreos, as patentes, marcas e inclusive serviços. Bens em sentido lato, bens heterogêneos. Tal complexo de bens é encarado unitariamente pelo Direito. O complexo de bens é unificado justamente pela atividade que o empresário está exercendo. O estabelecimento é alguma coisa dinâmica, que está a serviço de uma atividade, que serve para o exercício de uma empresa.[2]

Justamente por conta dessa dinamicidade, o presente estudo, por primeiro, pretende esmiuçar a novel espécie de estabelecimento comercial virtual, conceituando-a, perpassando pelas suas especificidades, sem perder de vista uma possível abordagem acerca da existência de regulamentação. Seguindo, adentra-se na seara principiológica e conceitual do referido contrato de trespasse e se este abrange uma universalidade de fato ou de direito para, subsequentemente, adentrar no ponto central da investigação.

O foco, passa a ser o contrato de trespasse frente ao fenômeno da evolução tecnológica, mais precisamente no que toca ao advento do estabelecimento empresarial virtual e a dinâmica envolvendo a cláusula de *non compete,* como um fenômeno que decorre dos tempos modernos e necessita de uma resposta por parte do sistema jurídico vigente. Disso, pretende-se estudar, de uma maneira não exaustiva, se o arcabouço jurídico, axiológico e doutrinário do instituto do trespasse é compatível com essa nova espécie de estabelecimento comercial. Busca-se verificar a compatibilidade de um instituto jurídico tradicional com uma nova espécie de estabelecimento empresarial e como se desenrolaria a proteção à concorrência.

Para tanto, divide-se o estudo em três capítulos principais. Na primeira parte busca-se dar enfoque ao estudo do contrato de trespasse, perfazendo uma explanação conceitual do referido instituto contratual, analisando a questão das universalidades de fato e de direito. A segunda parte se ocupa de fazer uma análise dos princípios nucleares que devem nortear o instituto do trespasse, iniciando pelo princípio da preservação do estabelecimento, tratando do princípio da conti-

---

2. FRANÇA, Erasmo Valladão Azevedo e Novaes. Empresa, empresário e estabelecimento. A nova disciplina das sociedades, in Revista do Advogado da AASP, n. 71, agosto de 2003. P.519, in fine.

nuidade do estabelecimento e por fim, destacando o que se entende por princípio da função social do contrato. Já na terceira e última parte se destina a fazer uma análise do estabelecimento empresarial virtual, sua conceituação, especificidades e eventuais regulamentações legais, para, então, dar enfoque ao fenômeno do estabelecimento comercial virtual, perfazendo a análise de compatibilidade entre a essa nova espécie de estabelecimento comercial e o consolidado/tradicional instituto do trespasse, analisando, de maneira não exaustiva, como seria a funcionalidade da cláusula de *non compete* quando da alienação do estabelecimento virtual, tendo em vista que, por conta da internet, não há falar em limitação geográfica.

2. DO CONTRATO DE TRESPASSE

A empresa é tão antiga quanto o estudo de como transferi-la, de modo que a ideia de empresa foi concebida para que esta circule e troque de mãos. Tal qual a evolução social foi ocorrendo nos séculos da humanidade, a empresa, as formas de negociação e a transmissão das empresas foram (igualmente) evoluindo em sentido, conceito e complexidade.[3]

2.1 Conceito

Trespasse é a alienação do estabelecimento empresarial. Sua disciplina é regulada pelo Código Civil, que estabelece que a averbação na Junta Comercial e sua publicação na imprensa oficial é condição de eficácia perante os terceiros (art. 1.144 do CC). Determina, ainda, que o adquirente responderá por todo o passivo contabilizado e que o empresário alienante ficará solidariamente responsável pelo prazo de um ano (art. 1.146 do CC).[4]

Muitas vezes no meio empresarial é descrito por expressões "passa-se o ponto", mas, não se confunde com a cessão de quotas sociais de sociedade limitada ou a alienação de controle de sociedade anônima[5] pois no trespasse, o estabelecimento empresarial deixa de integrar o patrimônio de um empresário que está em vias de aliená-lo e passa para o do adquirente. Tem por objeto a venda do complexo de bens corpóreos e incorpóreos que estão relacionados com a exploração de uma atividade empresarial.[6]

---

3. ANTUNES, José Engracia. A transmissão da empresa e seu regime jurídico; 2008. On-line.
4. Sacramone, Marcelo Barbosa; Comentários à Lei de recuperação de empresas e falência, 2021. P.973.
5. Já na cessão de quotas sociais de sociedade limitada ou na alienação de controle de sociedade anônima, o estabelecimento empresarial não muda de titular. (...) Na cessão de quotas ou alienação de controle, o objeto da venda é a participação societária. As repercussões da distinção jurídica são significativas, em especial no que diz respeito à sucessão empresarial, que pode ou não existir no trespasse, mas não existe na transferência de participação societária. COELHO, Fábio Ulhoa. Curso de Direito Comercial, 2021. On-line. ProView.
6. COELHO, Fábio Ulhoa. Curso de Direito Comercial – Vol. 1 – Ed. 2021 – São Paulo: Revista dos Tribunais, 2021.

Pode ser genericamente definido como um negócio de transmissão da propriedade de uma empresa, podendo ter por objeto direto a empresa enquanto organização unitária dos meios produtivos (azienda) negociando-a como um todo, possuindo caráter definitivo, constituindo um novo 'dominus' empresarial com gozo pleno, perpétuo e exclusivo da azienda negociada.[7]

2.2 O contrato de trespasse abrange uma universalidade de fato ou de direito ou há uma posição intermediária?

Há parte da doutrina que defenda que o estabelecimento é uma universalidade de direito, há quem entenda tratar-se de universalidade de fato e existe uma posição intermediária.

Parte da doutrina *(minoritariamente)* entende que o estabelecimento deve ser considerado como sendo uma universalidade de direito *(universitas juris)*. Para essa linha do pensar, se pode configurar o estabelecimento no direito pátrio como *universais juris* o patrimônio, seja o patrimônio geral do sujeito, sejam os patrimônios especiais ou separados, de que é exemplo a massa falida. Esse entendimento de que se está diante de uma universalidade de direito, se embasa na premissa de que o estabelecimento se caracteriza de um conjunto de relações jurídicas dotadas de valor econômico.[8] Nessa visão, o estabelecimento é uma unidade que não poderia estar dividida/separada de seus múltiplos componentes. Noutras palavras: se a lei tratasse o estabelecimento como universalidade de direitos, deveria referir-se a ele sempre como um conjunto unitário, o que de fato não ocorre. A lei, por certo, trata o estabelecimento como unidade, porém não em todas as relações que o envolvem, tratando-o dessa maneira apenas para certos fins.[9]

Doutrabanda, para aqueles[10] que, *majoritariamente*[11] defendem ser o estabelecimento uma universalidade de fato[12] mister destacar que universalidade

---

7. ANTUNES, José Engracia. A transmissão da empresa e seu regime jurídico; 2008. On-line.
8. IACOMINI, Marcello Pietro. Estabelecimento empresarial. Negócios jurídicos pertinentes. 2010. p. 44.
9. FARIA, Marina Zava de; SANTOS, Camila de Moura Santos. *O contrato de trespasse*: a responsabilidade do adquirente na alienação do estabelecimento empresarial. Revista de Direito Bancário e do Mercado de Capitais, vol. 85/2019, p. 217-242, jul.- set. 2019, DTR\2019\39055. Acesso via RTOnline.
10. BARRETO FILHO, Oscar. *Curso Teoria do Estabelecimento Comercial*. 2ª Ed., São Paulo, Saraiva, 1983, p. 104. Destaca uma série de escritos que assim entendem: Na França: Wahl Thaller, Lebre, Lyon- Caen e Renault, Gombeaux, Pélissier, Olivier, Planiol e Ripert, Escarra; na Itália: Vivante, Sraffa, N. Coviello, Navarrini, D'Amélio, Franchi e Pagani, A. Rocco, La Lumia; na Alemanha: Wieland; em Portugal: Cabral de Moncada, Cunha Gonçalves, Barbosa de Magalhães; entre nós, Carvalho de Mendonça, Waldemar Ferreira, Bento de Faria, J. Eunápio Borges, Ernesto Leme e Honório Monteiro.
11. TOMAZETTE, Marlon. O estabelecimento empresarial. *Revista do Programa de Mestrado em Direito do UniCEUB*, Brasília, v. 2, n. 1, p. 301-333, jan./jun. 2005.
12. Dessa mesma opinião comunga P.F.C.S Toledo, professor do Largo de São Francisco, que assim se manifesta: ─De tudo se infere que o estabelecimento se qualifica como coisa coletiva ou universalidade. E, para ser mais exato, como universalidade de fato, uma vez que se trata de um conjunto de objetos de

é aquela composta por: um conjunto de bens organizados pela vontade de um sujeito, determinado empresário, para uma destinação unitária, ou seja, a realização da empresa. É o entendimento *(exemplificativamente)* de Marlon Tomazette[13] e Oscar Barreto Filho[14] no sentido de que a lei trata do estabelecimento como uma unidade, mas não para todas as relações, só para determinados fins. Assim sendo, não se pode adotar a teoria da universalidade de direito. Corroborando estes argumentos, o artigo 91 do Código Civil de 2002 concebe as universalidades de direito como conjunto de relações jurídicas de determinada pessoa, ao passo que o estabelecimento é mero conjunto de bens ligados à finalidade comum. Estabelecimento é um conjunto de bens, ligados pela vontade do empresário à finalidade comum que é o exercício da empresa e, por este exercício, o empresário tem liberdade para reduzir, aumentar o estabelecimento, alterar o seu destino, uma vez que a unidade não decorre da lei.[15]

Entretanto, há uma terceira via.[16] Atualmente, defende-se a possibilidade de se alcançar uma posição intermediária entre considerar o estabelecimento uma universalidade de fato ou de direito. Conforme tal entendimento, poder-se-ia afirmar que o estabelecimento seria formado por bens de produção, em razão da atividade de organização e destinação desenvolvida pelo empresário. Esses bens de produção se consubstanciariam em todas aquelas coisas e prestações humanas que, integrantes do patrimônio do empresário em razão de relações jurídicas de direito real e obrigacional, passam a se orientar funcionalmente ao exercício da empresa. Dessa forma, o estabelecimento, enquanto um novo bem, distinto dos

---

direito. Em seguida o professor transcreve o art. 90 do Código Civil e faz um paralelo entre o dispositivo legal e as características do estabelecimento empresarial chegando à conclusão de que o estabelecimento se enquadra perfeitamente no conceito de universalidade de fato, afirmando: —Nele se verificam a pluralidade de bens singulares, a pertinência a uma mesma pessoa (o empresário da sociedade empresária titular do estabelecimento) e a destinação unitária (o exercício da atividade empresarial). A nosso ver, razão lhe assiste. Lei de falência – Alienação do estabelecimento da concordatária, in Revista de Direito Mercantil, Industrial, Econômico e Financeiro, v. 128, pp. 275-286. *Apud*, IACOMINI, Marcello Pietro. *Estabelecimento empresarial. Negócios jurídicos pertinentes*. 2010. p. 45.

13. TOMAZETTE, Marlon. O estabelecimento empresarial. *Revista do Programa de Mestrado em Direito do UniCEUB*, Brasília, v. 2, n. 1, p. 301-333, jan./jun. 2005.
14. Resta-nos concluir que o estabelecimento não é uma universitas juris, mas sim, uma universitas facti. Essa universalidade de fato, por sua vez, se integra no patrimônio do comerciante, o qual constitui uma universalidade de direito. BARRETO FILHO, Oscar. *Teoria do Estabelecimento Comercial*. 2. ed., São Paulo, Saraiva, 1988, p. 108.
15. TOMAZETTE, Marlon. O estabelecimento empresarial. *Revista do Programa de Mestrado em Direito do UniCEUB*, Brasília, v. 2, n. 1, p. 301-333, jan./jun. 2005.
16. Sem olvidar que por um lado, o estabelecimento é uma coisa complexa formada por bens, conforme prevê o nosso Código Civil (art. 1.142 do CC/2002), mas, por outro lado, o Código Civil afirmou a noção de estabelecimento como um complexo patrimonial adotado em nosso Código Civil (arts. 1.146, 1.148 e 1.1dg do CC/2002). CAVALLI, Cássio. *Apontamentos sobre a teoria do estabelecimento empresarial no direito brasileiro*. Revista dos Tribunais, vol. 858, abr./2007, p. 30-47. Acesso on-line via RTOnline.

bens individuais que o compõem, não possui consistência física e é formado por elementos heterogêneos.[17]

Nessa linha do patrimônio, cabe destacar os ensinamentos de Erasmo Valladão Azevedo e Novaes França[18], o estabelecimento está conceituado entre os bens coletivos ou universais, que o Direito chama de universalidades. Destaca que o art. 89 do novo Código Civil diz que: *"São singulares os bens que, embora reunidos, se consideram de per si, independentemente dos demais"*. Então, uma série de mercadorias abandonadas em depósito são singulares. Já o art. 90 preconiza que: "Constitui universalidade de fato, ou seja, coisa coletiva, a pluralidade de bens singulares que, pertinentes a unia mesma pessoa, tenham destinação unitária". O parágrafo único acrescenta que os bens que formam essa universalidade podem ser objeto de relações jurídicas próprias. O estabelecimento, assim, pode ser objeto de relações jurídicas corno um todo, unitariamente; mas os bens que o compõem podem também ser objeto de relações jurídicas próprias. Este todo, que constitui o estabelecimento, vale mais que a soma das partes, porque o que importa no estabelecimento é esse elemento de organização que o empresário dá, e que é valorizado pelo mercado. Traz à baila a noção de patrimônio que é mais abrangente que a de estabelecimento, e está no art. 91 do Código Civil: "Constitui universalidade de direito o complexo de relações jurídicas, de uma pessoa, dotadas de valor econômico". Nessa forma de pensar, chega à conclusão de que o estabelecimento é uma universalidade de fato, mas o patrimônio (que abrange o estabelecimento) é uma universalidade de direito por abranger todas as relações jurídicas ativas e passivas.[19]

Feitas essas considerações, passa-se ao estudo dos principais vetores axiológiocos inerentes ao contrato de trespasse que devem sopesados paripassu à legislação presente no Código Civil.

3. PRINCÍPIOS QUE DEVEM NORTEAR O CONTRATO DE TRESPASSE

O trespasse se mostra um instituto jurídico que possui raízes tão antigas quanto ao surgimento da ideia de empresa, de modo que, esse instituto não deve ser analisado desgarrado dos principais vetores axiológicos que orbitam sua atual existência.

---

17. CAVALLI, Cássio. Apontamentos sobre a teoria do estabelecimento empresarial no direito brasileiro. *Revista dos Tribunais*, vol. 858, abr./2007, p. 30-47. Acesso on-line via RTOnline.
18. FRANÇA, Erasmo Valladão Azevedo e Novaes. Empresa, empresário e estabelecimento. A nova disciplina das sociedades, in *Revista do Advogado da AASP*, n. 71, agosto de 2003. p. 510.
19. FRANÇA, Erasmo Valladão Azevedo e Novaes. *Empresa, empresário e estabelecimento. A nova disciplina das sociedades*, 2003. p. 510.

3.1 Da preservação do estabelecimento

O princípio da preservação do estabelecimento encontra-se delineado no conjunto de normas que tutelam a universalidade de fato e isso já foi objeto de estudo por Oscar Barreto Filho que deduz que "essa característica do estabelecimento se coaduna perfeitamente com a natureza jurídica de *universitas*, na qual normalmente um elemento singular se sub-roga a outro".[20]

Conceitualmente o princípio da preservação da empresa é um princípio geral de direito de aplicação prática que tem por finalidade precípua preservar as organizações econômico-produtivas e afastar o prejuízo econômico e social que a extinção de uma empresa pode acarretar aos empresários, sociedades empresárias, trabalhadores, fornecedores e consumidores.[21] Em suma, possui um duplo viés, ou seja, ao evitar que uma determinada empresa deixe de existir, acaba rechaçar que a sociedade sofra com o prejuízo econômico e social decorrente de eventual fechamento de uma empresa.[22]

O princípio da preservação da empresa é um princípio corolário da função social da empresa em que há um interesse público[23] na manutenção e na continui-

---

20. *Teoria do Estabelecimento Comercial*, 2ª Ed., São Paulo, Saraiva, 1988, p. 137.
21. NONES, Nelson. *Sobre o princípio da preservação da empresa*, jan./jun. de 2008.
22. É preciso reconhecer que o princípio da preservação da empresa implica a percepção, em muitos casos, da indispensabilidade da preservação societária; em fato, embora com a Lei 10.406/02 (Código Civil) e com a Lei 11.101/05 (Lei de Falência e Recuperação de Empresas) se tenha estabelecido que a empresa é um ente autônomo, diverso da pessoa de seu titular (empresário ou sociedade empresária), não se chegou ao extremo de atribuir-lhe personalidade jurídica. A empresa é, sim, um ente, mas não é uma pessoa jurídica. Justamente por isso, a extinção da sociedade empresária implicará a extinção da empresa. Tal realidade, parece-me, justifica a proposição de um subprincípio da preservação societária ou, melhor, princípio da preservação da atividade negocial (abarcando, mesmo, a atividade negocial empresária), válido para sociedades empresárias e, mesmo, para sociedades simples, que se constitui como baliza própria do Direito Societário. MAMEDE, Gladston. Teoria da empresa e títulos de crédito. 13. ed. São Paulo: Atlas, 2021. p. 92-93.
23. Ganhos sociais: O objetivo da preservação da empresa pode impedir, por exemplo, a busca e apreensão de bens considerados necessários para as atividades produtivas. Ao julgar o CC 149.798, a ministra Nancy Andrighi explicou que, apesar da inadimplência, a constrição dos bens prejudicaria a eventual retomada das atividades da empresa. "Apesar de o credor titular da posição de proprietário fiduciário de bens móveis ou imóveis não se submeter aos efeitos da recuperação judicial, o juízo universal é competente para avaliar se o bem é indispensável à atividade produtiva da recuperanda. Nessas hipóteses, não se permite a venda ou a retirada do estabelecimento do devedor dos bens de capital essenciais à sua atividade empresarial", disse ela. Em outro conflito, CC 118.183, Nancy Andrighi lembrou que o STJ enfrenta situações nas quais é necessário definir qual juízo detém a competência para praticar atos de execução incidentes sobre o patrimônio de empresas falidas ou em recuperação. Segundo a magistrada, as decisões proferidas sempre têm, como norte, a necessidade de preservação da par conditio creditorum, nas falências, ou do princípio da continuidade da empresa, nas recuperações judiciais. A justificativa de se proceder a tal análise, segundo a ministra, é que o juízo da falência tem melhores condições para decidir acerca das questões, de modo a preservar a empresa: "Não se pode perder de vista o objetivo maior, de preservação da empresa, que orientou a introdução, no ordenamento jurídico brasileiro, da regra do artigo 60, parágrafo único, da Lei 11.101/05. O que buscou o legislador, com tal regra, foi implementar a ideia de que a flexibilização de algumas garantias de determinados credores, conquanto possa implicar aparente perda individual, numa

dade das atividades de produção de riquezas pela circulação de bens ou prestação de serviços, certo que a empresa atende não apenas aos interesses de seu titular, de seus sócios (se sociedade empresarial), e de seus parceiros negociais. Tamanha é a importância deste princípio que o artigo 974 CC permite a continuidade da empresa após a interdição civil ou após a sucessão hereditária.[24]

3.2 Da continuidade do estabelecimento

Há que se estabelecer presente a diferença entre o princípio da preservação do estabelecimento[25] e o princípio da continuidade do estabelecimento. Enquanto aquele pretende preservar o estabelecimento, esse pretende impedir a paralisação da atividade empresarial. É de suma importância pois se a continuidade do exercício da atividade não for possível pelo adquirente, o contrato de trespasse será considerado nulo.[26] Nesse prumo, tal princípio foi consagrado na Súmula 70 do STF, que assentou o entendimento de que *"é inadmissível a interdição de estabelecimento como meio coercitivo para cobrança de tributo".*[27]

Ainda, o artigo 1.148 do Código Civil[28] consubstancia regra que tem por finalidade evitar a interrupção da atividade, preservando, assim, a continuidade do estabelecimento empresarial. Tal norma visa garantir, de maneira imediata, a transferência de alguns contratos ao adquirente, permitindo este, o quanto antes (*in continenti*), desenvolva a atividade, conforme o exato *modus operandi* outrora engendrado pelo alienante. Ou seja: sem que houvesse qualquer interrupção na continuidade da azienda, delineado que a regra é a de que o cessionário assuma a exata posição que o cedente ocupava no âmbito dos contratos.[29]

---

análise imediata e de curto prazo, pode significar ganhos sociais mais efetivos, numa análise econômica mais ampla, à medida que a manutenção do empreendimento pode implicar significativa manutenção de empregos, geração de novos postos de trabalho, movimentação da economia, manutenção da saúde financeira de fornecedores, entre inúmeros outros ganhos", declarou Nancy Andrighi. Superior Tribunal de Justiça. O princípio da preservação da empresa no olhar do STJ. 02/09/2018. Disponível em: https://www.stj.jus.br/sites/portalp/Paginas/Comunicacao/Noticias-antigas/2018/2018-09-02_06-03_O-principio-da-preservacao-da-empresa-no-olhar-do-STJ.aspx.

24. MAMEDE, Gladston. *Teoria da empresa e títulos de crédito*. 13. ed. São Paulo: Atlas, 2021. p. 91-92.
25. A unidade do estabelecimento resulta da própria natureza das coisas, que se manifesta na realidade da vida econômica e social. Para que sirva de instrumento para o exercício da atividade econômica, faz-se mister que o organismo seja considerado no seu todo. Isso não depende só da vontade do seu titular, mas da própria relação de complementaridade econômica que liga todos os elementos do estabelecimento. BARRETO FILHO, Oscar, Teoria do estabelecimento comercial, São Paulo, Saraiva, 1988, p. 134.
26. IACOMINI, Marcello Pietro. *Estabelecimento empresarial. Negócios jurídicos pertinentes*. 2010. p.75-76.
27. BRASIL. Supremo Tribunal Federal. Súmula n. 70.
28. BRASIL. Código Civil. Art. 1.148. Salvo disposição em contrário, a transferência importa a sub-rogação do adquirente nos contratos estipulados para exploração do estabelecimento, se não tiverem caráter pessoal, podendo os terceiros rescindir o contrato em noventa dias a contar da publicação da transferência, se ocorrer justa causa, ressalvada, neste caso, a responsabilidade do alienante.
29. IACOMINI, Marcello Pietro. *Estabelecimento empresarial. Negócios jurídicos pertinentes*. 2010. p. 76.

Constatada a importância do princípio da preservação do estabelecimento e do princípio da continuidade, não se poderia deixar de tratar do princípio da função social do estabelecimento.

3.3 Da função social do estabelecimento

O princípio da função social do estabelecimento se relaciona com os bens de produção que são objeto de utilização pelo empresário para fins de concreção da atividade econômica.[30]

Conforme Fábio Konder Comparato a função social do estabelecimento (bens de produção) se personifica no entendimento de que devem-se vincular os bens de produção a um destino determinado, ou seja, correlaciona-los a um objetivo intrínseco a um interesse coletivo. Conforme dispõe a Constituição Federal, as restrições de uso e gozo dos bens próprios não devem ser entendidas como função social.[31]

No caso do contrato de trespasse, a função social da propriedade deve ser examinada à luz da azienda mercantil, haja vista que nela se situam os bens corpóreos e incorpóreos utilizados pelo empresário para o exercício da empresa. Estudar o fenômeno da função social em relação ao sujeito de direito ou à atividade exercida por este último é verificar as consequências de função social, pois a causa é propriedade dos bens de produção, ou melhor, a azienda mercantil. De se frisar que há que se ter um ponto de equilíbrio entre os interesses do empresário e os da coletividade.[32] Feita essa análise dos principais princípios que devem ser sopesados no contrato de trespasse, necessário passar ao estudo do estabelecimento virtual.

4. ESTABELECIMENTO VIRTUAL

Na sociedade atual o bit se tornou tão importante quanto o átomo à física. Hoje, é pelo site (*ou app*[33]) que a atividade do empresário – atuante no comércio eletrônico – é difundida e desenvolvida, pois é ali que seus clientes realizam as transações comerciais de seu interesse.[34]

---

30. IACOMINI, Marcello Pietro. *Estabelecimento empresarial. Negócios jurídicos pertinentes.* 2010. p. 77.
31. COMPARATO, Fábio Konder. *Função social da propriedade dos bens de produção*, [s. d.], p. 75.
32. IACOMINI, Marcello Pietro. *Estabelecimento empresarial. Negócios jurídicos pertinentes.* 2010. p.79.
33. Abbreviation for application: a computer program or piece of software designed for a particular purpose that you can download onto a mobile phone or other mobile device. Tradução nossa: "Abreviação de aplicativo: um programa de computador ou software projetado para uma finalidade específica que você pode baixar em um telefone celular ou outro dispositivo móvel". Disponível em: <https://dictionary.cambridge.org/pt/dicionario/ingles/app>. Acesso em 15 maio de 2022.
34. TEIXEIRA, Tarcísio. *Estabelecimento empresarial virtual*: regime jurídico. 2011. On-line.

4.1 Conceito

A internet surgiu como um fenômeno que se apregoou a todos os aspectos da vida humana não sendo diferente para com a realidade empresarial. Esse incremento massivo da utilização da internet nas relações comerciais, permitiu o surgimento do – ainda controverso – estabelecimento virtual, que, num conceito frugal o estabelecimento virtual é um local não físico em que, de uma forma virtual (ou virtualizada), os clientes também "vão" realizar transações ou atos de comércio.[35] O estabelecimento virtual é identificado pelo **nome de domínio**.[36]

Veja que no estabelecimento físico/tradicional os consumidores dirigem-se fisicamente em busca de realizar transações comerciais enquanto por meio do e-commerce os consumidores dirigem-se ao estabelecimento virtual por meio de *apps* ou de sítios eletrônicos. Assim, o sítio empresarial/*app*, ou estabelecimento virtual passa a ter aptidão de produzir lucros para o empresário. Esse fato é chamado de aviamento[37] que é a aptidão de produzir lucros conferida ao estabelecimento a partir do resultado de variados fatores pessoais, materiais e imateriais. É um atributo do estabelecimento, sendo a clientela um dos fatores do aviamento.[38]

Fábio Ulhoa afirma que o estabelecimento físico e o estabelecimento virtual possuem idêntica natureza jurídica e que há elementos comuns entre eles, como a formação do fundo de comércio, mas os diferencia com relação à forma de acesso, fisicamente no caso do primeiro e, virtualmente (por transmissão e recepção eletrônica, de dados), no caso do segundo, bem como pelo fato do direito à renovação compulsória da locação, cabível ao estabelecimento físico e não ao virtual."[39] Ulhoa defende que o site seria um estabelecimento, pois a sua existência é preconizada pelo acesso dos consumidores e adquirentes interessados nos produtos, serviços ou virtualidades que o empresário fornece ao mercado. Se o acesso é feito pelo deslocamento dos consumidores no espaço até o imóvel em que se encontra instalada a atividade empresarial, o estabelecimento é físico; se

---

35. TEIXEIRA, Tarcísio. *Estabelecimento empresarial virtual*: regime jurídico. 2011. On-line.
36. "A respeito do nome de domínio, ainda não há Marco regulatório no Brasil. Contudo, a doutrina vem reconhecendo sua relevância e integrando-o ao estabelecimento empresarial, como bem incorpóreo, nos termos do enunciado n. 7 da I Jornada de Direito Comercial do CJF: "o nome de domínio integra o estabelecimento empresarial como bem incorpóreo para todos os fins de direito". A jurisprudência acerca do direito de registro de nomes de domínio ainda é incipiente, destacando-se dois relevantes precedentes desta Turma, ambos da relatoria do Min. Ricardo Villas Bôas Cueva, nos quais se reconhecem o direito ao primeiro requerente – princípio first come, first served". Brasil, 4ª Turma, Min. Marco Aurélio Bellizze, Resp. 1238041/SC, DJ 17.04.2015.
37. Segundo Oscar Barreto Filho (1988, p. 169).
38. TEIXEIRA, Tarcísio. *Estabelecimento empresarial virtual*: regime jurídico. 2011.
39. COELHO, Fábio Ulhoa. *Curso de Direito Comercial*, p. 34-35, apud, TEIXEIRA, Tarcísio. *Estabelecimento empresarial virtual*: regime jurídico. 2011. On-line.

acessado por via de transmissão eletrônica de dados, é virtual. O fator preponderante para a caracterização é a acessibilidade.[40]

Gladston Mamede afirma que a existência de um estabelecimento virtual não seria correta.[41] Defende que é comum que um mesmo estabelecimento faça atendimento presencial e por meio eletrônico que correspondem ao um endereço eletrônico, seja para mensagem seja para navegação pelo World Wide Web (www). Isto não afastaria a possibilidade da existência do estabelecimento virtual sem base física.[42] Seria a hipóteses de um empresário que negocia seus bens ou serviços pela internet, sem estoques próprios. O estabelecimento não é virtual: é real e sempre, por exigência legal, escriturado.[43]

Aliás, é comum que um mesmo estabelecimento faça atendimento presencial e por meio eletrônico; não raro, tem-se uma central de telemarketing em algum canto das pizzarias ou um computador para atender aos pedidos feitos pela Inter-

---

40. COELHO, Fábio Ulhoa. Curso de direito comercial. 10.ª ed. São Paulo: Ed. Saraiva, 2009, p. 34-35, vol. 3., apud, AQUINO, Leonardo Gomes de. Website é estabelecimento empresarial? 2010. On-Line.
41. Rompeu-se com a exclusividade materializada do comércio e do estabelecimento empresarial, de modo que, em tais paradigmas estar-se-ia diante de uma azienda comercial integralmente virtual, ou estabelecimento comercial virtual originário, em que todo o fundo de comércio seria imaterial e alocado ciberneticamente, e, que as bases físicas, seriam mera parcela do fonds de boutique, os restos mortais do estabelecimento. Reconhecendo tal realidade cibernética, o Conselho da Justiça Federal, na V Jornada de Direito Civil, realizada em maio de 2012, cristalizou um enunciado que versa sobre a constrição unitária da azienda virtual. Contudo, há autores que entendem que a existência de computadores, e outros bens físicos, per se desfigurariam a natureza integralmente virtual da azienda. Com estes não é possível concordar, visto que encerram seu teor argumentativo atribuindo a qualificação de principal, àquilo que é acessório à constituição do fundo de comércio. BARBOSA, Pedro Marcos Nunes. *E-stabelecimento*, 2017, p. 102.
42. Quanto à classificação de azienda virtual enquadrar-se-ia, e.g., o estabelecimento <http://www.chevrolet.com.br/>, em que o consumidor pode comprar, diretamente, do produtor, o veículo automotor. Note-se que não há como ignorar as centenas de concessionárias, devidamente vinculadas empresarialmente com a fabricante, que comercializam os mesmos produtos que podem ser adquiridos pela Internet, mas tais estabelecimentos comerciais tradicionais são de terceiros. Como a Chevrolet não dispõe de azienda física para a intermediação de seus produtos, pode-se classificar seu site supracitado como azienda comercial integralmente virtual. Neste idêntico quadrante encontram-se os estabelecimentos mercantis na Internet de sociedades empresárias como o Facebook, o YouTube, o IFood, e o Netflix, enfim, todos os prestadores de serviços e alienantes de bens cujo empenho econômico se dê exclusivamente online. Mais recentemente sociedades que desenvolvem aplicativos cibernéticos para a intermediação de transportes (peculiarmente táxis e caronas), a exemplo de 99Táxis, EasyTaxi, e Uber', também podem ser qualificados nesta cognominação. Entre as espécies contemporâneas de aziendas comerciais integralmente virtuais ganham destaque os sítios de compras coletivas', em que um comerciante intermediaria vendas com descontos substanciais. Tais operações são perfectibilizadas se um coeficiente elevado de utentes se apresentassem (com cliques nas ofertas) à aquisição do produto/serviço, colaborando uns com os outros, ainda que sem se conhecerem ou se encontrarem. Acaso o número mínimo de interlocutor-consumidores não seja atingido para aquela aquisição, o negócio jurídico é automaticamente desfeito pela cláusula resolutiva. BARBOSA, Pedro Marcos Nunes. *E-stabelecimento*, 2017, pp.102-103.
43. MAMEDE, Gladston. *Direito empresarial brasileiro* – Empresa e atuação empresarial, 2004, v. 1, p. 254., apud, AQUINO, Leonardo Gomes de. *Website é estabelecimento empresarial*? 2010. On-line.

net nas livrarias e editoras. Não há, percebe-se facilmente, um estabelecimento virtual; há, isso sim, um ponto empresarial eletrônico, que corresponde a um número telefônico ou a um endereço eletrônico, seja para mensagens, seja para navegação pela *world wide web* (www). Porém isso não é majoritário.[44]

Isso, porém, não afasta a possibilidade da existência do estabelecimento virtual, sem base física.[45] Seria a hipótese de uma empresa que negocia seus bens ou serviços apenas pela Internet, sem estoques próprios e utilizando-se de tele emprego ou tele trabalho.[46]

Marcelo Féres afirma que um site não esgota o estabelecimento, pois além do site, o empresário "*detém computadores, uma base concreta, onde estoca suas mercadorias, marca, etc. É esse conjunto de bens que o Direito reconhece a qualidade de estabelecimento*".[47]

Assim sendo, em que pese a inexistência de uma unanimidade doutrinária, pode-se sustentar que o nome de domínio hospeda/contém o estabelecimento virtual[48], principalmente se o sítio eletrônico for marcado pelo exercício de uma atividade econômica organizada para a finalidade lucrativa.[49] Frise-se que nem todo o conteúdo do nome de domínio importa em reconhecimento da azienda virtual, até mesmo porque nem sempre aqueles que dispõem de internet realizam atividade mercantil.[50]

---

44. Há juristas que defendem que o estabelecimento comercial sempre disporá de bens físicos, ainda que opere, perante seu público, apenas sob o esteio de um sítio na internet. Contudo, (...) tal importa em um equívoco paradigmático, visto ser plenamente possível que o estabelecimento comercial não mercantilize nenhuma coisa, mas tão somente bens imateriais e serviços. BARBOSA, Pedro Marcos Nunes. *E-stabelecimento*, 2017, p. 85.
45. Tal premissa é compatível com a ótica de Barreto Filho de que o estabelecimento é um organismo vivo, que não se confunde com o local de seu exercício (in casu a internet), visto que o ponto é um dos elementos constitutivos da azienda, mas não a exaure. O mesmo pode ser dito quanto às ferramentas que assessoram o exercício do comércio, visto que o estabelecimento enquanto organização é alma, e os bens corpóreos auxiliares o corpo e objeto da empresa. BARBOSA, Pedro Marcos Nuners. *E-stabelecimento*, 2017, pp. 84-85.
46. MAMEDE, Gladston. *Teoria da empresa e títulos de crédito*. 2021. p. 404.
47. FÉRES, Marcelo Andrade. *Estabelecimento empresarial*. Trespasse e efeitos obrigacionais. 2007, p. 33.
48. "Não se pode olvidar, para a elucidação da controvérsia, que marca (que identifica o produto ou o serviço prestado), nome empresarial (que identifica o empresário) e título de estabelecimento comercial (que identifica o ponto) são elementos distintos do empresário, que têm tratamento diferenciado e proteção legal específica. (...). (...) No caso dos autos há uma particularidade: a corré usa o termo Herjack como nome de domínio, ou seja, como seu endereço na rede mundial de computadores. Entretanto, não se pode olvidar que o sítio da empresa na rede mundial de computadores é uma extensão do estabelecimento comercial físico, sendo considerado, portanto, seu 'estabelecimento virtual. BRASIL, TJSP, 2ª Câmara de Direito Empresarial, Des. Carlos Alberto Garbi, AC00694969320128260100, DJ 25.05.16. *apud*, BARBOSA, Pedro Marcos Nunes. *E-stabelecimento*, 2017, p. 107.
49. BARBOSA, Pedro Marcos Nunes. *E-stabelecimento*, 2017, pp. 83-84.
50. BARBOSA, Pedro Marcos Nunes. *E-stabelecimento*, 2017, p. 95.

4.2 Especificidades e regulamentação

Uma especificidade ainda não delineada pela Legislação, Doutrina ou Jurisprudência versa sobre saber se o estabelecimento virtual pode ser considerado estabelecimento empresarial por si só ou é mera extensão do estabelecimento para efeitos jurídicos?[51]

As aziendas virtuais vêm num ritmo exponencial sendo utilizadas para a realização de publicidade.[52] Além disso, também é muito comum a utilização de blogs por bandas de música, cronistas, jornalistas ou pessoas que desejam dividir sua forma de pensar com terceiros. Essa interlocução vem angariando um público maior conforme o tempo passa. Esses blogs, sítios e congêneres estão guardados por um domínio de internet[53] que alberga a azienda virtual.[54]

Hoje, ao que parece (pelo menos enquanto se escreve o presente trabalho), as duas situações são admissíveis; porém, o tema ganha relevo quanto ao trespasse do estabelecimento.[55] Veja que o trespasse é a alienação de estabelecimento empresarial prevista no Código Civil, art. 1.144 e ss., em que são estabelecidas algumas regras para sua concretização, como a averbação no registro competente, a responsabilidade solidária do alienante e adquirente, a não concorrência posterior do alienante com o adquirente, os respectivos prazos.[56] Então como fica a questão da possibilidade do trespasse em relação ao estabelecimento virtual?[57]

Duas situações: *A)* Na primeira situação, quando o empresário usar exclusivamente o site como forma de colocar seus produtos ou serviços no mercado, o estabelecimento virtual poderia ser objeto de trespasse, por exemplo, no caso do Mercado Livre[58] ou da Amazon.[59] Se fosse o caso, poderia haver a alienação apenas o nome de domínio — endereço virtual do sítio eletrônico — em conjunto com a marca (*não raro, é mais valiosa*), sem, necessariamente, vender os equipamentos que lhe dão suporte. *B)* Na segunda situação, quando o empresário mantém estabelecimento empresarial físico, por exemplo, no caso das Lojas Americanas[60] ou Fast Shop[61] (ambiente híbrido[62]), sendo o site mais uma ferramenta para colocar

---

51. TEIXEIRA, Tarcísio. *Estabelecimento empresarial virtual*: regime jurídico. 2011.
52. BARBOSA, Pedro Marcos Nunes. *E-stabelecimento*, 2017, p. 96.
53. BARBOSA, Pedro Marcos Nunes. *E-stabelecimento*, 2017, p. 105.
54. BARBOSA, Pedro Marcos Nunes. *E-stabelecimento*, 2017, pp. 97-98.
55. TEIXEIRA, Tarcísio. *Estabelecimento empresarial virtual*: regime jurídico. 2011.
56. TEIXEIRA, Tarcísio. *Estabelecimento empresarial virtual*: regime jurídico. 2011.
57. TEIXEIRA, Tarcísio. *Estabelecimento empresarial virtual*: regime jurídico. 2011.
58. https://www.mercadolivre.com.br/
59. https://www.amazon.com.br/
60. https://www.americanas.com.br/
61. https://www.fastshop.com.br/
62. "Todavia, é de notar, em termos concretos, o site não esgota o estabelecimento. Destaque-se o exemplo da livraria virtual. Além do site, seu titular detém computadores, uma base concreta, onde estoca suas

seus produtos e serviços à disposição da sua clientela, a alienação do estabelecimento virtual (*separada do estabelecimento físico*) toma-se preocupante. Vender o nome de domínio sem vender o estabelecimento físico, conjuntamente, poderia induzir a clientela a erro, uma vez que a notoriedade daquele endereço virtual e a confiabilidade dos consumidores, provavelmente, estão associadas a um determinado título do estabelecimento físico (com todo o seu complexo estrutural físico: várias unidades, estoques etc.) ou marca de produto ou de serviço renomados, o que dá credibilidade às compras efetuadas naquele site.[63]

Dessa segunda hipótese, poderia decorrer uma afronta ao princípio da continuidade do estabelecimento de suma importância pois se a continuidade do exercício da atividade não for possível pelo adquirente, o contrato de trespasse será considerado nulo.[64]

Atualmente a regulamentação do estabelecimento virtual se dá à míngua da regulamentação Estatal[65], ocorrendo pelo intermédio dos fatores reais de poder no âmbito da internet.[66] Nem as fontes legislativas, tampouco o CADE, dão conta de apaziguar as fragilidades inerentes aos avanços da tecnologia. "A 'mão invisível' atuará certamente em benefício da lucratividade de alguns, mas em detrimento de tantos outros valores e interesses juridicamente relevantes albergados pela Constituição[67], à exceção do Direito Tributário (que se debruça sobre as operações interestaduais realizadas por estabelecimentos mercantis *on-line*)[68] e do

---

mercadorias, marca etc. É a esse conjunto de bens que o Direito reconhece a qualidade de estabelecimento. Outras empresas, contudo, preferem não centralizar seus negócios na internet. Elas se utilizam dos sites como meio alternativo de acesso ao público. Assim, vários empresários, que já têm estabelecimento com ponto concreto, onde se encontram com sua clientela, criam um endereço virtual como mais uma opção facilitadora de negócios. Essas duas dimensões do e-commerce são bastante distintas, mas autorizam uma conclusão comum. O nome de domínio, em verdade, é um ponto virtual, e não um estabelecimento. Por ele o empresário relaciona-se com seus clientes. O site é elemento de referência espacial – no espaço virtual – do empresário; por seu intermédio, a clientela frequenta a empresa e adquire produtos e serviços" FÉRES, Marcelo Andrade. Estabelecimento empresarial. Trespasse e efeitos obrigacionais. 2007. São Paulo: Saraiva, 2007, p. 33. No mesmo sentido vide KLEE, Antonia Espíndola Longini. O Conceito de Estabelecimento Virtual e a Proteção do Consumidor nos Contratos Eletrônicos: Algumas Reflexões. Org. MARTINS, Guilherme Magalhães. Direito Privado e Internet. São Paulo: Atlas, 2014, p. 212, apud, BARBOSA, Pedro Marcos Nunes. *E-stabelecimento*, 2017, p. 83.

63. TEIXEIRA, Tarcísio. *Estabelecimento empresarial virtual*: regime jurídico. 2011.
64. IACOMINI, Marcello Pietro. Estabelecimento empresarial. Negócios jurídicos pertinentes. 2010. p. 75-76.
65. Cerca de vinte anos desde a expansão do acesso à internet no Brasil, o mercado relevante foi multiplicado pelas ofertas de negócios jurídicos patrimoniais via web, sem que houvesse o acompanhamento regulatório-reflexivo correspondente. BARBOSA, Pedro Marcos Nunes. *E-stabelecimento*, 2017, p. 28.
66. Ou seja, ao inexistir um cuidado (regulatório) adequado com o trato do mercado virtual, a sua autorregulamentação será realizada pelos fatores reais do poder em tal sistema cibernético. BARBOSA, Pedro Marcos Nunes. *E-stabelecimento*, 2017, p.93.
67. BARBOSA, Pedro Marcos Nunes. *E-stabelecimento*, 2017, p. 93.
68. Ademais, no ambiente do Direito tributário notou-se uma evolução pretoriana e doutrinária preocupadas no tocante à tributação dos negócios jurídicos, perante as operações interestaduais realizadas

âmbito de aplicação da Lei 8.078/90, mais precisamente no que toca ao Decreto 7.962/2011[69] que trata do dever jurídico dos comércios virtuais disporem (de maneira facilitada) das informações sobre os bens ofertados e à indicação de um domicílio físico do ente econômico. Assim, esse vácuo normativo e regulamentar por parte dos Poderes Públicos acabará por dar supedâneo à Lei do Mais Forte.[70]

Por fim, mas não menos importante, não se pode olvidar da mudança legislativa proporcionada pela Medida Provisória 1.085/2021 que acrescentou previsão específica no que toca ao estabelecimento virtual no bojo do artigo 1.142 CC: "§ 1º O estabelecimento não se confunde com o local onde se exerce a atividade empresarial, que poderá ser físico ou virtual", sendo que, "quando o local onde se exerce a atividade empresarial for virtual, o endereço informado para fins de registro poderá ser, conforme o caso, o endereço do empresário individual ou de um dos sócios da sociedade empresária" (§ 2º).

Essa mudança legislativa acaba por pender a balança em sentido favorável à existência de um estabelecimento empresarial virtual, hipótese em que o empresário não terá estabelecimento físico aberto ao público, e sim um website/site/sítio eletrônico desenhado e escrito especificamente para o desempenho de sua atividade empresarial. Abre-se um parêntese aqui para destacar que, mesmo nesse caso, a teor da legislação fiscal e registral, ainda persiste a exigência de que o empreendedor deverá informar endereço físico para fins cadastrais.[71]

4.3 Possibilidades de aplicação do Trespasse para a alienação do Estabelecimento Virtual

Com a virtualização da atividade empresarial, a empresa que outrora dependia de uma base física e imóvel, hoje depende de uma conexão à internet. Assim, esse novo 'tipo' de estabelecimento, que é virtual resta concatenado em um sítio eletrônico.[72]

---

por estabelecimentos mercantis on-line. Por sinal, há um ramo do estudo do Direito que acompanha com mais habilidade as modificações dos axiomas tecnológicos, tal é o ramo do Direito Tributário, visto que representa um campo sensível entre o administrado e o Poder Público em geral, preocupado com o interesse público secundário (arrecadatório). BARBOSA, Pedro Marcos Nunes. *E-stabelecimento*, 2017, pp. 29-30.

69. http://www.planalto.gov.br/ccivil_03/_ato2011-2014/2013/decreto/d7962.htm.
70. BARBOSA, Pedro Marcos Nunes. *E-stabelecimento*, 2017, p. 93.
71. GOMES, Fábio Bellote. Manual de Direito Empresarial. Grupo GEN, 2022.
72. Sem prejuízo do que já foi exposto sobre o conceito de site, no mundo empresarial ele pode ser visto como o estabelecimento virtual, cuja origem é o estabelecimento empresarial. Até alguns anos atrás, o estabelecimento era físico, em um local a que os clientes do empresário se dirigiam para realizar negócios. Mais recentemente, surgiu o estabelecimento virtual, que é um local não físico para onde os clientes também "vão" (não por deslocamento físico) em busca de negócios. O estabelecimento virtual é identificado pelo nome de domínio. Assim, o site empresarial, ou estabelecimento virtual, passa a ter aptidão de produzir lucros para o empreendedor. TEIXEIRA, Tarcisio. *Direito Digital e Processo Eletrônico*. 2022.

O trespasse é o modo unitário de transferir o complexo de bens preteritamente destinado/afetado à realização da finalidade empresarial.[73] Acaba que, para o proprietário da azienda é vantajoso a alienação da universalidade de bens que compõe o estabelecimento empresarial, do que a venda em partes (segregação).[74]

É bem verdade que com o desenvolvimento de novas técnicas de separação patrimonial vem ocorrendo uma gradual superação do tradicional instituto do trespasse pela transferência de posições sociais.[75] Entretanto, em que pese essa gradual superação, tem-se que o instituto do trespasse apresenta um arcabouço teórico e axiológico estável que muito pode contribuir (direta ou indiretamente) no que toca a esse fenômeno da virtualização das coisas (como é o caso do estabelecimento).

Veja que o sítio eletrônico nos dias atuais produz lucro para o empreendedor e isso se dá através do nome de domínio. Indo nesse sentido, merece ser destacado que esse fato (nada mais, nada menos) é do que o aviamento, ou seja, segundo Oscar Barreto Filho (1988, p. 169) o aviamento é "o resultado de um conjunto de variados fatores pessoais, materiais e imateriais, que conferem a dado Estabelecimento in concreto a aptidão de produzir lucros." O aviamento é, portanto, para o estabelecimento, o seu **"potencial de lucratividade"**. Esse potencial de lucratividade é fruto da "obra diligente do comerciante, com a bondade dos produtos, com a honestidade; é o índice da prosperidade e da potência do estabelecimento comercial".

Desses conceitos expostos até aqui, percebe-se nitidamente que totalmente aplicáveis ao fato do sítio eletrônico poder vir a ser considerado um estabelecimento virtual. Quando se estudam os bens integrantes do estabelecimento empresarial, a expressão bem – seja corpóreo, seja incorpóreo – compreende todo elemento passível de avaliação econômica e nesse sentido, "estabelecimentos virtuais" são integrantes de empresas que desenvolvem sua atividade na internet e por seu intermédio são acessados pelos clientes.

4.4 Trespasse e limitação da cláusula de *non compete* na alienação do Estabelecimento Virtual

Dessa forma, até o presente momento, entende-se que existem elementos que permitam concluir pela existência do estabelecimento virtual, bem como que totalmente aplicável o instituto do trespasse à alienação dessa 'nova' modalidade de estabelecimento empresarial. Por isso adentra-se à razão de ser do presente

---

73. ANTUNES, José Engracia. *A transmissão da empresa e seu regime jurídico*. 2008.
74. BARBOSA, Pedro Marcos Nunes. *E-stabelecimento*, 2017, p. 51.
75. BARBOSA, Pedro Marcos Nunes. *E-stabelecimento*, 2017, p. 51.

trabalho: como se tratará a cláusula de *non compete* em caso de alienação desse estabelecimento empresarial virtual, considerando que a internet não se limita geograficamente tal qual o estabelecimento comercial tradicional?

Nesse ponto, Paula Forgioni lembra que a interpretação das cláusulas de *non compete* (art. 1.147 CC) devem ocorrer de maneira restritiva. Ela destaca que a maior preocupação decorreria das situações em que se pretenderia estender o *non compete* à pessoas físicas não expressamente mencionadas no instrumento contratual. Conforme ela, cada situação exigirá uma solução em *concreto* até porque a cláusula de *non compete* implica numa forte restrição às liberdades econômicas e não é passível de interpretação extensiva.[76]

Nesse prisma, Marcelo Féres[77] o nome de domínio é apenas um elemento que compõe o ponto virtual. Para ele é necessário distinguir duas situações a saber: a) Empresas cujo objeto esteja concentrado na internet; b) Empresas cuja atuação pela internet é um meio alternativo.

No primeiro caso (concentrado na internet) o site gera aplicação das normas gerais do trespasse, incluindo a cláusula de *non compete* (art. 1.147 CC) pois o alienante vai cessar sua atividade além de permitir ao adquirente a sua continuidade com toda a clientela. O novo titular assume o nome do domínio e segue na exploração. Na segunda hipótese (internet é um meio alternativo), não há falar em trespasse do domínio, pois faria parte do estabelecimento empresarial. Féres destaca que tudo dependerá da análise do caso concreto (casuística), dada inexistência de resposta explícita (legal) para o questionamento que abriu o presente tópico.[78]

De qualquer forma, conforme os estudos que se seguem, em inexistindo regramento específico no caso de trespasse e o *non compete* do estabelecimento virtual (que sequer é consenso), talvez o mais correto ao invés de se falar em uma limitação geográfica (conforme o previsto pelo regramento do Código Civil) dever-se-á falar em uma limitação de tempo, uma limitação da atividade desenvolvida e a previsão de uma compensação financeira.

Mamede destaca que a proteção aos pontos empresariais eletrônicos ainda é incipiente, havendo que, em muitos casos, recorrer-se às normas gerais do Direito para a resolução de conflitos dados em concreto. A referência central, neste contexto, é oferecida pelo Direito Empresarial: a necessidade de proteção ao estabelecimento e, neste, à importância do ponto empresarial, seja ele físico ou eletrônico. Duas referências normativas gerais merecem realce: a) O dever de indenizar por danos que resultem da prática de atos ilícitos (artigo 927 do CC),

---

76. FORGIONI, Paula Andrea. *Contratos empresariais*. 2021. p. 306.
77. FÉRES, Marcelo Andrade. *Estabelecimento empresarial*. Trespasse e efeitos obrigacionais. 2007. p. 54.
78. FÉRES, Marcelo Andrade. *Estabelecimento empresarial*. Trespasse e efeitos obrigacionais. 2007. p. 54.

como tal entendidos os que se compreendem nas previsões anotadas nos artigos 186 e 187 CC, sendo este último (destaque-se) a ilicitude do abuso de Direito. b) O dever de ressarcimento (expressão utilizada pelo artigo 206, § 3º, IV, do CC) ou de restituição (expressão do artigo 884 CC) do que se enriqueceu, sem justa causa, à custa de outrem.[79] Na raiz do problema estão os investimentos – em dinheiro e esforços – que são feitos pelo empresário para a divulgação do ponto empresarial eletrônico. Campanhas publicitárias, a incluir spots, jingles, slogans etc. Esses endereços eletrônicos (de Internet) são emanações de aviamento empresarial ou de benefícios (vantagem) de mercado; enfim, são direitos protegidos pelo Direito.[80]

5. CONSIDERAÇÕES FINAIS

Muito embora o contrato de trespasse se refira a um estabelecimento físico, durante o presente trabalho não se verificou a existência de qualquer óbice à aplicação do trespasse no que toca ao estabelecimento virtual. Embora virtual, consiste em uma reunião de bens especialmente organizados pelo empresário ou pela sociedade empresária para o exercício da atividade empresarial com a finalidade de obtenção de lucro. Nesse prisma, a mudança legislativa proporcionada pela Medida Provisória 1.085/2021 que acrescentou previsão específica no que toca ao estabelecimento virtual no bojo do artigo 1.142 CC demonstra que o futuro se desenrola no sentido de que o estabelecimento virtual é um conceito que veio para ficar e demonstra uma tendência.

O fato de existir a necessidade de informar a sede do empresário ou da sociedade empresária no registro realizado perante a Junta Comercial, na inscrição perante o CNPJ, a Receita Estadual e a Municipal, não se presta ao afastamento da autonomia do sítio eletrônico, não lhe retirando a condição de estabelecimento empresarial.

É uma realidade inovadora, que inspira diversos questionamentos, principalmente sopesando que sua existência (do estabelecimento virtual) ainda é muito debatida seja pela doutrina, seja pela jurisprudência. Porém, inarredável que se trata de um fenômeno empresarial, que de certa forma ganhou impulso com o cenário pandêmico e com a evolução dos computadores, da internet e dos aparelhos celulares.

Nesse estado de coisas, em virtude da parca regulação, entende-se que esses estabelecimentos virtuais (e-stabelecimentos[81]) podem ser transferidos em caso

---

79. MAMEDE, Gladston. *Teoria da empresa e títulos de crédito*, 2021. p. 405.
80. MAMEDE, Gladston. *Teoria da empresa e títulos de crédito*, 2021. p. 405.
81. Conforme a obra *E-stabelecimento*, de Pedro Marcos Nunes Barbosa. 2017.

de alienação pela fórmula jurídica do trespasse, garantindo segurança jurídica[82] que advém do arcabouço legal e axiológico inerente a tal contrato.[83]

Dessa forma, uma possível solução no que toca à cláusula de *non compete* para o caso de efetivação do contrato de trespasse para fins de alienação do estabelecimento virtual seja a de realizar a interpretação das cláusulas de *non compete* (art. 1.147 CC) de maneira restritiva e, como a proteção aos pontos empresariais eletrônicos ainda é incipiente, ter-se-á que (não raro) recorrer às normas gerais do Direito para a resolução de conflitos dados em concreto. Ainda, talvez, o correto *(ao invés de se falar em uma limitação geográfica)* seria tratar de uma limitação temporal quanto à atividade desenvolvida *(pois a internet não conhece fronteiras ou divisas)*, sem perder de vista a previsão contratual de uma compensação financeira em caso de descumprimento.

6. REFERÊNCIAS

ANTUNES, José Engracia. A empresa como objecto de negócios (asset deal vs. Share deal); in *Revista da Ordem dos Advogados*, 2008, p. 715-793.

ANTUNES, José Engracia. A transmissão da empresa e seu regime jurídico; *Revista da Faculdade de Direito UFPR*. Curitiba, n. 48, p. 39-85, 2008. Disponível em: <https://revistas.ufpr.br/direito/article/view/15742>. Acesso em: 09 maio 2022.

AQUINO, Leonardo Gomes de. Website é estabelecimento empresarial? *Revista Âmbito Jurídico*. 82 – Ano XIII – Novembro/2010. Disponível em: <https://www.academia.edu/2547078/Website_%C3%A9_estabelecimento_empresarial>. Acesso em: 09 maio 2022.

BARBOSA, Pedro Marcos Nunes. *E-stabelecimento*: Teoria do estabelecimento comercial na internet, Aplicativos, Websites, Segregação Patrimonial, Trade Dress Eletrônico, Concorrência Online, Ativos Intangíveis Cibernéticos e Negócios Jurídicos. São Paulo: Quartier Latin, 2017.

BARRETO FILHO, Oscar. *Teoria do estabelecimento comercial*. 2. ed. São Paulo: Saraiva, 1988.

BRASIL. Conselho da Justiça Federal. *Jornadas de Direito Civil*. Disponível em: <https://www.cjf.jus.br/cjf/corregedoria-da-justica-federal/centro-de-estudos-judiciarios-1/publicacoes-1/cjf/corregedoria-da-justica-federal/centro-de-estudos-judiciarios-1/publicacoes-1/jornadas-cej/jornadas-de-direito-civil-1>. Acesso em: 09 maio 2022.

BRASIL. Superior Tribunal de Justiça. *O princípio da preservação da empresa no olhar do STJ*. 02/09/2018. Disponível em: <https://www.stj.jus.br/sites/portalp/Paginas/Comunicacao/

---

82. No entanto, é claro que isso poderia melhorar no plano legal, do ponto de vista do trespasse, para evitar insegurança jurídica na alienação do estabelecimento virtual que é complemento do estabelecimento físico. TEIXEIRA, Tarcisio. *Direito Digital e Processo Eletrônico*. 2022. p. 146.
83. Parece que, mesmo não havendo um regramento expresso quanto ao estabelecimento virtual, é razoavelmente suficiente a disciplina do Código Civil de 2002 para o estabelecimento empresarial, a fim de tutelar juridicamente os empresários que desenvolvem sua atividade exclusivamente na internet ou não, tendo um estabelecimento virtual (originário) ou fazendo do seu site uma extensão do estabelecimento físico (derivado). No entanto, é claro que isso poderia melhorar no plano legal, do ponto de vista do trespasse, para evitar insegurança jurídica na alienação do estabelecimento virtual que é complemento do estabelecimento físico. TEIXEIRA, Tarcisio. *Direito Digital e Processo Eletrônico*. 2022. p. 146.

Noticias-antigas/2018/2018-09-02_06-03_O-principio-da-preservacao-da-empresa-no-olhar-do-STJ.aspx>. Acesso em: 09 maio 2022.

CAVALLI, Cássio Machado. Apontamentos sobre a teoria do estabelecimento empresarial no direito brasileiro. *Revista dos Tribunais*, vol. 858, abr./2007, p. 30-47. Acesso on-line via RTOnline. Acesso em: 09 maio 2022.

COELHO, Fábio Ulhoa. *Curso de Direito Comercial* – Vol. 1 – Ed. 2021- São Paulo: Revista dos Tribunais, 2021. On-line. Acesso on-line via ProView. Disponível em: <https://proview.thomsonreuters.com/launchapp/title/rt/monografias/110825709/v24/page/RB-6.9>. Acesso em: 09 maio 2022.

COMPARATO, Fábio Konder. Função social da propriedade dos bens de produção, in *Revista de Direito Mercantil, Industrial, Econômico e Financeiro*, vol. LXIII, p. 71-77, [s.d]. Disponível em: <https://edisciplinas.usp.br/pluginfile.php/6088820/mod_resource/content/1/COMPARATO%20-%20Fun%C3%A7%C3%A3o%20social%20%28bens%20de%20produ%C3%A7%C3%A3o%29.pdf>. Acesso em: 09 maio 2022.

FARIA, Marina Zava de; SANTOS, Camila de Moura Santos. O contrato de trespasse: a responsabilidade do adquirente na alienação do estabelecimento empresarial. *Revista de Direito Bancário e do Mercado de Capitais*, vol. 85/2019, p. 217-242, jul.-set. 2019, DTR\2019\39055. Acesso on-line via RTOnline. Acesso em: 09 maio 2022.

FÉRES, Marcelo Andrade. *Estabelecimento empresarial*: trespasse e efeitos obrigacionais. São Paulo: Saraiva, 2007.

FORGIONI, Paula Andrea. *Contratos empresariais*: teoria geral e aplicação. 6. ed. São Paulo: Thomson Reuters Brasil, 2021.

FRANÇA, Erasmo Valladão Azevedo e Novaes. Empresa, empresário e estabelecimento. A nova disciplina das sociedades, in *Revista do Advogado da AASP*, 71, agosto de 2003. Disponível em: <https://edisciplinas.usp.br/pluginfile.php/157066/mod_resource/content/1/Vallad%-C3%A3o%20-%20Empresa%2C%20Empres%C3%A1rio%20e%20Estabelecimento%20-%20aula%2002%20-%20complementar.pdf>. Acesso em: 09 maio 2022.

GOMES, Fábio Bellote. *Manual de Direito Empresarial*. Grupo GEN, 2022. 9786559643318. Disponível em: https://app.minhabiblioteca.com.br/#/books/9786559643318/. Acesso em: 18 May 2022.

IACOMINI, Marcello Pietro. *Estabelecimento empresarial. Negócios jurídicos pertinentes*. 2010. Dissertação (Mestrado em Direito). Faculdade de Direito. Universidade de São Paulo. São Paulo, 2010. Disponível em: <https://www.teses.usp.br/teses/disponiveis/2/2132/tde-16082011-162044/pt-br.php>. Acesso em: 09 maio 2022.

MAMEDE, Gladston. *Teoria da empresa e títulos de crédito*. 13. ed. São Paulo: Atlas, 2021.

NONES, Nelson. Sobre o princípio da preservação da empresa. *Revista Jurídica – CCJ/FURB*. ISSN 1982-4858, v. 12, 23, p.114-129, jan./jun. 2008.

SACRAMONE, Marcelo Barbosa. *Comentários à Lei de recuperação de empresas e falência*. 2. ed. – São Paulo: Saraiva Educação, 2021.

TEIXEIRA, Tarcisio. *Direito Digital e Processo Eletrônico*. Editora Saraiva, 2022. São Paulo. 9786555596946. Disponível em: <https://app.minhabiblioteca.com.br/#/books/9786555596946/>. Acesso em: 09 maio 2022.

TEIXEIRA, Tarcisio. Estabelecimento empresarial virtual: regime jurídico. *Revista de Direito Mercantil, Industrial, Econômico e Financeiro*. 157. 2011. Disponível em: <https://www.revistas.usp.br/rdm/issue/view/12163>. Acesso em: 09 maio de 2022.

TOMAZETTE, Marlon. O estabelecimento empresarial. *Revista do Programa de Mestrado em Direito do UniCEUB*, Brasília, v. 2, n. 1, p. 301-333, jan./jun. 2005. Disponível em: <https://www.publicacoesacademicas.uniceub.br/prisma/article/view/192>. Acesso em: 09 maio 2022.

TOMAZETTE, Marlon. *Curso de direito empresarial v 1* – teoria geral e direito societário. Editora Saraiva, 2019. 9788553616671. Disponível em: <https://app.minhabiblioteca.com.br/#/books/9788553616671/>. Acesso em: 09 maio 2022.

Legislação

BRASIL. Código Civil. *Lei 10.406, de 10 de janeiro de 2002*. Brasília, DF. Disponível em: <http://www.planalto.gov.br/ccivil_03/leis/2002/l10406.htm>. Acesso em: 09 maio 2022.

Jurisprudência

BRASIL. Superior Tribunal de Justiça, 4ª Turma, Min. Marco Aurélio Bellizze, Resp. 1238041/SC, DJ 17.04.2015. Disponível em: <https://www.stj.jus.br/>. Acesso em: 09 maio 2022.

BRASIL. Supremo Tribunal Federal. *Súmula n. 70*. Brasília: Supremo Tribunal. Federal, [1964]. Disponível em: <https://jurisprudencia.stf.jus.br/pages/search/seq-sumula70/false>. Acesso em: 09 maio 2022.

ANOTAÇÕES